Learning Numerical Analysis with Algorithms

알고리즘으로 배우는

수치해석

Python 활용

최덕기 지음

도서출판 학산미디어

머리말

최근에 인공지능이 과학 기술 관련자들 뿐만 아니라 일반 대중에게도 큰 관심을 끌고 있다. 그 이유는 우리의 생활에 영향을 줄 수 있는 많은 분야에서, 특히, 로봇과 자율주행 등의 새로운 분야에서 놀라운 발전이 있었기 때문이다. 그러나, 대부분은 이러한 인공지능 등의 새로운 분야가 궁극적으로는 수치해석에 기반을 둔 것이라는 것을 잘 모르는 경우가 많다고 생각된다. 물론 그러한 분야와 관련된 것이 정확하게 수치해석이라는 분야를 지칭하는 것이 아닐 수도 있으나 큰 범주에서 보면 포함된다고 생각해도 오류는 아닐 것이라고 생각한다. 따라서, 이러한 새로운 분야에 입문을 하기위해서는 기본적인 수치해석에 대한 지식을 얻는 것이 필수적이다.

전통적으로 수치해석 분야는 고전적인 수학이론에 기반을 두고 있다. 어려운 문제를 해석하기 위해서 수치해석에서는 다양한 근사적인 방법을 동원하고 있으며 이러한 모든 배경은 잘 정제된 수학이론에서 출발한다. 따라서 수치해석에 입문하고 지식을 배양하기 위해서는 상당한 수준의 수학지식을 보유하여야 한다. 예를 들어, 선형 대수학, 급수이론, 미적분, 벡터 이론, 함수론 등의 고등 수학지식이 요구된다. 또한, 수치해석에서 제시하는 문제를 풀기위한 근사적인 방법은 알고리즘으로 제시된다. 그러나, 알고리즘은 효율성을 극대화하기 위해서 매우 축약된 형태로 제공되기 때문에, 대부분의 입문자들에 있어서 그 내용을 쉽게 파악하기가 곤란하다는 문제가 있다. 더군다나, 알고리즘의 작동원리를 이해하였다고 해도, 그 내용을 현실화 시키기 위해서는 컴퓨터 언어를 사용하여 프로그래밍을 수행하여 그 알고리즘의 효율성과 정확성을 확인해야만 한다. 따라서, 수치해석 입문자가 수학지식, 알고리즘, 그리고 프로그래밍의 수준을 한꺼번에 갖추기는 결코 쉽지 않으며, 이러한 이유로 인해서 수치해석 분야에 대한 장벽이 상당히 높게 보이는 것도 사실이다.

이 책에서는 이러한 경향을 적극적으로 고려하여 독자들이 수치해석에 대한 기본적인 지식을 충분히 습득할 수 있도록 다음과 같은 주안점을 두어 필요한 내용들을 소개하고 있다.

- 수학적 이론을 지양하고 보다 쉽게 수치해석의 원리를 이해할 수 있도록 내용을 상세히 풀어서 설명하였다.
- 알고리즘의 작동원리를 구체적으로 설명하여 이해하기 쉽도록 하였다.
- 알고리즘을 실제로 구현하기 위한 프로그래밍 기법을 복잡하지 않으면서도 체계적으로 설명하였다.

이러한 세 가지의 주안점을 이 책에서는 다음과 같이 구체적으로 적용하였다.

첫 번째로 수치해석에서 수학적 이론은 반드시 필요하기 때문에 기본적인 내용을 학습해야 한다. 일반적으로 설명하기 어려운 개념을 가장 효과적으로 제시할 수 있는 방법이 수학적 이론을 동원하는 것이다. 그럼에도 불구하고 이러한 수학적 이론을 직관적으로 이해하기는 어려움이 많다. 따라서, 효율성을 다소 희생하더라도, 설명이 길어지는 길을 선택하였다. 이는 효율성과 보편성의 균형을 맞추는 문제로서, 전문가와 입문가 사이에서의 균형적인 배려라고 생각할 수 있을 것 같다.

두 번째 문제는 알고리즘에 관한 것이다. 알고리즘은 마치 암호문 같다고 생각할 수 있다. 일단 암호가 풀리면 모든 사람들의 쉽게 이해할 수 있으나, 해독을 마치기 전까지는 이해하기가 매우 어렵다. 물론, 알고리즘을 일부러 이해하기 어렵게 만든 것은 아니다. 알고리즘에서 추구하는 최상의 목표는 효율성과 간결성이라고 볼 수 있다. 일반적으로 설명하면 몇 페이지가 필요한 복잡한 내용을 몇 줄의 간결한 문장으로 표시할 수 있다는 것은 쉽게 외면하기 어려운 가장 효률적인 방법이 된다.

세 번째로는 알고리즘을 현실화 또는 구체화시키는 방법에 관한 것이다. 알고리즘을 이해하고 있다고 하더라도, 실제로 복잡한 과정을 거쳐서 제대로 된 결과물을 얻을 수 있다는 확신을 하기 위해서는 반드시 확인을 거쳐야 한다. 따라서, 컴퓨터를 사용하여 알고리즘에 대한 검증을 해야하는 데, 이를 위해서 프로그램을 작성해야 하고, 또한 프로그램 언어에 익숙해야 한다. 본 서에는 최근에 가장 각광을 받고 있는 파이썬Python 언어를 사용하여 알고리즘을 구체적으로 실현하도록 하였다.

이 책에 대하여

머리말에서도 언급한대로 이 책은 수치해석에 대한 최신의 경향을 따라가기 위해서 수학적 배경, 알고리즘, 프로그래밍 기법을 한 곳에 모아 놓은 책이다. 따라서 독자들의 다양한 필요에 따라서 적절한 내용을 체계적으로 학습할 수 있도록 배려하였다. 이 책은 특별히 알고리즘의 작동 원리를 설명하는데 중점을 두었다. 프로그램을 수행하기 위해서는 작동 원리를 반드시 이해해야 하기 때문이다.

1장에서는 고전적인 수치해석 방법론과 소위 시류를 반영하는 수치해석 방법론에 대한 간략한 의견을 소개하면서, 수치해석에 대한 학습의 필요성에 대해서 기술하고 있다. 2장에서는 파이썬 언어의 기본적인 문법에 대해서 설명하고 있으며, 수치해석 프로그래밍에서 가장 많이 사용되는 부분만을 엄선하여 설명하고 있다. 파이썬 언어에 대한 보다 깊은 내용을 학습하기 위해서는 다양한 책과 온라인 문서들이 있으므로 참고하기 바란다. 3장에서는 파이썬 프로그램을 코딩하기 위한 편집기로 널리 사용되고 있는 Jupyter notebook에 대한 간략한 사용법과 LATEX과 Markdown 언어를 사용하여 보고서를 작성할 수 있는 기법에 대해서 설명하고 있다.

4장에서는 연산에 대한 명령을 주었을 때 컴퓨터 내부에서 수행되는 가상의 이진법 연산에 대한 내용을 기술하였다. 이를 통해서, 실제로 컴퓨터 내부에서 어떠한 방식으로 숫자와 연산이 처리되는가에 대한 기본 지식을 학습할 수 있다. 5장에서는 수치해석의 근간을 이루고 있는 알고리즘에 대한 기본적인 내용을 간단한 프로그램을 통해서 학습할 수 있는 내용을 실었다. 6장에서는 수치해석의 결과에는 오차가 포함되어 있다고 볼 수 있으므로 수치해석의 수행 중에 필연적으로 발생하는 오차에 대하여 설명하고 있다.

7장에서는 최근의 시류를 반영하여 가장 기초적인 데이터 처리에 대한 내용을 설명하였다. 수치해석 분야에서도 함수나 수식이 아닌 데이터 자체에 대한 처리 기법이 필요하게 되었다고 본다. 8장에서는 수치미분에 대하여 설명하고 있다. 수치미분 그 자체의 사용은 크지 않을 수 있으나, 16장에서 다루는 미분방정식에서의 응용에 반드시 필요한 내용을 설명하였다. 9장에서는 측정 데이터를 사용하여 측정되지 않은 데이터 값을 추정하는 기법으로 볼 수 있는 보간법을 설명하고 있다. 보간법은 10장에서의 수치적분과도 밀접한 관계가 있다. 10장에서는 수치적분에 대한 내용을 설명하고 있으며, 적분하기 어려운 함수나 데이터에 대한 적분기법을 소개하고 있다. 11장에서는 방정식의 근을 구하는 방법을 설명하고 있다. 수치해석 분야에서 가장 기본적이면서도 다양한 알고리즘을 학습하기에 좋은 주제이다.

12장에서는 행렬의 연산에 대하여 설명하고 있다. 특히, 이 내용은 행렬 자체뿐만 아니라 행렬과 관련된 연산을 실제로 프로그래밍하는 방법을 설명하고 있으므로 반드시 학습하기를 권한다. 13장은 선형 연립방정식의 내용 중에서 직접법에 대하여 다루고 있으며, 14장은 반복법에 대해서 설명하고 있다. 15장에서는 회귀법에 대하여 설명하고 있다. 회귀법은 단순히 데이터를 근사식에 적합시키는 것 뿐만아니라, 최근에는 다양한 인공지능 및 머신러닝 알고리즘과도 연결되어 있어서 중요한 주제로 떠오르고 있다. 16장에서는 선형 미분방정식의 해법에 대하여 설명하고 있다. 미분방정식은 사용되지 않는 분야가 거의 없을 정도로 다양한 분야에서 활용되고 있다. 마지막으로 17장에서는 고차 미분방정식의 수치해법에 대하여 설명하고 있다. 고차 미분방정식은 복잡한 현상을 설명하기 위한 가장 적절한 수학적 도구임으로 이에 대한 해법도 관심을 모으고 있다.

이 책에서는 본문에서 설명하고 있는 알고리즘과 그에 해당하는 프로그램을 서로 가까운 거리에 배치하여, 독자들이 책을 읽어나가면서 자연스럽게 코딩을 실습할 수 있도록 배려하였다. 프로그램은 본문과의 차별성을 두기 위하여 다음과 같이 박스형으로 표기하였다. 또한, 프로그램은 그 자체로 완성형으로 만들었으므로 독자들이 별도의 수정없이 그대로 입력하여 실행할 수 있도록 하였다.

```
N = 10
xold = 1
for k in range(N):
    xnew = 0.4*xold + 0.1
    err = abs((xold-xnew)/xnew) * 100
    print(f'{k+1},error={err:0.4f} %')
    xold = xnew
```

이 책의 사용법

이 책은 학교에서 강의로 또는 독학으로 공부할 수 있도록 구성되었다. 강의용으로 사용하는 경우에는, 먼저 이론을 강의하고, 그 다음에 본문에 나와 있는 프로그램을 직접 입력하면서 실습하는 과정으로 진행될 수 있으며, 이 책의 한 장chapter은 약 60분 정도의 강의로 진행되도록 작성되었으며 그 후에 본문의 예제를 직접 실습하는 과정을 염두에 두었다. 따라서, 다음과 같이 두 가지 종류의 수업 구성이 가능하다.

- 구성 1: 강의 + 본문 예제
- 구성 2: 강의 + 본문 예제 + (연습문제)

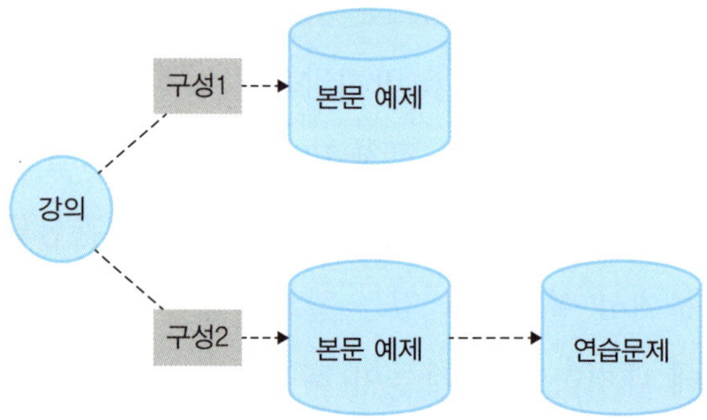

첫 번째 구성의 경우는 강의 후에 강의 내용에서 언급한 내용을 중심으로 수강자들이 본문에서 다루고 있는 예제를 사용하여 실습하는 방법이다. 두 번째 구성은 강의가 진행된 후, 수강자들은 예제와 연습문제를 실습하는 방법이다. 첫 번째 구성은 수강자들이 파이썬 언어나 기타 컴퓨터 언어를 사용해 본 경험이 상대적으로 낮을 때 권유된다. 두 번째 구성은, 수강자들이 어느 정도 프로그래밍의 경험이 있는 경우에 적용할 수 있으며, 강의 후 별도의 설명없이 예제와 연습문제를 실습하도록 하는 방법이다. 따라서, 강의하는 대상에 따라서 적절하게 강의 내용과 실습을 배분하여 진행할 수 있도록 책의 내용을 구성하였다.

이 책에서 사용한 거의 모든 파이썬 소스코드는 https://github.com/rursvd/algornumerical에서 찾아서 사용할 수 있다.

감사의 글

어떤 책이든지 책을 쓴다는 것은 결코 쉬운 일이 아니다. 이 책을 집필하기 위해서 준비하는 기간을 포함해서 2~3년이 걸린 것 같다. 책을 쓰느라고 많은 시간을 주말을 포함해서 연구실에서 보냈는데도 격려해준 가족들에게 고마움을 전한다. 그리고, 좋은 책으로 만들어 준 학산미디어 관계자들에게도 감사한다. 독자들이 이 책을 읽고 수치해석이라는 분야와 프로그래밍에 대하여 이전보다 큰 자신감과 관심이 생겼다면 저자로서 더 기쁜 일은 없을 것이다.

2022년 죽전 연구실에서

차례

CHAPTER 01 수치해석이란?

1.1 고전적인 수치해석 방법론 2
1.2 시류를 반영한 수치해석적 방법론 4
1.3 두 방법의 차이점 6
1.4 수치해석의 응용 예 7
1.5 연습문제 10

CHAPTER 02 파이썬 언어

2.1 설치하기 12
2.2 편집기 사용하기 13
2.3 파이썬 문법 속성과정 16
2.4 Numpy 라이브러리 26
2.5 행렬 만들기 31
2.6 들여쓰기의 중요성 36
2.7 연습문제 41

CHAPTER 03 Jupyter Notebook을 사용한 보고서 작성

3.1 Markdown으로 내용 쓰기 44

3.2	수식 표기	50
3.3	보고서 작성 예	57
3.4	연습문제	60

CHAPTER 04 컴퓨터에서의 연산 이해하기

4.1	비트와 이진수	64
4.2	파이썬으로 구현한 이진수 연산	67
4.3	비트 단위 연산	71
4.4	연습문제	76

CHAPTER 05 알고리즘의 이해

5.1	반복과 갱신의 원리	80
5.2	수렴과 발산	87
5.3	합에 대한 알고리즘	91
5.4	코딩과 수식의 불일치	95
5.5	연습문제	97

CHAPTER 06 수치해석과 오차

6.1	오차의 종류	100
6.2	절단오차	102
6.3	연습문제	112

CHAPTER 07 데이터 다루기

7.1	데이터 요소의 합	116
7.2	데이터 행과 열연산의 이해	118
7.3	데이터 요소의 평균	120
7.4	데이터의 분산	123
7.5	통계 예제	124

7.6 연습문제 130

CHAPTER 08 수치미분

8.1 전진차분 식 136
8.2 후진차분 식 137
8.3 중간차분 식 137
8.4 수치미분 식의 비교 138
8.5 데이터에 대한 미분 142
8.6 수치미분의 유용성 144
8.7 연습문제 144

CHAPTER 09 보간법

9.1 선형 보간법 148
9.2 다항식 보간법 153
9.3 Lagrange 보간법 156
9.4 보간법의 정확도 159
9.5 연습문제 159

CHAPTER 10 수치적분

10.1 사다리꼴 적분공식 164
10.2 Simpson 적분공식 168
10.3 데이터를 사용한 적분 171
10.4 Gauss 구적법(Gaussian Quadrature) 173
10.5 연습문제 182

CHAPTER 11 방정식의 근 구하기

11.1 구간법과 반복법 186
11.2 이분법 187

11.3 가위치법 191
11.4 Newton 방법 194
11.5 Secant 방법 198
11.6 근 구하기 알고리즘의 비교 202
11.7 연습문제 203

CHAPTER 12 행렬과 연산
12.1 벡터와 행렬의 전치 206
12.2 행렬의 덧셈과 뺄셈 210
12.3 행렬의 곱 212
12.4 행렬식 219
12.5 역행렬 221
12.6 연습문제 223

CHAPTER 13 선형 연립방정식(직접법)
13.1 역행렬에 의한 해법 226
13.2 대각우세 행렬 230
13.3 두 가지의 삼각행렬 232
13.4 피봇팅(pivoting)이란? 236
13.5 LU 분해법 239
13.6 Choleksy 분해법 242
13.7 Gauss 소거법 244
13.8 연습문제 251

CHAPTER 14 선형 연립방정식(반복법)
14.1 Jacobi 방법 256
14.2 Gauss–Seidel 방법 263
14.3 SOR 방법 270
14.4 연습문제 276

CHAPTER 15 회귀법

15.1 최소자승법 282
15.2 행렬로 표기한 최소자승법 287
15.3 데이터 처리와 회귀법 290
15.4 다항식 회귀법 293
15.5 회귀법의 정확도 298
15.6 비선형 회귀법 301
15.7 연습문제 307

CHAPTER 16 상미분방정식

16.1 Euler 방법 311
16.2 Runge–Kutta 방법 315
16.3 예측자–수정자 방법 322
16.4 Adams–Bashforth–Moulton 방법 326
16.5 각 방법의 비교 332
16.6 연습문제 334

CHAPTER 17 고차 미분방정식

17.1 미분방정식의 차수 낮추기 337
17.2 Euler 방법과 2차 미분방정식 339
17.3 연습문제 343

연습문제 해답 345
참고문헌 372
찾아보기 373

CHAPTER 01

수치해석이란?

왜 수치해석을 배워야만 하는가?라는 질문은 답하기에 어렵다. 대부분의 사람들에게 있어서 수치해석이라고 하면 단순히 컴퓨터에서 문제를 해결하는 방법에 관한 것이라는 의미로 생각하는 경우가 많다. 이것은 틀린 것은 아니지만 그렇다고 정확한 의미를 부여할 수 있는 쉽고 간단한 예를 찾기가 쉽지는 않다. 수치해석은 해석적인 방법으로 해결하기 어려운 문제를 근사적인 방법으로 해결하고자 하는 하나의 방법론이라고 볼 수 있다. 물론, 모든 문제를 근사적인 방법으로 해결할 수 있는 것은 아니다. 또한, 제안된 근사적 방법에 대한 엄밀한 수학적 검증이 따라야 하는 것은 당연하다.

이 장에서는 수치해석에 대하여 다음과 같은 두 가지 주제로 간략하게 서술하고자 한다.

- 고전적인 수치해석classical numerical analysis 방법론
- 시류를 반영한 수치해석contemporary numerical analysis 방법론

1.1 고전적인 수치해석 방법론

여기서 말하고자 하는 것은 고전적인 것이 시대에 뒤떨어졌다거나 잘못된 것이라는 것이 아니다. 단지, 하나의 방법론이라고 말하고 싶은 것이다. 일반적으로 수치해석학은 강력한 수학적인 배경을 가지고 있지 않으면 사실상 학습하기가 매우 어려운 학문이다. 그 이유는 수치해석학의 근본이 바로 수학 그 자체이기 때문이다. 수치해석학에서는 해석학적으로 문제의 해를 얻어내기 어렵거나, 또는 불가능한 경우를 상정하고 그에 대한 근사해법을 제시하고 있다. 그러므로, 근사해법이 없다면 그 문제는 해결이 불가할 수도 있다.

고전적인 수치해석의 관점에서는 근사해법에 대한 엄밀한 수학적 검증이 요구되고 있으며, 그러한 이유로 상당한 수학적 지식이 필요하게 되는 것이다. 예를 들어, 근사적 방법으로 방정식의 해를 구했을 때, 근사적인 해가 해석적인 해와 비교하였을 때 과연 어느 정도의 정확도를 갖는가를 알아보는 것은 중요한 일이다. 따라서, 이에 대한 수학적 이론이 동원되게 된다. 또한, 근사해법에서는 반올림 오차나 절단오차와 같은 여러 종류의 오차가 필연적으로 발생하게 되는데 이에 대한 추정도 필요하다. 예를 들어, 어떤 함수에 대한 수치해석적인 적분을 수행하였을 때 어느 정도의 오차가 있을지를 아는 것이 중요하기 때문이다. 그러나, 근사해법의 정확성을 알기 위해서 필요한 오차에대한 추정 문제error estimation를 다루기 위해서는 최소한 미적분calculus, 벡터이론vector theory 및 고급함수론functional analysis 등에 대한 지식이 필요하다. 그러나, 이러한 수학적 지식

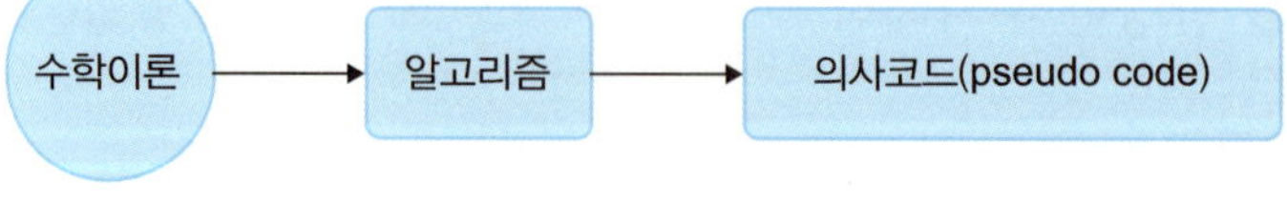

그림 1.1 고전적인 수치해석 방법론에 대한 개략도

을 일반적인 과학분야 종사자들이 갖추기에는 어렵다고 본다. 고전적인 접근방식에서는 수학적 엄밀성에 강조를 두고 있기 때문에, 상대적으로 코딩에 의한 구체화에 있어서는 부족한 부분이 있게 된다.

그림 1.1에서는 고전적인 수치해석 방법론에 대한 개략적인 내용을 보여주고 있다. 그림에서 보는 바와 같이, 고전적인 수치해석 방법론에서는 수학이론을 가장 중요하게 여긴다. 그리고 주어진 문제에 대한 근사해법이 결정되면 이를 알고리즘으로 만든다. 이 과정에서 알고리즘의 구체화는 의사코드pseudo code로 제공하게 된다. 다음은 의사코드의 예이다.

```
begin: procedure
    for i = 1:
        for j = 1:
            hap <-- a(i,j)
        end for
    end for
end
```

의사코드는 실제로 작동하는 프로그램이 아니라 알고리즘을 프로그램의 형태로 설명해 놓은 것이다. 그러므로 실제로 코딩 작업을 할 때 참고로 할 수 있는 가이드라고 볼 수 있다. 또한, 의사코드는 특정한 컴퓨터 언어를 염두에 둔 것이 아니므로, 파이썬, C, C++ 등 어떤 언어를 사용해서도 구현이 가능하다. 그러나, 여기서 문제가 되는 것은 학습자의 프로그래밍 실력에 따라서, 프로그램의 효율성에서 많은 차이를 보이게 된다는 점이다. 프로그래밍에 대한 경험이 거의 없는 사람의 경우에는 이러한 의사코드만 가지고 실제로 작동하는 프로그램을 작성하기는 어렵다. 그리고, 이것은 수치해석 학습에서도 마찬가지이다. 근사적인 해법에 대한 이론과 알고리즘을 어느 정도 이해했다고 하더라도, 의사코드만을 보고 정확한 결과물을 낼 수 있는 프로그램을 만드는 것은 전혀 다른 문제이다. 따라서 이러한 과정에서 수치해석에 입문하고자 하는 많은 학습자들이 좌절하게 된다.

1.2 시류를 반영한 수치해석적 방법론

그렇다면 왜 수치해석의 변화가 요구되는가에 대한 질문을 생각해 볼 필요가 있다. 시류를 반영한 수치해석적 방법론에서는 보다 현실적인 고민을 해결하고자 하는 노력을 한다. 즉, 새로운 알고리즘의 급격한 증가로 인해서 이를 구체화시킬 수 있는 능력을 갖출 것을 요구하고 있다. 예를 들어, 인공지능과 머신러닝 분야에서의 급격한 발전에 따라 그와 관련된 엄청난 양의 알고리즘이 수시로 발표되고 있으며, 따라서 수치해석 분야에도 이에 부응하기 위한 변화의 바람이 강하게 불고 있다. 이러한 시류를 고려하기 위해서는, 수치해석적 입장에서 볼 때 다음과 같은 중요한 두 가지 요소가 반영되어야 한다.

- 방대한 양의 데이터를 어떻게 다룰 것인가?
- 인공지능 및 머신러닝 관련 프로그램이나 라이브러리를 어떻게 적합할 것인가?

첫 번째 문제는 방대하게 나오는 데이터를 처리하는 문제이다. 신산업의 발전에 따라서 각종 센서와 측정기기에서 내보내는 엄청난 양의 데이터가 실시간으로 생성된다. 또한, 인터넷의 사용이 증가하면서 경제, 사회, 등 다양한 분야에서의 관련 데이터도 폭증하고 있다. 이러한 양적인 팽창은 이전의 수치해석에서는 크게 고려하지 않았던 부분이다. 결국, 수집된 많은 데이터에서 필요로 하는 정보를 찾아내고, 중요한 결론을 도출하기 위해서는 데이터를 잘 다룰 수 있는 체계적인 방법이 필요하게 된다. 이는 엄밀히 말하면 데이터 과학data science의 영역에 속한다고 볼 수 있다. 데이터를 분석하여 정보를 얻기 위해서는, 예를 들어, 통계적인 수치값과 보간법interpolation, 회귀법regression 등이 필요하다.

두 번째 과제는 다양한 분야에서 제공하는 컴퓨터 라이브러리를 접목시키는 것이다. 예를 들어, 행렬에 관련된 문제를 해결하고자 할 때, 알고리즘적으로는 이해하고 있다고 해도, 효과적으로 계산을 수행하여 답을 구하는 것은 쉽지 않다. 그리고, 프로그래밍의 실력과 알고리즘에 대한 이해도의 차이에 따라서, 작성된 프로그램의 성능은 천차만별이 될 것이다. 더군다나, 개별 프로그램에서 자주 발생하는 오차나 오류등에 대처하기도 난해하다. 따라서, 알고리즘의 내용을 이해하고 작성한 간단한 프로그램만으로는 복잡한 실제 문제에 대처할 수 없게 된다. 즉, 개인적으로 작성한 연습문제 정도를 해결할 수 있는 프로그램은 실제 문제를 효과적으로 다룰 수 없다. 파이썬 언어에서는 Numpy[1]와 Scipy[2] 등의 과학기술용 라이브러리와 머신러닝을 위한 라이브러리인 scikit-learn[3]을 제공하고 있다. 이러한 공개 라이브러리는 많은 자발적 기여자들에의해서 작성되고, 검증되고, 개선되고 있다. 실제 문제를 해결하기 위해서는 이러한 검증된 라이브러리를 적극 사용하는 것이 절대적으로 권장된다. 따라서, 수치해석에서도 이러한 접근방식이 소개되어야 할 필요성이 증대되고 있다. 이 책에서는 이러한 시류적인 요구를 반영하기 위해서 2장과 3장의 두 개의 장을 할애하여 라이브러리의 적합 방법에 대하여 설명하고 있다. 따라서, 이 부분에 대한 학습을 통하여 다양한 종류와 분야에서 제공되고 있는 훌륭한 공개 라이브러리를 적합하여 문제를 해결하는 방법을 배울 수 있다고 생각한다.

그림 1.2에서는 시류를 반영한 수치해석 방법론에 대한 개략적인 내용을 보여주고 있다. 즉, 수학이론보다는 알고리즘에 조금 더 무게를 싣고, 의사코드가 아닌 실제로 작동하는 프로그램을 코딩하는 데 초점을 맞추고자 하는 것이다.

---

1 https://numpy.org/
2 https://scipy.org/
3 https://scikit-learn.org/stable/

그림 1.2 시류를 반영한 수치해석 방법론에 대한 개략도

1.3 두 방법의 차이점

앞에서 두 가지의 수치해석적 방법론, 고전적인 방법론과 시류를 반영한 방법론에 대하여 간략하게 알아보았다. 어느 쪽이 더 좋다는 것을 주장하는 것이 아니라, 각 방법론의 장단점을 생각하여 보고, 적절한 보완책을 찾아보자는 것이다.

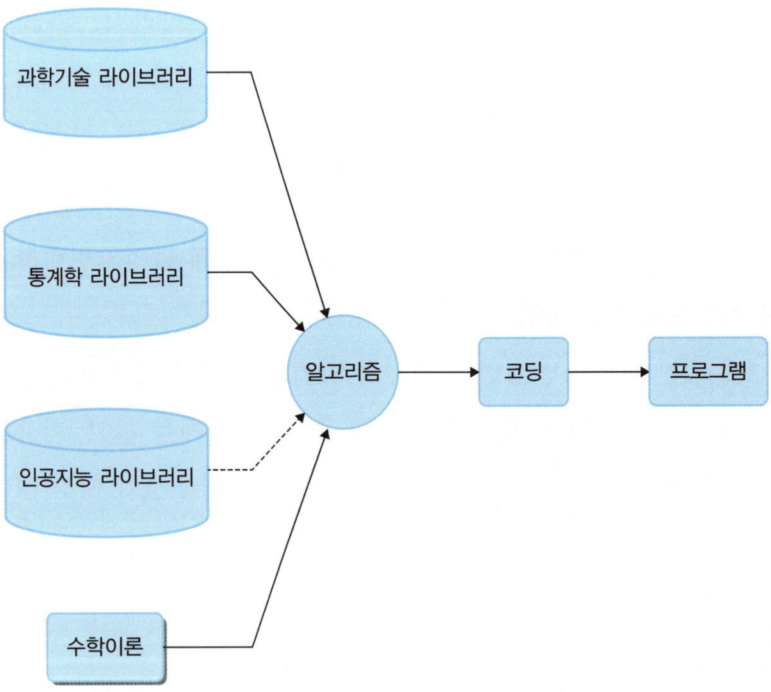

그림 1.3 수치해석 방법론에 대한 개략도

그러나, 급격한 시류의 변화가 있으므로, 수치해석 분야에서도 이에 대한 대처를 끊임없이 고민해야 할 것으로 본다. 그림 1.3에서는 이 책에서 추구하고자 하는 수치해석의 방향을 간략하게 나타내고 있다. 즉, 다양한 공개 라이브러리를 채용하여 수치해석의 접근 범위를 대폭 확장하고자 하는 것이다.

1.4 수치해석의 응용 예

수치해석이 응용되는 분야는 흔히 사용하는 탁상용 계산기로부터 자율 주행차, 달이나 화성 탐험을 위한 우주선까지 거의 모든 곳에 널리 펼쳐져 있다. 여기서는 실제 상황에서의 수치해석의 적용 예에 대해서 설명하고자 한다.

로켓과 수치해석

가속도만을 측정하여 속도와 비행거리를 추정할 수 있는가?

가속도는 시간에 대한 속도의 변화량이다. 예를 들어, 로켓에서의 가속도는 매우 중요하다. 그 이유는 가속도의 정밀한 측정과 조정이 되어야만 원하는 목표 지점까지의 운행이 가능하기 때문이다. 그러므로 로켓에는 가장 기본적인 장비의 하나로서 가속도를 측정하는 가속도 센서가 장착되어 있다. 가속도 센서에서는 매 순간마다의 가속도를, 예를 들어, 다음과 같이 제공해준다.

시간 (sec)	1	2	3	4
가속도 (m^2/sec)	9.8	10.1	12.3	14.7

잘 알려진 물리학 법칙에 의해서 가속도와 속도는 미분의 관계에 있음을 알고 있다. 즉, 가속도를 시간에 대하여 적분하여 속도를 계산할 수 있다. 또한, 속도와 거리도 미분 관계가 있기 때문에 속도를 적분하면 거리를 구할 수 있다. 로켓의 예에서는 적분을 수행할 대상이 함수가 아닌 가속도 데이터로 주어졌기

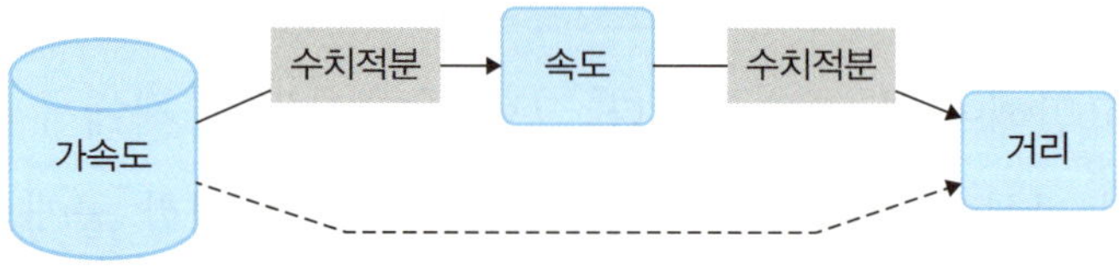

그림 1.4 가속도센서로부터 얻은 데이터를 이용하여 속도와 거리를 계산한다.

때문에 해석적인 방법으로 적분을 수행하기는 불가하다. 따라서, 이러한 경우에는 수치적분의 개념을 도입하여 수행해야 한다.

그림 1.4에서는 이 과정에 대한 개략도를 보여주고 있다. 가속도에 대하여 두 번의 적분을 시행하면 거리를 추정할 수 있다. 물론, 이 과정에서 다양한 오류가 포함될 수 있다. 그럼에도 불구하고, 로켓의 속도나 거리를 추정하는 방법 중에서 가장 직관적이며 현실적인 방법은 가속도를 기본으로 하여 다른 물리량을 유추하는 방법이다.

드론과 수치해석

레이더에 나타난 드론의 속도와 가속도를 추정할 수 있는가?

레이더는 물체에대하여 전파를 발사하고 되돌아오는 시간을 측정함으로 물체의 위치를 알 수 있게 해준다. 레이더를 운용하고 있는 지점으로부터 운행 중인 드론의 위치를 사용하여 드론의 속도나 가속도를 추정할 수 있게 된다. 다음 표에서 주어진 가상의 데이터는 레이더로 드론의 위치를 매 순간 측정한 결과이다. 실제로 일반적인 레이더는 위표(거리)와 방향을 측정하는 것이 가능하지만 여기서는 간략함을 위해서 레이더로 부터의 거리인 위치만 측정한다고 가정하였다.

시간 (sec)	1	2	3	4
위치 (m)	13	10	9	8

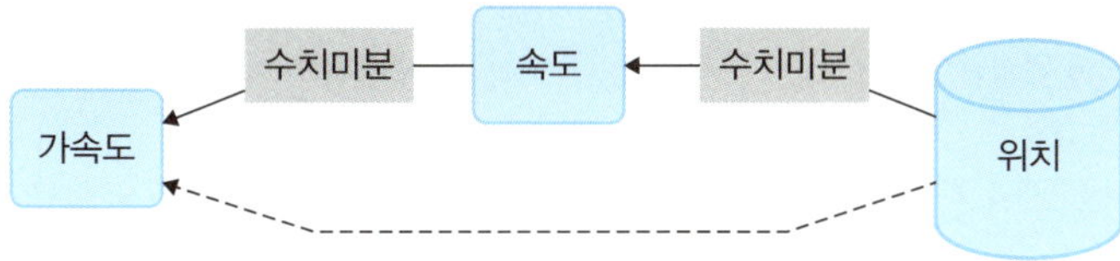

그림 1.5 레이더로부터 얻은 거리 데이터를 이용하여 속도와 가속도를 계산한다.

위치와 속도는 미분의 관계에 있다. 즉, 위치를 시간에 대하여 미분하여 속도를 계산할 수 있다. 또한, 속도와 가속도도 미분 관계가 있기 때문에 속도를 미분하면 가속도를 구할 수 있다. 드론의 예에서는 미분을 수행할 대상이 함수가 아닌 데이터로 주어졌기 때문에 해석적인 방법으로 미분을 수행하기는 불가하다. 그러므로, 수치미분의 개념을 도입하여 수행해야 한다.

그림 1.5에서는 수치미분의 적용에대한 개략도를 보여주고 있다. 위치에 대하여 두 번의 미분을 시행하면 가속도를 추정할 수 있다. 설명을 위해서 문제를 상당히 단순화시켰으나, 실제적으로도 레이더로 측정된 위치 데이터를 사용하여 움직이는 물체의 속도와 가속도를 이러한 방식으로 추정한다.

인공신경망과 수치해석

인공신경망은 어떻게 계산을 수행하는가?

2016년에 인간 세계 바둑 챔피언인 이세돌 기사를 패배로 이끈 알파고의 출현은 가히 충격적이었다. 알파고는 그 당시 최고의 인공신경망을 갖춘 컴퓨터 기사였다. 인공신경망은 수치해석의 거의 모든 뷰야가 총동원되는 분야라고 말할 수 있다.

그림 1.6에서는 아주 간략하게 인공신경망에서 사용되는 수치해석의 분야를 나타내었다. 최적의 해를 찾아내기 위해서 엄청난 양의 연산을 수행하게 되며 갈수록 더 진보된 하드웨어와 알고리즘이 등장할 것으로 예상된다. 그럼에도 불구하고, 인공신경망의 기존 토대는 수치해석이라는 것은 변하지 않을 것이다.

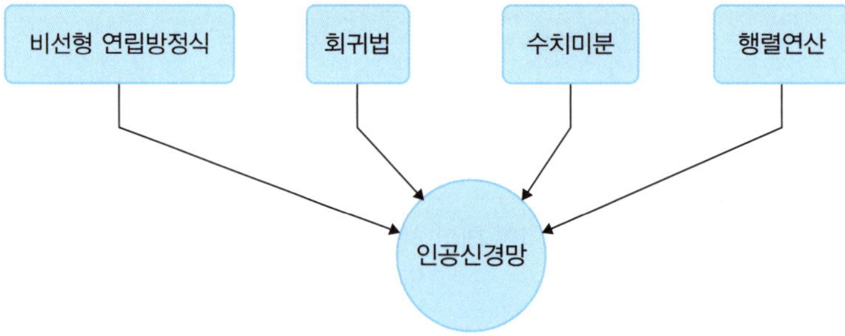

그림 1.6 인공신경망에 사용되는 수치해석 기법

1.5 연습문제

1. 수치해석이란 무엇인가에 대하여 기술하시오. 단, 책이나 기타 문헌을 참고할 수 있음.

2. 고전적인 수치해석 방법론에 대해서 기술하시오. 단, 책이나 기타 문헌을 참고할 수 있음.

3. 시류를 반영한 수치해석 방법론에 대해서 기술하시오. 단, 책이나 기타 문헌을 참고할 수 있음.

CHAPTER 02

파이썬 언어

이 책에서는 독자들이 파이썬 언어Python language를 사용하여 수치해석의 알고리즘을 이해하고 코딩하는 능력을 갖추게 하는 것이 주요 목표이므로, 먼저 파이썬 언어에 대하여 학습하기로 한다. 파이썬 언어는 일반적인 목적에 사용하기 위해서 개발된 상위 단계의 컴퓨터 언어이다. 여기서 상위 단계라는 의미는 인간이 이해하기 쉬운 문법으로 구성되어 있다는 뜻으로 생각할 수 있다. 파이썬은 처음부터 가독성readability 염두에 두고 설계되었으며, 이를 구현하기 위해서, 코딩할 때는 들여쓰기를 적극적으로 활용하는데, 이는 파이썬 언어에서 가장 중요한 특징 중의 하나이다. 파이썬 언어는 1980년대에 Guido van Rossum에 의해서 처음으로 개발된 것으로 알려져 있다. 2000년도에 2.0 버전을 출시하였고 현재는 3.x 버전이 출시되어 있으며, 계속적으로 개발이 진행되고 있다. 파이썬 언어의 주안점 또는 철학은 다음과 같이 요약될 수 있다.[4]

- 아름다움을 추구한다.Beautiful is better than ugly
- 구체적으로 말한다.Explicit is better than implicit

4 https://en.wikipedia.org/wiki/Python(programming_language)

- 단순하게 말한다.Simple is better than complex
- 복잡하게 얽혀있지 않아야 한다.Complex is better than complicated
- 읽기 쉬워야 한다.Readability counts

전 세계적으로 파이썬 언어는 널리 사용되고 있으며, 특별히, 수치해석 뿐만 아니라 인공지능 및 머신러닝machine learning 분야에서도 탁월한 관련 라이브러리를 제공하고 있어서, 최고의 학습 및 개발 환경이 되고 있다.

2.1 설치하기

수치해석에서 파이썬을 제대로 사용하기 위해서는 기본적인 파이썬 언어뿐만 아니라, 다양한 수학 관련 라이브러리가 필요하기 때문에, 처음부터 같이 설치되는 방식을 선택하는 것이 편리하다. 몇 가지의 다른 설치 방식이 있으나, 여기

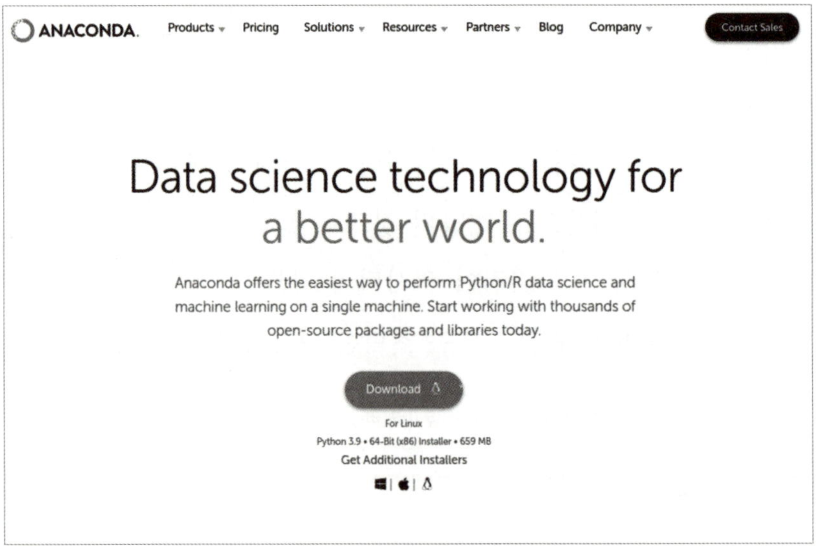

그림 2.1 Anaconda 설치기 다운로드 화면

서는 그림 2.1에서 보는 바와 같이 Anaconda 방식(https://www.anaconda.com/)을 이용하기를 권하고 있다.

Anaconda 방식은 Windows, Mac OS, Linux 버전들을 모두 지원하고 있다. 이 방식으로 파이썬을 설치하면, 수치해석 프로그래밍에서 필요한 다양한 라이브러리를 동시에 가져온다. 예를 들어, 행렬 관련 계산을 위한 Numpy, 그래프를 그려주는 Matplotlib 등의 라이브러리가 함께 설치된다.

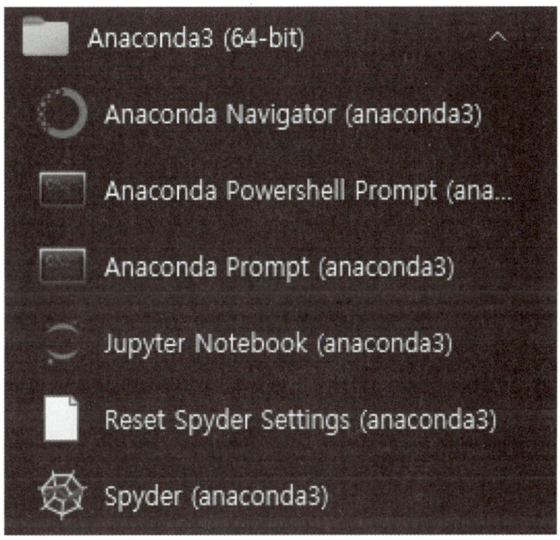

그림 2.2 Jupyter notebook

Anaconda 방식으로 파이썬을 설치하는 것은 매우 간단하다. 사이트에 접속하여 설치기installer를 다운로드 받고 이를 실행한 후 몇 가지의 지시에 따르면 바로 설치된다.

2.2 편집기 사용하기

프로그래밍을 하기 위해서 편집기editor가 필요한데, Anaconda 방식에서는 노트북 형태를 갖춘 Jupyter notebook이라는 편집기가 동반되어 오기 때문에 편리하다. 그림 2.2에서는 Anaconda를 설치한 후 메뉴에 추가되어 있는 Jupyter notebook을 보여주고 있다.

설치된 후에 Windows 버전의 경우에는 메뉴에서 Jupyter notebook을 실행시키면, 기본 웹브라우저(Chrome 등)에서 초기 화면이 열리게 되며, 그림 2.3에서 보는 바와 같이 화면의 오른쪽 끝 메뉴에서 `New`를 선택한 후 `Python 3`를 선택한다.

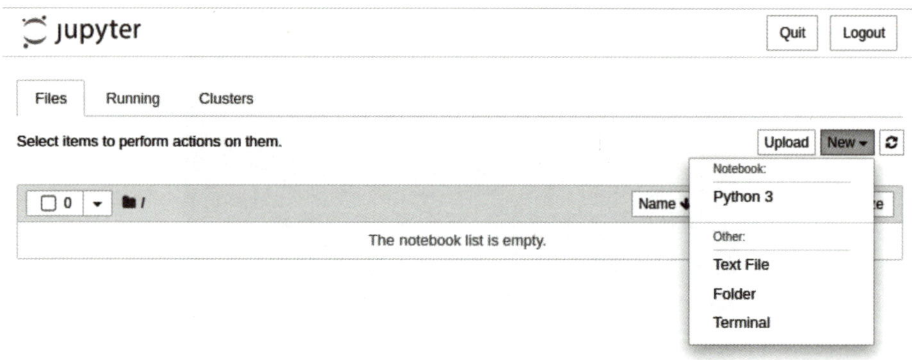

그림 2.3 새로운 파일 열기

이때 편집을 위한 노트북이 열리게 되며 그림 2.4와 같은 화면을 볼 수 있다. 이 책에서는 기본적으로 Jupyter notebook을 사용하는 것을 염두에 두었다.

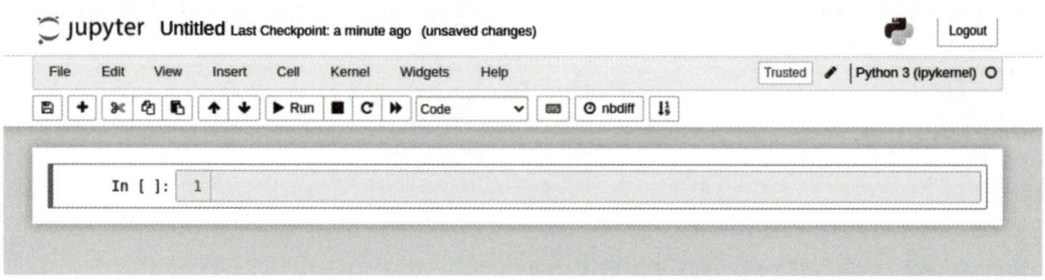

그림 2.4 주피터 노트북 초기 화면

일단, 노트북을 실행하여 셀을 포함한 윈도우가 열리면, 그림 2.5에서와 같이 입력한다.

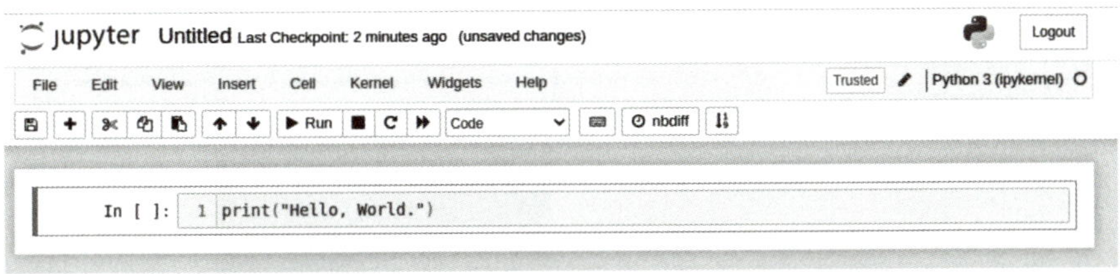

그림 2.5 Hello World.를 출력하는 프로그램

위의 명령을 입력 후에 Shift+Enter를 누르면 그림 2.6에서와 같은 결과를 볼 수 있다. 여기서 +는 Shift와 Enter의 두 개의 키를 동시에 눌러야 된다는 것을 의미한다. 성공적으로 수행되었다면 그림 2.6에서와 같이 화면에서 다음과 같은 결과를 볼 수 있을 것이다.

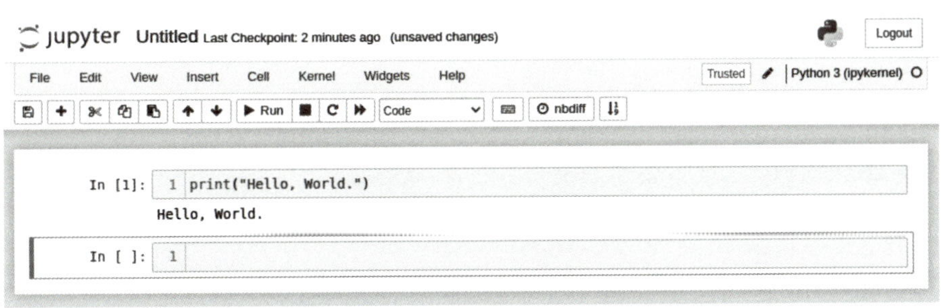

그림 2.6 프로그램의 출력 화면

개인의 선호에 따라서 다른 방식, 예를 들어, Visual studio, PyCharm 등의 전문 프로그래밍 편집기를 사용하여도 무방하다. 만일 자신의 컴퓨터가 없거나, 다른 이유 때문에 파이썬 등을 자신의 컴퓨터에 설치하고 싶지 않은 경우에는, Google에서 제공하는 Google Colab(https://colab.research.google.com/)이라는 온라인 버전의 환경에서 작업할 수 있다. 그림 2.7은 Colab 접속 화면이다. 단, Google Colab은 인터넷 연결이 가능해야 한다. 독자들의 컴퓨터 환경이 각자 다를 수 있으므로, 이 책에서는 오프라인 방식을 사용하는 것으로 간주해서 진행

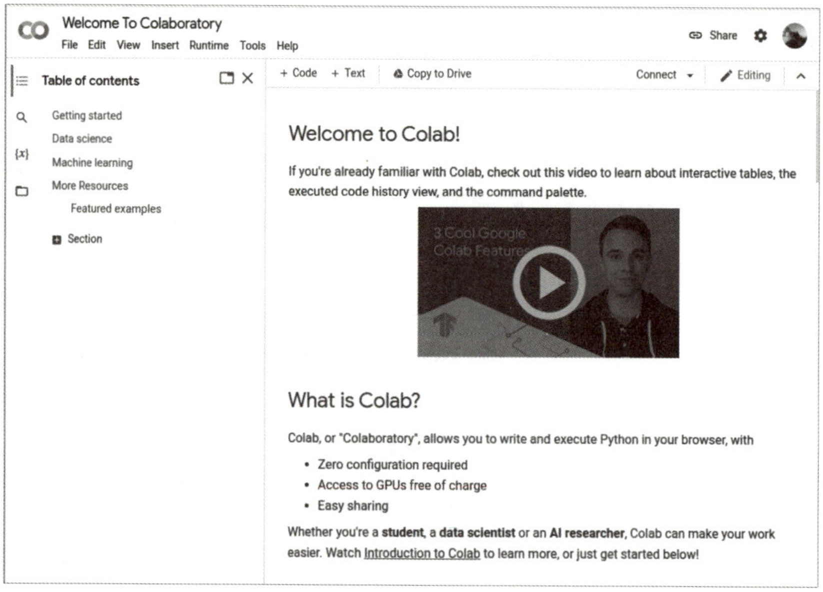

그림 2.7 Google Colab 접속 화면

하기로 한다.

여기까지 아무런 문제없이 왔다면, 독자들은 파이썬 언어를 배우기 위한 준비가 완료된 것이다.

2.3 파이썬 문법 속성과정

파이썬 언어는 다른 언어에 비해서 배우기 쉽다고 하지만, 그럼에도 불구하고 컴퓨터 언어를 새로 배우는 것은 결코 쉬운 일은 아니다. 이 책에서는 파이썬 언어의 기본적인 내용을 설명하고, 수치해석에서 알고리즘을 구현하는데 필요한 내용만을 중심으로 기술하였으며, 문법 전체에 대한 방대한 내용을 언급하는 것을 지양하였다. 따라서, 파이썬 언어에 대한 보다 많은 내용을 학습하기 원하는 독자들은 파이썬 언어에 관한 책자나 온라인 문서들을 참고하기 바란다. 여기서 다루고자 하는 내용은 다음과 같다.

- 숫자와 문자 다루기
- 리스트와 투플 구조
- 반복문 만들기
- 조건문 만들기

숫자와 문자 다루기

수치해석에서 가장 기본적으로 사용되는 것 중의 하나는 숫자나 문자일 것이다. 이러한 내용을 담아둘 수 있는 그릇이 필요하게 되는데, 이를 위해서 상수 또는 변수를 사용할 수 있고, 여러 개의 숫자나 문자 등을 한꺼번에 담을 수 있는 리스트list, 투플tuple 등이 있다. 다음의 예에서 몇 가지 내용을 설명하기로 한다.

```
x = 1.1
y = 9
name = 'John'
print(x)
print(y)
print(name)
```

이 프로그램에서는 x에는 0.1을 y에는 9를 할당했다. 또한, name에는 'John'이라는 문자열을 할당하였다. 프로그램을 수행하면 다음과 같은 결과를 얻는다.

```
1.1
9
John
```

리스트와 투플

리스트[list]는 다양한 종류의 숫자 및 문자를 하나의 바구니에 담을 수 있는 편리한 구조이다. 다음 프로그램에서는 리스트에 다양한 종류의 문자와 숫자를 담아내는 모습을 보여주고 있으며 기호로는 []을 사용한다.

```
mylist = ['A', 23, 'Bob']
print(mylist)
```

여기서, **mylist**는 리스트 구조로서, **'A'**, **23**, **'Bob'** 등의 세 개의 요소를 포함하고 있다. 이 프로그램 수행 결과는 다음과 같다.

```
[A, 23, Bob]
```

리스트에서의 각 요소는 인덱스[index]를 사용하여 조회가능하다. 예를 들어, 위의 프로그램에서 사용한 **mylist**에서 첫 번째 요소를 조회하기 위해서는 **myist[0]**을 수행하면 **A**를 가져올 수 있다. 다음 프로그램은 리스트에서의 조회 과정을 보여주고 있다.

```
mylist = ['A', 23, 'Bob']
print(mylist[0])
print(mylist[2])
```

만일, 위의 프로그램에서 **print(mylist[3])**을 추가하여 수행하면 인덱스 범위를 넘어선다는 오류 메세지를 받게된다. 그 이유는 파이썬에서는 인덱스의 시작이 0으로 부터 시작되므로 **mylist**에서의 마지막 요소는 인덱스 값이 3이 아닌 2이기 때문이다. 즉, 인덱스 0에 대해서는 **A**, 1에 대해서는 **23**, 인덱스 2에 대해서는 Bob이 대응하므로, 인덱스 3은 범위를 넘어가게 되어 오류를 낸다.

또한, 리스트에 속한 요소는 수정될 수 있다. 다음 프로그램에서는 mylist의 두 번째 요소인 숫자 23을 29로 바꾸는 과정을 보여주고 있다.

```
mylist[1] = 29
print(mylist)
```

위의 프로그램을 수행하면 ['A', 29, 'Bob']와 같은 결과를 얻는다. 즉, 리스트에서 두 번째 요소가 수정되었음을 알 수 있다.

한편, 투플tuple 구조는 mytup = ('A', 23, 'Bob')과 같이 표시한다. 투플에서도 원하는 요소를 mytup[0]과 같이 조회하는 것이 가능하다. 투플과 리스트 구조의 모양은 유사하나, 리스트의 요소는 바꿀 수 있는 반면에 투플의 요소는 수정불가하다. 다음은 투플을 선언하고 두 번째 요소 23를 29로 바꾸고자 작성한 프로그램이다.

```
mytup[1] = 29
print(mytup)
```

그러나, 이 프로그램을 수행하면 투플 구조에는 값을 할당할 수 없다는 다음과 같은 오류 메세지를 만나게 된다.

```
TypeError: tuple object does not support item assignment
```

리스트 구조는 사용자가 접할 가능성이 많이 있는 반면에, 투플 구조는 일반 사용자가 인식할 정도로 많이 노출되지는 않는다. 예를 들어, 함수에서 결과값을 돌려주는 경우에 투플 구조를 사용하게 되는데, 일반 사용자는 이러한 것을 알아차리기가 어렵다. 그러나, 고급한 파이썬 프로그래밍을 구현하기 위한다면 투플 구조에 대한 이해가 필수적이다. 이 책은 파이썬 입문자를 대상으로 기술되었기 때문에, 특별히 투플의 사용에 대한 언급은 더 이상 없을 것이다.

반복문 만들기

반복문은 수치해석에서 가장 중요한 형식 중의 하나이다. 대부분의 알고리즘은 어느 정도는 반복되는 부분을 포함하고 있기 때문이다. 따라서, 이러한 반복되는 과정을 이해하고 프로그램에서 제대로 구현할 수 있어야 한다. 파이썬 언어에서 반복문을 기술하는 가장 기본적인 방법은 for 구문을 사용하는 것이다. 다음 프로그램은 숫자 0에서 4까지를 차례로 출력하는 것이다.

```
1   for i in range(5):
2       print(i)
```

이 프로그램을 수행하면 다음과 같은 결과를 얻는다.

```
0
1
2
3
4
```

여기서 유의해서 보아야 할 두 가지가 있는데 첫 번째는 프로그램의 라인 1에서 사용한 range 함수이며, 두 번째는 프로그램 수행의 결과이다. 먼저, range는 리스트 구조이며, 주어진 숫자만큼의 리스트 요소를 보유한다. 즉, range(5)는 내부적으로 [0,1,2,3,4]라는 리스트를 의미하는 것이다. 그러므로, 위 프로그램을 수행한 결과가 그대로 출력되었음을 알 수 있다. 파이썬 언어에서는 인덱스가 0으로부터 시작되므로 range(5)의 리스트도 0으로부터 시작된다. 즉, 5개의 요소를 가지는 리스트이며, 그 첫 번째 요소는 0이라는 의미이다.

만일, 1, 2, 3, 4, 5를 출력하고 싶은 경우에는 다음과 같이 코딩한다.

```
for i in range(1,6):
    print(i)
```

여기서, range(1,6)을 사용하였는데, range(시작, 끝)의 형식을 취하게 되며, 단, 끝점 6은 포함되지 않음을 유의한다. 또한, 1,3,5,7,9와 같이 하나 건너 하나씩 출력하고 싶은 경우에는 range(1,10,2)와 같이 하면되며, 여기서 2는 한칸씩 건너 뛰라는 의미이다. 다음 프로그램에서 이 과정을 구현하고 있다.

```
for i in range(1,10,2):
    print(i)
```

이 프로그램을 수행하면 다음과 같은 결과를 얻는다.

```
1
3
5
7
9
```

파이썬 언어를 처음 배우는 사람들에게 있어서는 이러한 인덱스 형식에 다소 혼란을 겪기도 한다. 그러므로, 이 책에서는 이 문제에 대해서 기회가 있을 때마다 반복적으로 언급하여 혼란을 최소화 시킬 수 있도록 하고 있다.

range( ) 구조 보기

앞에서 설명한 range()는 리스트 구조를 만들어 주기 때문에 매우 다양하게 사용될 수 있다. 때로는 반복문을 구성하기 전에 의도한 내용이 올바른 가를 검증하고 싶을 때도 있다. 예를 들어, range(0,10,2)가 어떤 리스트 구조를 주는 지 살펴보고 싶을 때 print(range(0,10,2))를 수행하면 range(0,10,2)가 그대로 출력되어 내용을 알 수가 없다. 이때는 list 함수를 사용하여 다음과 같이 수행하면 된다.

```
print(list(range(0,10,2)))
```

이 프로그램을 수행하면 [0, 2, 4, 6, 8]를 얻게 되어 range(0,10,2)가 의미하는 리스트 구조를 볼 수 있게 된다.

반복문의 실제

앞에서 학습한 반복문이 실제 알고리즘에서 어떻게 적용되고 있는지를 살펴보기로 한다. 알고리즘에서 다음과 같은 내용을 구현하고자 한다고 생각하자.

$$0.1x^{(k)}, \quad k = 0, 1, 2, \ldots, 4$$

가장 먼저 해얍 할 일은 주어진 알고리즘의 작동 방식을 이해하는 것이다. 위 식에서 지수 k가 0에서부터 4까지 변하고 있으므로, 이것은 과정의 반복을 의미한다. 즉, 위 식을 풀어서 보면 다음과 같다.

$$0.1x^{(0)}$$

$$0.1x^{(1)}$$

$$0.1x^{(2)}$$

$$0.1x^{(3)}$$

$$0.1x^{(4)}$$

편의상 $x^{(0)} = 4.0,\ x^{(1)} = 3.0,\ x^{(2)} = 2.0,\ x^{(3)} = 1.0,\ x^{(4)} = 0.0$으로 놓기로 한다. 이 과정을 프로그램으로 만들면 다음과 같다.

```
x = [4,3,2,1,0]

for k in range(5):
    print(0.1*x[k])
```

여기서 반복문은 `range()` 형식으로 구현되었으며 다섯 번의 반복이 진행된다. 파이썬 언어에서는 `0`에서 부터 인덱스가 시작되기 때문에 `range(5)`라고 하는 것은 `[0, 1, 2, 3, 4]`의 리스트 구조를 의미한다. 여기서 인덱스는 `1`에서 부터 `5`까지가 아님을 유의해야 한다. 이 프로그램을 실행하면 다음과 같은 결과를 얻는다.

```
0.4
0.3
0.2
0.1
0.0
```

조금 더 복잡한 알고리즘의 경우에는 반복과정이 결합되어 다음과 같이 다중 반복으로 주어지는 경우도 있다.

$$(k, i), \quad k = 0, 1, 2, \quad i = 0, 1, 2, 3$$

이러한 경우는 k와 i가 각각 나름대로의 진행을 의미한다. 이러한 이중 반복을 구현하기 위해서는 for를 사용하는 다음과 같은 두 개의 반복문이 필요하다.

```
1  for k in range(3):
2      for i in range(4):
3          print(k,i)
```

여기서 몇 가지 주의해야 할 점이 있다.

- 라인 1에서 바깥쪽에 있는 반복문은 k에 의한 것이므로 range(3)으로 반복횟수를 정한다. 라인 2에서 안쪽의 반복문은 i에 해당하는 것이므로 range(4)로 준다. 파이썬에서는 지수의 시작을 0부터 시작하기 때문에 이를 유의해야 한다.
- 두 개의 반복문은 적절하게 들여쓰기를 반드시 해야한다. 만일 들여쓰기가 제대로 되어있지 않으면 오류를 내게 된다.

프로그램을 수행한 결과는 다음과 같다. 여기서 주의 깊게 보아야 할 부분은 반복의 순서이다. 즉, 먼저 바깥쪽 지수 $k = 0$으로 되고, 안쪽 지수는 $i = 0$으로 되어 하나의 반복을 만든다. 그 다음 반복은 $k = 0$은 유지하고, $i = 1$로 진행된다. 그 다음도 역시 $k = 0$이며, $i = 2$된다. 즉, 가장 안쪽의 반복이 가장 빠르게 진행되고, 바깥쪽으로 갈수록 반복의 진행이 천천히 됨을 알 수 있다.

```
0 0
0 1
0 2
0 3
1 0
1 1
1 2
1 3
```

```
2 0
2 1
2 2
2 3
```

조건문 만들기

조건문은 반복문과 함께 수치해석에서 가장 많이 구현되는 문장 구조이다. 즉, 알고리즘을 프로그램으로 구현하는 과정에서 특정한 조건을 부과해야 하는 경우가 많다. 예를 들어, 짝수인 경우에만 A 부분을 수행하고, 홀수인 경우에는 B 부분을 수행하라는 조건이 필요할 때 `if`를 사용하여 다음과 같이 조건에 반응하는 프로그램을 만들 수 있다.

```
a = 4

if a%2 == 0:
    print('A')
else:
    print('B')
```

이 프로그램에서는 `a`가 `4`이므로 짝수이다. `if`로 시작하는 조건문에서 `a%2 == 0` 부분은 `a`를 `2`로 나누되 나머지를 고려하라는 의미이다. 즉, `a`가 `4`인 경우 `4/2`의 몫은 `2`이지만, 나눗셈을 수행한 후의 나머지는 `0`이므로 이는 짝수로 판단할 수 있다. 만일 `a`가 `3`으로 하였다면 `3/2`의 몫은 `1`이고, 나머지는 `1`이므로 홀수로 판단할 수 있다. 따라서 주어진 조건을 만족하면 참으로, 아니면 거짓으로 판정되고, 프로그램에서는 `if ~ else` 구문을 사용하여 조건을 구현하고 있다. 관심 있는 독자들은 이 프로그램의 맨 위에서 `a = 4` 대신에 `a = 3`를 대입해서 어떠한 결과가 나오는지 보기를 바란다.

조금 더 복잡한 조건을 구현하는 예를 들어보기로 한다. 만일 주어진 이 `a`가 `0`이면 zero를, 짝수인 경우는 *A*, 홀수의 경우는 *B*를 출력하는 프로그램은 다음과 같다.

```
a = 0

if a == 0:
    print('zero')
elif a%2 == 0:
    print('A')
else:
    print('B')
```

이 프로그램을 수행하면 `a = 0`으로 주어졌으므로 첫번째 조건이 성립되어 결과로 `zero`를 출력한다. 만일 `a = 4`로 한다면, 두 번째 조건만이 참이 되므로 `A`를 출력하게 된다. 그리고, `a`가 `0`도 아니고 짝수도 아닌 경우에는 `B`를 출력하게 된다. 이러한 과정을 `if ~ elif ~ else`를 사용하여 구현하였다. 관심있는 독자들은 `a`의 값을 바꿔가면서 결과가 어떻게 나오는지 관찰해보기 바란다.

2.4 Numpy 라이브러리

파이썬 언어의 큰 장점 중의 하나는 다양한 라이브러리의 존재라고 볼 수 있다. 물론 다른 컴퓨터 언어에서도 라이브러리의 사용이 빈번하기는 하지만, 파이썬 언어에 관련된 라이브러리는 대부분이 개개인의 자발적인 기여에서 비롯된 것으로, 사용자의 급증에 따라, 업데이트도 빈번하게 발생되어 최신의 내용을 유지하고 있다. 따라서, 다양한 분야에서 사용할 수 있는 고급 라이브러리를 대부분 무료로 사용할 수 있다는 점이 매력적이다. 파이썬 언어는 기본적인 내용만을 포함하고 있으므로, 수치해석 등과 같이 다양한 수학적 개념을 다루기 위해서는 이러한 라이브러리의 사용이 필수적이다. 파이썬 언어 사용이 급증하는 가운데서 다양한 라이브러리가 존재하지만, 여기서는 가장 많이 사용되는 Numpy 라이브러리를 중심으로 설명하기로 한다. 수치해석과 관련이 있는 다른 라이브러리로는 Scipy, Matplotlib, Seaborn, Pandas, Math 등이 있다. 관심이 있는 독자들은 관련 문헌을 찾아보기 바라며, Anaconda 방식으로 파이썬을 설치하였다면, 이러한 몇 가지의 과학기술용 라이브러리가 동반되므로, 따로 설치할 필요는 없다. 그림 2.8에서는 Numpy의 접속화면을 보여주고 있다.

그림 2.8 행렬 또는 배열 연산을 위한 종합 라이브러리 Numpy의 접속화면

예를 들어, 기본 파이썬 언어에는 코사인 삼각함수 cosine 함수가 없기때문에 이와 관련된 계산을 하기 위해서는 이 함수를 포함하고 있는 라이브러리를 불러와야 한다. 일반적으로 삼각함수를 제공하는 라이브러리는 Math와 Numpy가 있으나 여기서는 Numpy를 중심으로 설명하기로 한다.

라이브러리 불러오기

Numpy 라이브러리를 사용하기 위해서는 프로그램의 맨 윗부분에서 명시적으로 선언하여야 한다. 라이브러리 사용을 선언하는 방법은 다음과 같이 세 가지로 나눌 수 있다.

- 라이브러리의 별명을 붙여서 불러오는 방법
- 라이브러리 전체 내용을 불러오는 방법
- 라이브러리에서 필요한 내용만을 불러오는 방법

다음에서는 세 가지의 다른 방식을 차례대로 알아보기로 한다.

라이브러리의 별명을 붙여서 불러오는 방법

첫 번째 방식은 다음과 같이 수행한다.

```
# Numpy
import numpy as np

print(np.cos(1.0))
```

여기서 `import numpy`는 Numpy 라이브러리를 불러오는 선언문이다. 또한, Numpy를 불러오되 별명alias을 np로 하겠다는 것을 명시하고 있다. 이렇게 하는 이유는 표기상의 간편함을 위해서이다. 예를 들어, `cos` 함수를 사용하고 싶을 때 별명을 붙이지 않은 경우에는 `numpy.cos(1.0)`와 같이 표기해야 하므로 복잡한 식등을 표시할 때 번거롭고, 읽기가 불편하기 때문이다. 이 프로그램을 수행시키면 `0.5403023058681398`를 결과로 얻게 된다.

예를 들어, numpy 라이브러리에 있는 지수함수exponential functions를 사용하고 싶을 경우에는 다음과 같이 쓰면 된다.

```
# Numpy
import numpy as np

print(np.exp(2.0))
```

이 프로그램을 수행시키면 2.718281828459045를 결과로 얻게 된다.

라이브러리 전체 내용을 불러오는 방법

Numpy 라이브러리에는 많은 종류의 수학 관련 함수가 포함되어 있다. 앞에서 삼각함수 뿐만아니라 지수 함수, 로그 함수 등도 있다. 두 번째 방법은 이러한 라이브러리에 속한 모든 내용을 한꺼번에 불러오는 것이다. 단, 이 방법에서는 첫 번째 방법과는 달리 별명을 사용하지 않는다.

```
# Numpy
from numpy import *

print(cos(1.0))
```

여기서 *는 와일드카드로서 모든 것을 지칭하는 의미가 되므로 Numpy 라이브러리의 내용을 모두 불러온다는 것을 의미한다. 이 방식에서는 필요한 함수를 사용할 때 어느 라이브러리에 속한다는 것을 표기할 필요가 없으며 이 프로그램을 수행시키면 0.5403023058681398를 결과로 얻게 된다.

라이브러리에서 필요한 내용만을 불러오는 방법

두 번째 방법에서는 모든 내용을 다 불러왔으나, 세 번째 방식은 해당 프로그램에서 사용할 내용만 불러오는 방법이다. 즉, 만일 프로그램에서 삼각함수 cos 만을 사용한다면 사용하지 않을 다른 함수들을 구태여 불러 올 필요가 없기 때문이다. 그리고, 두 번째 방식에서는 많은 양의 내용이 컴퓨터 메모리위에 얹혀 있는 상태라고 볼 수 있기 때문에, 필요한 내용만을 불러오면 메모리를 효과적으로 사용할 수 있을 것으로 기대한다.

```
# Numpy
from numpy import cos

print(cos(1.0))
```

이 프로그램을 수행시키면 0.5403023058681398를 결과로 얻게 된다. 이 상태에서 만일 다음과 같이 sine 함수을 사용한다면,

```
# Numpy
from numpy import cos

print(sin(1.0))
```

다음과 같은 오류를 내게 되는데, 이때 sin 함수는 라이브러리에서 불러오지 않았기 때문이다.

```
---------------------------------------------------------------------------
NameError Traceback (most recent call last) Input In [3], in <cell
line: 1>() ----> 1 print(sin(1.0))
NameError: name sin is not defined
```

앞에서 소개한 세 가지의 방식 중에서 가장 선호되는 것은 첫 번째 방법이다. 많은 사용자들이 첫 번째 방식으로 다양한 라이브러리를 사용하고 있다. 물론 개인적인 선호도가 다르기 때문에 마음대로 선택하여 사용할 수 있으나, 하나

이상의 라이브러리를 사용하는 경우에 있어서는 두 번째 방식은 권유되지 않는다. 예를 들어, 수학 관련 라이브러리인 `math`와 다른 형태의 라이브러리 `numpy`는 공히 `cosine` 함수를 제공하고 있다. 따라서, 아무런 표식이 없이 `cosine` 함수를 사용한다면 어느 라이브러리에서 불러왔는지를 알 수가 없게 된다. 이런 경우는 프로그램을 디버깅한다거나 할 때 오류를 발생시키는 지점을 찾기가 어려워서 불편함을 초래할 수 있다. 그러므로 이 책에서는 첫 번째 방법(별명 사용)을 위주로 하여 진행하기로 한다.

2.5 행렬 만들기

수치해석에서 행렬matrix을 다루는 문제는 매우 중요하다. 다양한 알고리즘에서 행렬의 연산 및 변환이 사용되고 있으므로 이를 프로그래밍적으로 구현하기 위해서는 배열array로 만들어서 다루는 것이 필수적이다. 한 가지 유의할 점은 수학분야에서는 행렬이라는 단어를 사용하지만, 프로그래밍 분야에서는 배열이라는 용어를 쓴다. 따라서, 두 단어는 의미에 있어 서로 혼용이 가능하다고 생각하면 된다. 물론, 엄밀한 의미에서는 일치하지 않을 수 있으나, 편의를 위해서 동일한 의미로 간주하여 필요에 따라서 혼용하기로 한다. Numpy 라이브러리에서는 이러한 행렬 연산을 위한 효율적인 도구를 제공하고 있다. Numpy 라이브러리를 사용하여 배열을 만드는 방법은 몇 가지가 있다. 수치해석에서 가장 많이 사용하는 배열의 차원은 1차원과 2차원 배열이라고 볼 수 있다. 1차원 배열(벡터)는 다음과 같이 표시할 수 있다.

$$\mathbf{x} = [x_1, x_2, x_3] = [1, 2, 3]$$

벡터를 프로그램에서 사용하기 위해서는 Numpy에서 다음과 같이 `array()`

함수를 사용한다.

```
import numpy as np

x = np.array([1,2,3])
print(f'x = {x}')
```

이 프로그램을 수행한 결과는 다음과 같다.

```
x = [1 2 3]
```

또한, 벡터의 각 성분은 다음과 같이 인덱스를 사용하여 불러 올 수 있다.

```
import numpy as np

x = np.array([1,2,3])
print(x[0])
print(x[-1])
```

이 프로그램을 실행한 결과는 다음과 같다.

```
1
3
```

다음에 주어진 행렬 A는 2차원 배열로 볼 수 있으며 다음과 같이 표시할 수 있다.

$$\mathbf{A} = \begin{bmatrix} 1 & 2 & 1 \\ 3 & 1 & 1 \\ 4 & 1 & 2 \end{bmatrix}$$

위의 행렬을 프로그램에서는 다음과 같이 표시한다.

```
import numpy as np

A = np.array([[1,2,1],[3,1,1],[4,1,2]])

print(A[0])
print(A[:,1])
```

여기서 A[0]는 행렬 A의 첫 번째 행을 의미한다. 만일 두 번째 행을 가져오고 싶으면 A[1]과 같이 하면 된다. 파이썬에서는 인덱스가 0부터 시작하므로 A[1]은 두 번째 행임을 유의한다. 특정한 열 전체를 가져오고 싶을 때는, 예를 들어, 두 번째 열을 지칭할 때는 A[:,1]와 같이 한다. 여기서, :는 행을 무시하라는 의미이다. 즉, 행에 관계없이 두 번째 열을 전체를 지칭하는 것이다. 이 프로그램을 수행한 결과는 다음과 같으며 앞에서 설명한대로 정확하게 결과를 내는 것을 볼 수 있다.

```
[1 2 1]
[2 1 1]
```

리스트와 배열의 차이점

파이썬 언어에 익숙하지 않은 상태에서 수치해석의 내용을 프로그램으로 작성할 때, 몇 가지의 주의할 점이 있다. 예를 들어, 행렬을 사용하고자 할 때, 파이썬의 리스트와 Numpy의 배열에서 많은 혼동을 일으키기도 한다. 리스트와 배열은 겉모양이 비슷하기 때문에 입문자들이 사용할 때 유의해야 한다. 다음 프로그램에서는 리스트 `a = [1,2,3]`과 배열 `d = np.array([1,2,3])`의 차이점을 보여주고 있다.

```
import numpy as np

a = [1,2,3]
d = np.array([1,2,3])

print(type(a))
print(type(d))

print(a + a)
print(d + d)
```

이 프로그램을 수행하면 결과는 다음과 같다.

```
<class list>
<class numpy.ndarray>
a + a = [1, 2, 3, 1, 2, 3]
d + d = [2 4 6]
```

이 프로그램에서는 `type(a)`와 `type(d)` 명령을 통해서, 각각 리스트와 Numpy 배열임을 알 수 있다. 프로그램의 첫 번째 결과는 a는 리스트이며, d는 Numpy 배열이라는 것을 알려주고 있다. 두 번째 결과에서는 `a + a`와 `d + d`의 결과를 각각 보여주고 있다. 리스트끼리의 덧셈 a + a은 리스트의 요소를 추가한 것으로 결정되며 결과를 그림 2.9에서와 같이 나타낼 수 있다. 그러나 수치해석에서 대부분의 경우는 이러한 연산을 의도한 것은 아니며, 각 요소끼리의 덧셈을 의미하는 것일 경우가 대부분이다. 따라서, 이러한 연산을 수행할 때 리스트를 사용하면 안된다는 것을 알 수 있다. 반면에, Numpy 배열끼리의 덧셈 d + d은 [2 4 6]으로서 배열의 각 요소에 대한 덧셈이 수행되었음을 알 수 있으며 그 결과는 그림 2.10에서 나타내고 있다. 그러므로, 수치해석에서는 행렬의 연산을 수행할 때 Numpy 배열을 사용해야 한다.

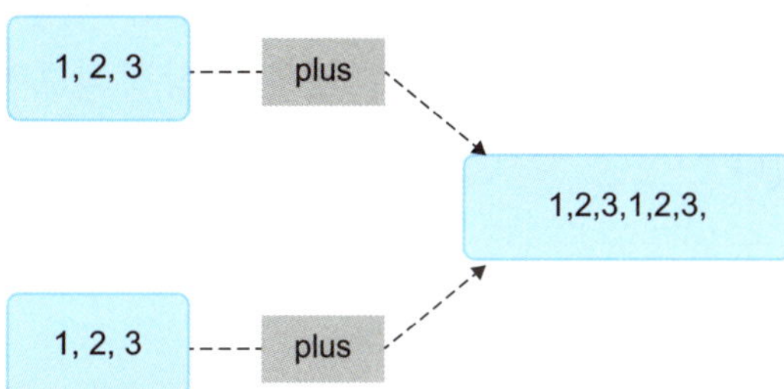

그림 2.9 리스트와 리스트의 합

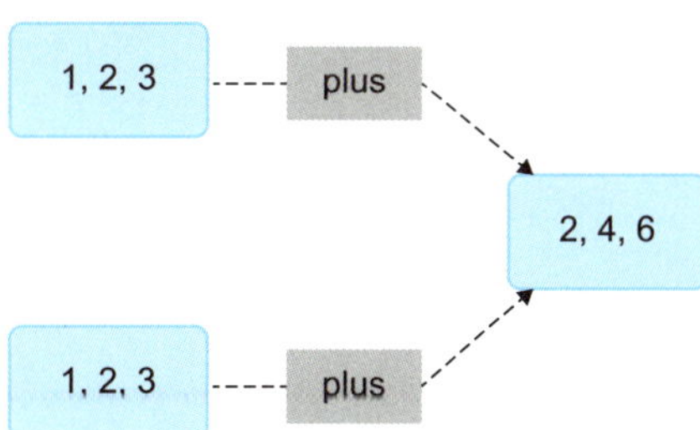

그림 2.10 Numpy 배열과 배열의 합

2.6 들여쓰기의 중요성

파이썬 언어의 특징 중에서 가장 중요한 점은 아마도 들여쓰기indentation일 것이다. 다른 컴퓨터 언어와 달리 파이썬 언어는 괄호, 콜론, 세미콜론 등의 기호를 사용하지 않고 들여쓰기로 범위를 구분하는 경우가 많기 때문에 이러한 방식을 제대로 지키는 것은 성공적인 코딩에 있어서 매우 중요하다. 특히, 조건문과 반복문에서는 들여쓰기를 제대로 하지 않으면 의도한 바와 전혀 다른 결과를 얻게되며, 계산과정이 복잡한 경우에는 오류를 찾아내기도 쉽지않다.

수치해석에서는 두개 이상의 인덱스를 사용하는 경우가 많이 있다. 예를 들어, $i = 0, 1$, $j = 0, 1, 2$로 (i, j)를 출력하는 경우를 상정해보면 다음과 같이 프로그램을 작성할 수 있다.

```
for i in range(2):
    for j in range(3):
        print(i,j)
```

이 프로그램을 실행하면 결과는 다음과 같으며 의도대로 출력되었음을 알 수 있다.

```
0 0
0 1
0 2
1 0
1 1
1 2
```

다음은 반복문 과정에서 들여쓰기를 무시하고 진행한 경우이다.

```
for i in range(2):
for j in range(3):
    print(i,j)
```

이 프로그램을 수행하면 다음과 같은 들여쓰기 관련 오류 메세지를 만나게 된다.

```
  for j in range(3):
     ^
IndentationError: expected an indented block
```

다음 사례의 경우도 마찬가지로 들여쓰기 오류를 겪게된다.

```
for i in range(2):
for j in range(3):
print(i,j)
```

이 프로그램을 실행하면 다음과 같은 오류 메세지를 받게된다.

```
  for j in range(3):
  ^
IndentationError: expected an indented block
```

위의 사례들에서 살펴 본 바대로 파이썬 언어에서의 들여쓰기는 절대적으로 중요하다. 이번에는 들여쓰기 시에 칸수의 수가 다른 경우 어떤 영향을 미치는지 알아보기로 한다. 대부분의 프로그래밍을 위한 에디터(편집기)에서는 기본적으로 네 칸의 들여쓰기로 설정되어 있다. 물론, 개개인의 설정이나, 사용하는 편집기의 종류에 따라 다를 수 있다. 다음은 한 칸 들여쓰기를 적용한 예이다.

```
for i in range(3):
 print(f'1 space')
```

이 프로그램을 실행하면 결과는 다음과 같으며, 들여쓰기 관련 문제가 없음을 알 수 있다.

```
1 space
1 space
1 space
```

다음은 두 칸의 들여쓰기를 한 경우이다.

```
for i in range(3):
  print(f'1 space')
```

이 프로그램을 실행하면 결과는 다음과 같으며, 들여쓰기 관련 문제가 없음을 알 수 있다.

```
2 spaces
2 spaces
2 spaces
```

이와 같이 앞의 두 사례에서 한 칸과 두 칸의 들여쓰기는 잘 작동하고 있음을 알 수 있었다. 그러나 하나의 프로그램내에서 일관성 없는 들여쓰기는 허용되지 않는다. 다음 프로그램에서는 라인 2에서는 한 칸, 그리고 라인 3에서는 칸의 들여쓰기를 적용하였다.

```
for i in range(3):
 print(f'1 space')
    print(f'4 spaces')
```

이 프로그램을 수행하면 다음과 같은 들여쓰기 관련 오류 메세지를 보게 된다. 그 이유는 동일한 문장에서 두 개의 다른 들여쓰기를 적용했기 때문이다. 즉, 같은 문장 내에서 들여쓰기에 대한 일관성의 결여때문에 생긴 오류이다.

```
print(f4 spaces)
^
IndentationError: unexpected indent
```

위의 사례들을 통해서 들여쓰기의 정도는 보통은 네 칸을 많이 사용하게 되는데 일관성만 있으면 한 칸이나 두 칸을 사용해도 무방하다는 것을 알 수 있다. 마지막으로 다음의 예에서는 두 개의 출력문이 모두 반복문 내에 포함되어 사용되는 구조로 되어 있다.

```
for i in range(3):
    print(f'4 spaces')
    print(f'another 4 spaces')
```

이 프로그램을 실행하면 다음과 같은 의도했던 결과를 얻는다.

```
4 spaces
another 4 spaces
4 spaces
```

```
another 4 spaces
4 spaces
another 4 spaces
```

즉, 위의 프로그램에서 반복문에서 라인 2와 라인 3에서 두 개의 출력항을 모두 포함하고 있다는 의미이다.

이번에는 조건문에서의 들여쓰기에 대해서 알아보기로 한다. 다음은 점수가 60점 이상일 때 **Pass!**를 출력하고, 60점 미만일 때는 **Fail!**을 출력해주는 조건문을 코딩한 경우이다.

```
1 score = 63
2
3 if score >= 60:
4     print(f'score = {score}')
5     print(f'Pass!')
6 else:
7     print(f'Fail!')
```

이 프로그램에서는 점수가 60점 이상이므로 라인 4와 5에 있는 두 문장 **score = 63**과 **Pass!**를 출력하고 끝나게 된다. 만일, 라인 1에서 점수를 50점으로 바꾼 후에 프로그램을 실행하면 **Fail!**가 출력됨을 볼 수 있을 것이다. 이제, 다음과 같이 맨 마지막에 출력문을 추가하여 실행하면 어떤 결과가 나올 지 알아보고자 한다.

```
1 score = 63
2
3 if score >= 60:
4     print(f'score = {score}')
```

```
5       print(f'Pass!')
6   else:
7       print(f'Fail!')
8   print(f'Done')
```

이 프로그램을 실행하면 다음과 같은 결과를 볼 수 있다.

```
Pass!
Done!
```

이 프로그램에서 라인 8에 있는 출력문은 라인 3에 있는 **if** 문과도 상관없으며, 라인 6에 있는 **else** 문과도 상관이 없다. 그 이유는 각각의 들여쓰기에 포함되어 있지 않고, 독립적인 문장을 이루고 있기 때문이다. 그러므로 라인 8에서의 출력문은 위에 있는 조건문의 참/거짓에 관계없이 항상 실행된다. 이와 같이 파이썬 언어에서는 각 구문의 범위를 들여쓰기에 적극적으로 의존하고 있음을 유의해야 한다.

2.7 연습문제

1. 1, 2, 3, 4, 5의 숫자를 담을 수 있는 리스트 **mylist**를 만들고, 화면에서 출력하는 프로그램을 작성하시오.
2. **'Pyhton'**, **'is'**, **'fun'**을 담을 수 있는 리스트 **mylist2**를 만들고, 화면에서 출력하는 프로그램을 작성하시오.
3. **'Count'**, **'down'**, 5, 4, 3, 2, 1을 담을 수 있는 리스트 **mylist3**를 만들고, 화면에서 출력하는 프로그램을 작성하시오.

4. 1, 2, 3, 4, 5를 배열 `a`로 만들어서 출력하는 프로그램을 작성하시오. 단, Numpy를 사용하시오.

5. 91, 92, 93, 94, 95를 배열 `b`로 만들어서 출력하는 프로그램을 작성하시오. 단, Numpy를 사용하시오.

6. 위의 문제에서 작성한 배열을 사용하여, `c = a + b`과 `d = a - b`의 결과를 출력하는 프로그램을 작성하시오. 단, Numpy를 사용하시오.

7. 다음과 같은 배열 `A`를 출력하는 프로그램을 작성하시오. 단, Numpy를 사용하시오.

$$\mathbf{A} = \begin{bmatrix} 1 & 2 \\ 3 & 4 \end{bmatrix}$$

8. 다음과 같은 배열 `B`를 출력하는 프로그램을 작성하시오. 단, Numpy를 사용하시오.

$$\mathbf{B} = \begin{bmatrix} 1 & 2 & 99 \\ 3 & 4 & 100 \\ 5 & 6 & 101 \end{bmatrix}.$$

9. 0, 1, 2, 3이 차례로 출력되는 프로그램을 작성하시오. 단, `for` 문을 사용하시오.

10. 변수 `a` 값이 90 이상이면, `'A'`를 출력하고, 아니면 `'B'`를 출력하는 프로그램을 작성하시오. 단, `if` 문을 사용하시오.

11. 변수 `b` 값이 90 이상이면, `'A'`를 출력하고, 80 이상이면 `'B'`를, 그외의 값에 대해서는 `'C'`를 출력하는 프로그램을 작성하시오. 단, `if` 문을 사용하시오.

CHAPTER 03

Jupyter Notebook을 사용한 보고서 작성

파이썬 언어로 프로그램을 작성하는 데 사용하는 에디터는 매우 다양하다. 아주 단순한 편집기도 있으며, 전문가들이 애용하는 복잡한 기능을 가진 에디터도 있다. 그러나, 대부분의 파이썬 사용자들은 일상적으로 Jupyter notebook이라는 편집기를 사용하고 있다. 이는 따로 설치하든지, 아니면, Anaconda 설치 시에 기본적으로 탑재되므로 편리하다. 또한, Jupyter notebook에서는 Markdown 언어를 지원하고 있는데 이는 보고서 등을 작성할 때, 널리 사용될 수 있다. 이번 장에서는 다음과 같은 내용으로 간략하게 설명하고자 한다.

- Markdown 언어 설명
- LaTeX과 수식
- Jupyter notebook과 보고서 작성

3.1 Markdown으로 내용 쓰기

Jupyter notebook에서 필기하기 위해서는 먼저 셀의 성질을 코드 작성용에서 markdown 입력용으로 바꾸어야 한다. 이를 위해서는 그림 3.1에서 보는 바와 같이 메뉴란에서 Code 항목을 Markdown 항목으로 고쳐주면 된다. 이렇게 하면, 셀 앞에 있던 코드 입력 창이 없어지고, 셀에서 필기를 할 수 있는 공간으로 바뀐다. 셀에서는 필기장처럼 문장을 자유롭게 입력할 수 있다. 그러나, 효과를 가지는 문자나 문장, 또는 수식을 입력하기 위해서는 Markdown 언어에서 사용하는 간단한 문법을 적용할 필요가 있다.

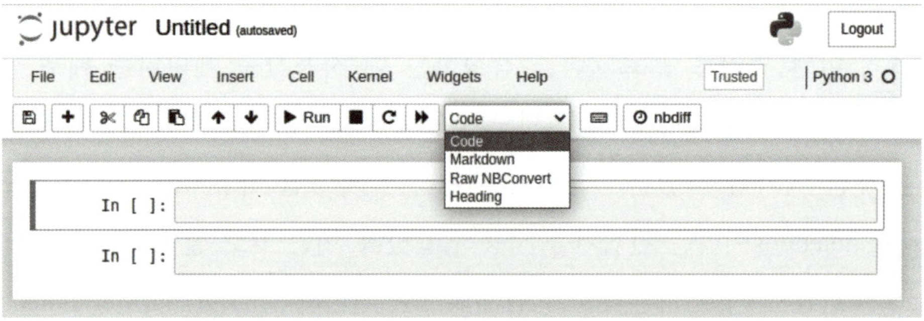

그림 3.1 셀의 특성을 code에서 Markdown 으로 변환한다.

표제어 입력하기

보고서를 쓸 때 사용하는 여러 크기의 표제어를 입력하려면 # 기호를 제목의 앞에 붙이면 된다. 그림 3.2와 같이 Jupyter notebook의 Markdown 셀에서 내용을 입력한다.

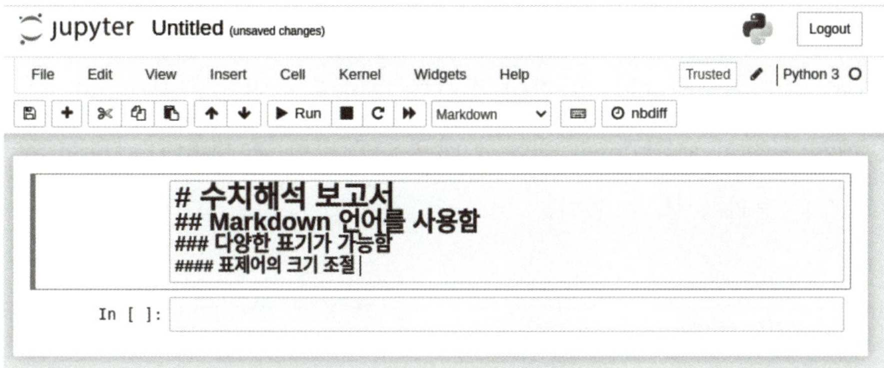

그림 3.2 표제어 입력하기

입력을 마친 후에 Shfit+Enter를 누르면, 그림 3.3과 같은 결과를 볼 수 있다. 여기서, # 기호의 갯수가 많을수록 표제어의 크기는 작아진다.

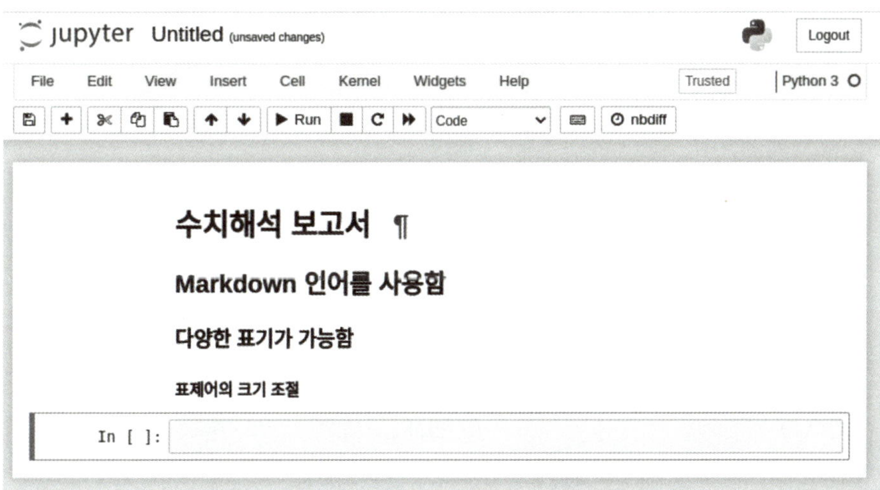

그림 3.3 표제어 출력 결과

리스트 만들기

Markdown에서 사용하는 리스트에는 순서가 있는 리스트와 순서가 없는 리스트의 두 가지 종류가 있다.

순서가 있는 리스트

순서가 있는 리스트는 다음과 같이 순서를 나타내는 번호를 붙여주면 된다. 그림 3.4에서와 같이 Markdown 셀에서 내용을 입력한 후 Shfit+Enter를 누르면, 다음과 같은 결과를 볼 수 있다.

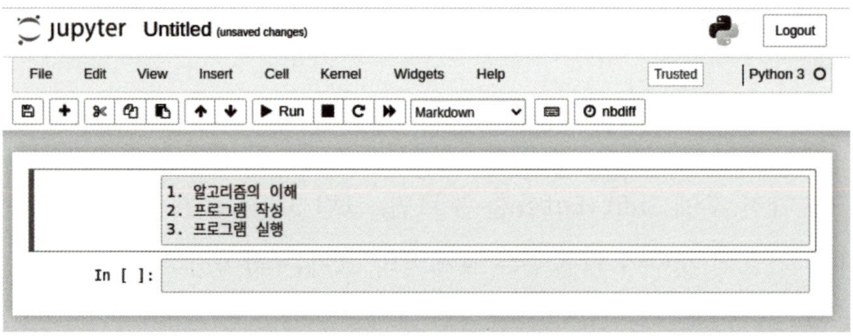

(a) 순서가 있는 리스트를 위한 입력

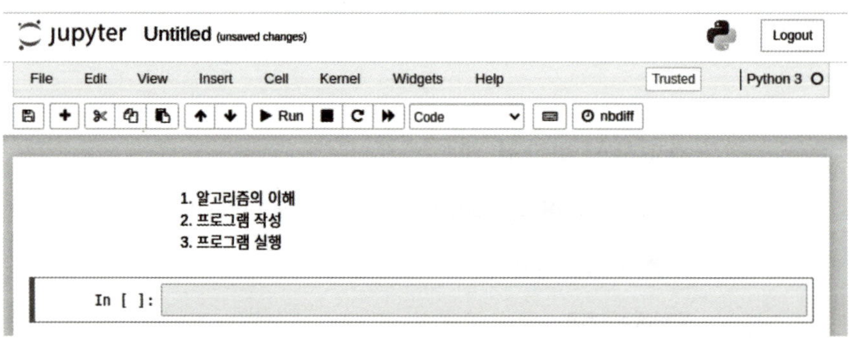

(b) 결과

그림 3.4 순서가 있는 리스트

순서가 없는 리스트

순서가 없는 나열형의 리스트는 – 기호를 이용하여 다음과 같이 쓴다. 그림 3.5에서와 같이 Markdown 셀에서 내용을 입력한 후 Shfit+Enter를 누르면, 다음과 같은 결과를 볼 수 있다.

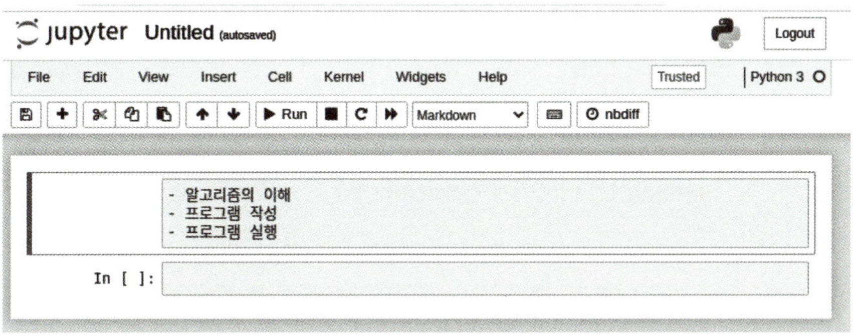

(a) 순서가 없는 리스트를 위한 입력

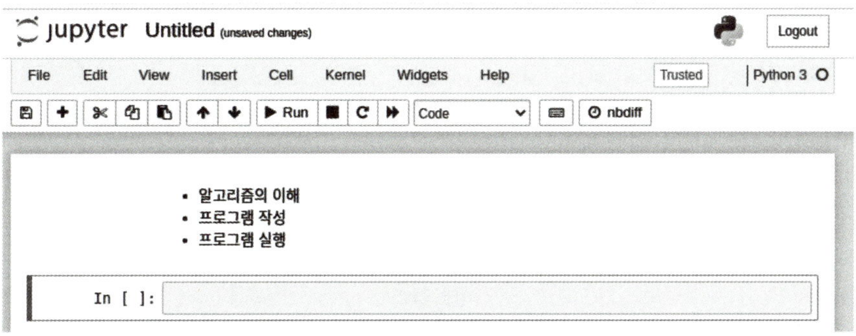

(b) 결과

그림 3.5 순서가 없는 리스트

글자체 바꾸기

문장에서 글자체를 바꾸는 두 가지 방법을 소개한다. 첫 번째는 굵은 글자체이며 두 번째는 이탤릭체이다.

굵은 글자체

굵은 글자체로 바꾸기 위해서는 글자의 앞뒤에 **를 다음과 붙여주면 된다. 이에 대한 입력과 그 결과는 그림 3.6에서와 같다.

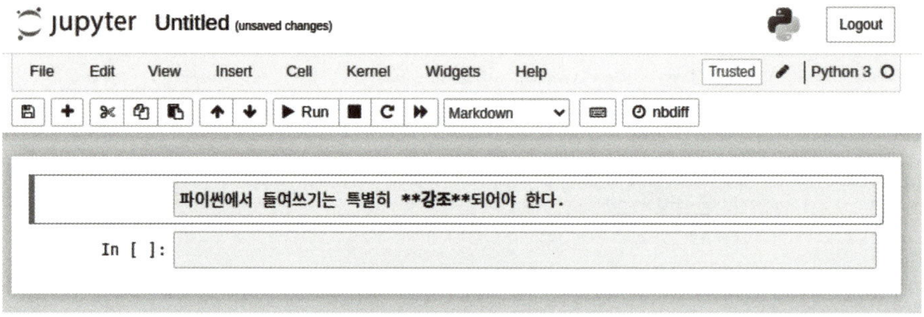

(a) 굵은 글자체를 위한 입력

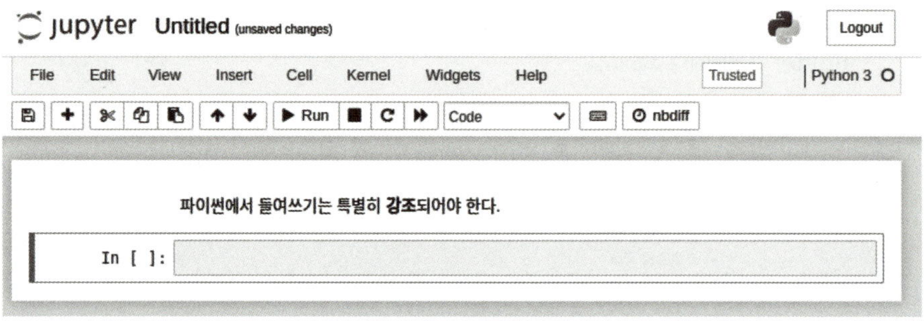

(b) 결과

그림 3.6 굵은 글자체

이탤릭체

이탤릭체로 바꾸기 위해서는 글자의 앞뒤에 *를 다음과 같이 붙여준다. 이에 대한 입력과 그 결과는 그림 3.7에서와 같다.

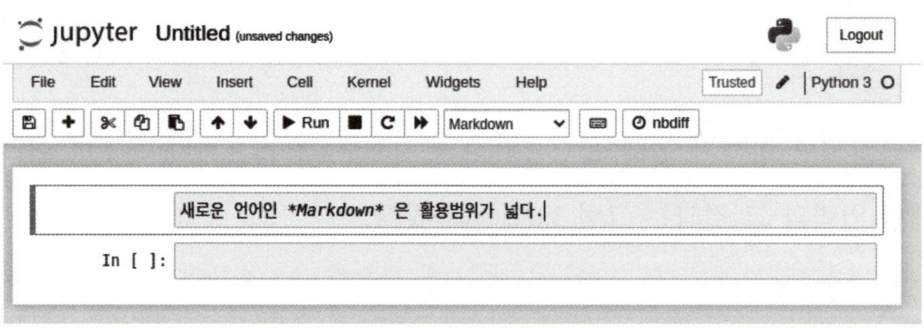

(a) 이탤릭체를 위한 입력

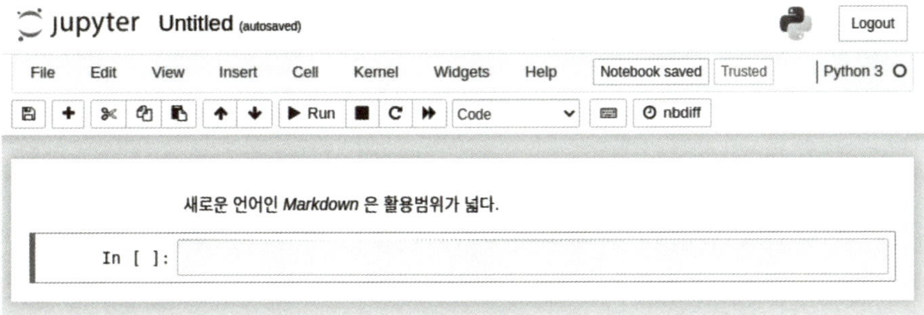

(b) 결과

그림 3.7 이탤릭체

인용하기

어떤 분량의 문장을 인용한 것을 표시하기 위해서는 > 기호를 다음과 같이 사용한다. 이에 대한 입력과 그 결과는 그림 3.8에서와 같다.

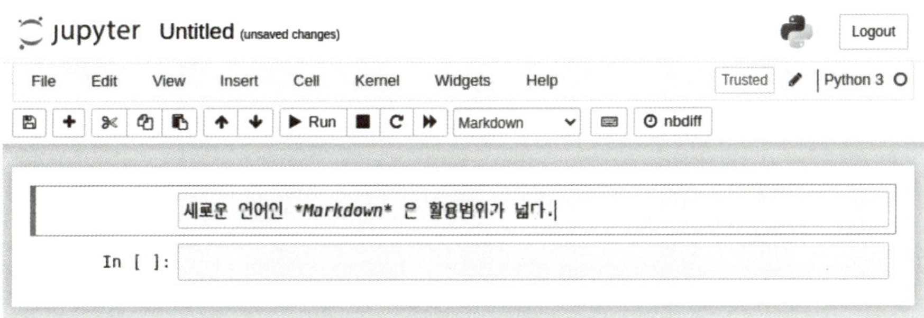

(a) 인용하기를 위한 입력

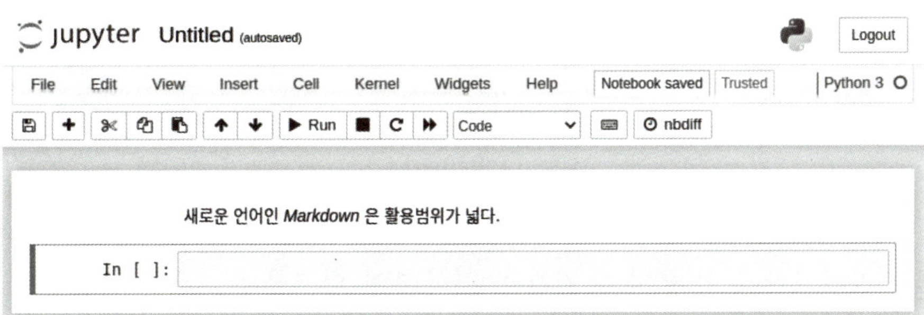

(b) 결과

그림 3.8 인용하기

3.2 수식 표기

Jupyter notebook에서 수식을 표시하기 위해서는 특별한 환경을 만들어야 한다. 수식을 위한 환경을 만들기 위해서는 다음과 같은 두 가지 방법을 쓸 수 있다.

- $ 기호를 이용하는 법
- 방정식 환경을 만들어 사용하는 법

이때 사용하는 수식 기호는 수식 편집 체계인 LaTeX 규정을 따른다. 더 상세한 사항은 관련 사이트를 참고하면 된다.[5]

$ 기호 사용하기

비교적 간단한 수식을 만들고자 할 때는 $ 환경을 사용한다. 다음 표에서 몇 가지의 수식 작성 예를 보여주고 있다.

설명	표기	결과
곱하기	`3 \times 4`	3×4
아래첨자	`x_i`	x_i
윗첨자	`x^k`	x^k
제곱근	`\sqrt{2}`	$\sqrt{2}$
적분기호	`\int_0^1 g(x) dx`	$\int_0^1 g(x) dx$
분수	`\frac{1}{2}`	$\frac{1}{2}$
문자	`\alpha + \beta`	$\alpha + \beta$
합	`\sum_{i=0}^{n}x_i`	$\sum_{i=0}^{n}x_i$

그림 3.9에서와 같이 셀에 $ 기호를 사용하여 환경을 만들고 그 사이에 원하

5 https://en.wikibooks.org/wiki/LaTeX/Mathematics

는 수식을 입력한다. 입력 후 Shfit+Enter를 누르면, 그림 3.10에서와 같은 결과를 볼 수 있다.

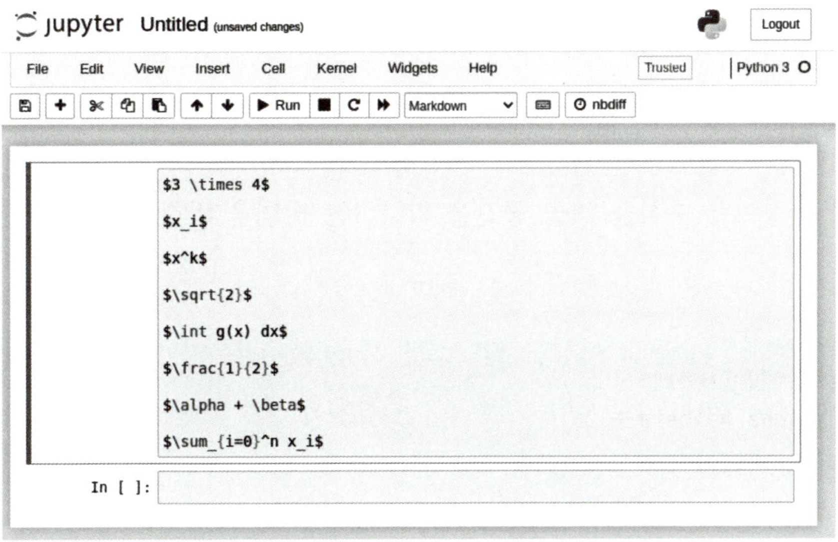

그림 3.9 $ 기호와 LaTeX 문법을 사용한 수식 입력

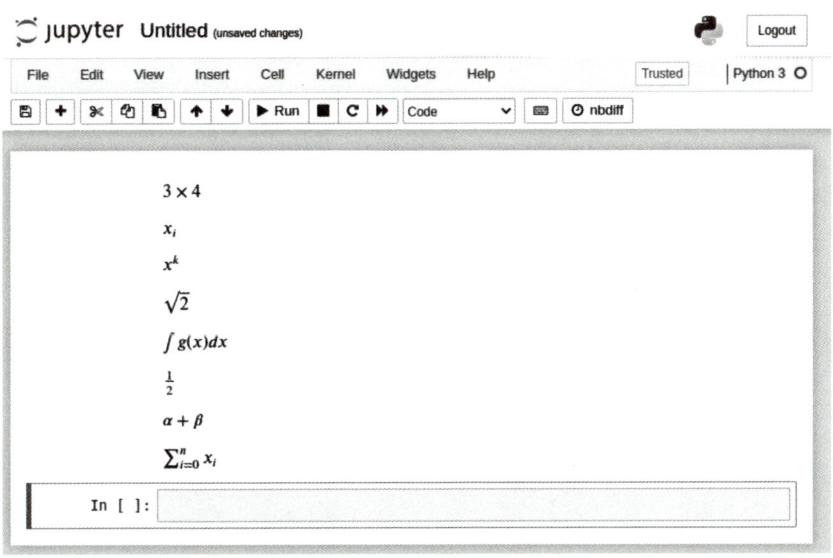

그림 3.10 수식 표시 결과

방정식 환경 만들기

앞에서 학습하였듯이 간단한 수식은 $ 기호를 사용하여 표기하는 것이 가능하다. 그러나, 보다 복잡한 형태의 수식을 표기하기 위해서는 방정식 환경을 만들어서 사용하는 것이 편리하다.

방정식과 방정식 환경

방정식 환경이란 수식을 적을 공간을 확보하는 방법을 말하며 다음과 같이 정의한다.

```
\begin{equation}
    \alpha = \beta + 3
\end{equation}
```

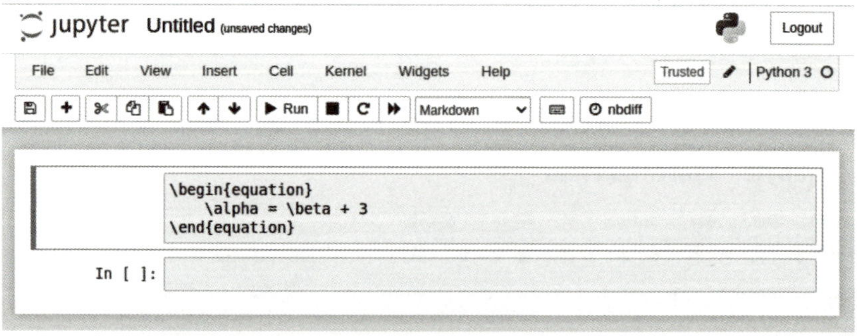

(a) 수식 입력

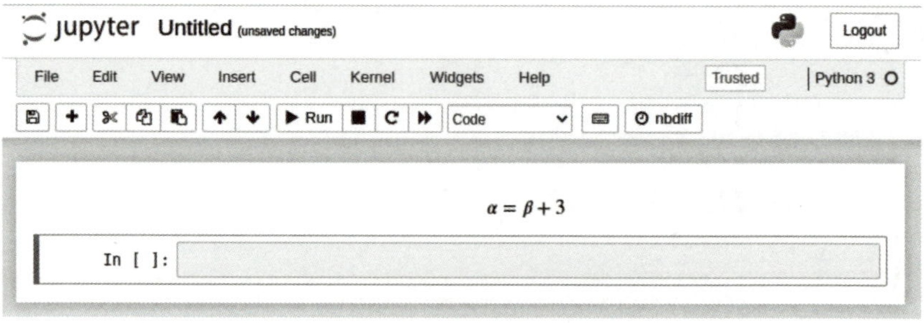

(b) 결과

그림 3.11 방정식 환경의 사용과 수식 표시 결과

여기서 `\begin{equation}`은 방정식 환경이 시작되는 지점이며, `\end{equation}}`은 끝나는 지점이다. 따라서, 수식은 그 사이에서 만들어진 환경에 적어넣으면 된다. Jupyter 노트북의 셀에 위의 내용을 적어넣고, `Shfit+Enter`를 누르면, 그림 3.11에서와 같은 결과를 볼 수 있다. 단, 입력 전에 셀의 속성을 반드시 Markdown으로 바꾸어 놓아야 한다.

이번에는 다음과 같이 지수가 있는 수식을 입력하고 실행하면 그림 3.12에서와 같은 결과를 볼 수 있다.

```
\begin{equation}
    x^{(k+1)}_i = x^{(k)}_i + 1
\end{equation}
```

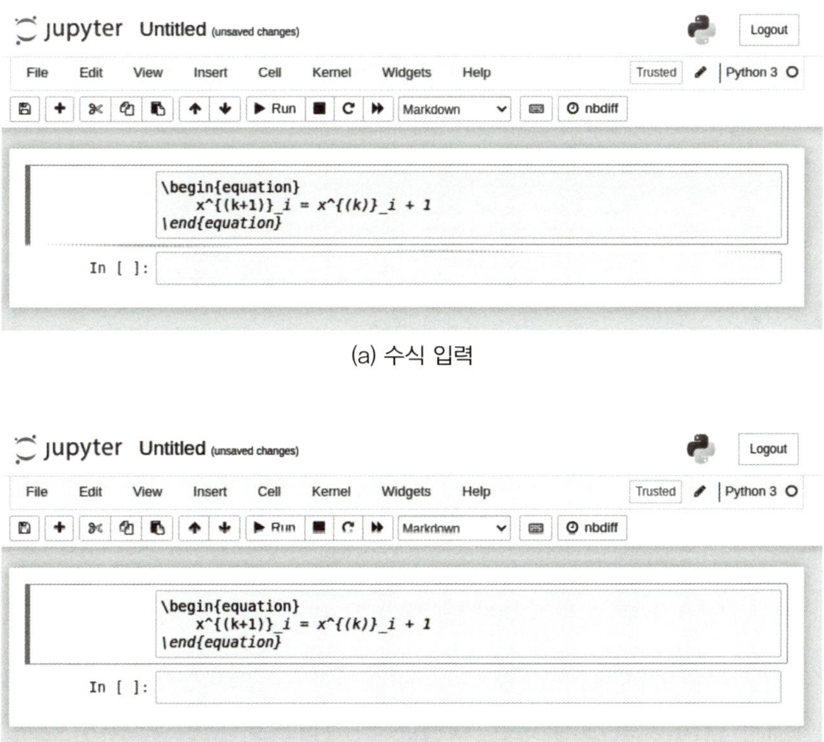

(a) 수식 입력

(b) 결과

그림 3.12 방정식 환경의 사용과 수식 표시 결과

이번에는 다음과 같이 분수가 포함된 수식을 입력하고 실행하면 그림 3.13에서와 같은 결과를 볼 수 있다.

```
\begin{equation}
    \frac{dy}{dt} = - e^x
\end{equation}
```

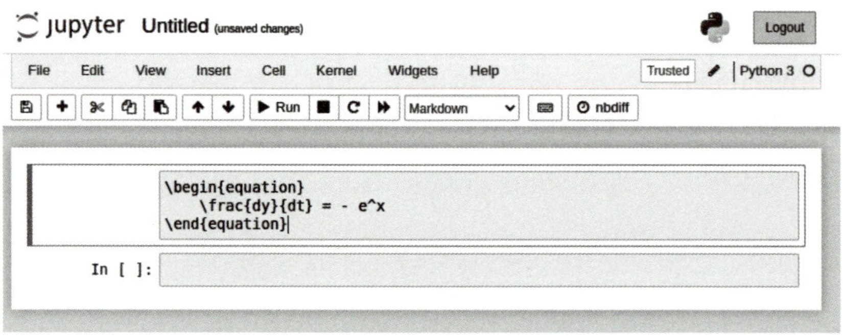

(a) 수식 입력

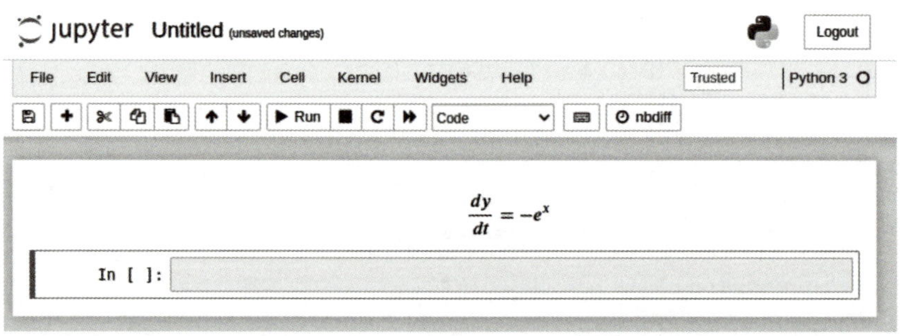

(b) 결과

그림 3.13 방정식 환경의 사용과 수식 표시 결과

행렬 표기

수치해석에서 많이 사용하게 되는 행렬은 자체적으로 행렬 환경이 있으므로 이를 이용하여 만든다. 행렬을 표기하기 위해서는 먼저 방정식 환경을 적고, 그 다음에 행렬 환경을 선언해야 한다. 즉, 환경 설정 명령을 다음과 같은 순서로 놓아야 한다.

1. 방정식 환경 개시: \begin{equation}
2. 행렬 환경 개시: \begin{bmatrix}
3. 행렬 내용 입력
4. 행렬 환경 종료: \end{bmatrix}}
5. 방정식 환경 종료: \end{equation}}

다음은 3×3 크기의 행렬 A를 표시하는 방법이다.

```
\begin{equation}
A = \begin{bmatrix}
    1 & 2 & 3 \\
    4 & 5 & 6 \\
    7 & 8 & 9
\end{bmatrix}
\end{equation}
```

셀에 위의 내용을 적어넣고, Shfit + Enter를 누르면, 그림 3.14와 같은 결과를 볼 수 있다. 여기서 bmatrix는 [] 형태의 행렬을 표시해준다. 다른 형태의 행렬을 표시하기 위한 선언문들은 관련 사이트에서 참고할 수 있다.[6]

6 https://www.docx2latex.com/tutorials/matrix-latex/

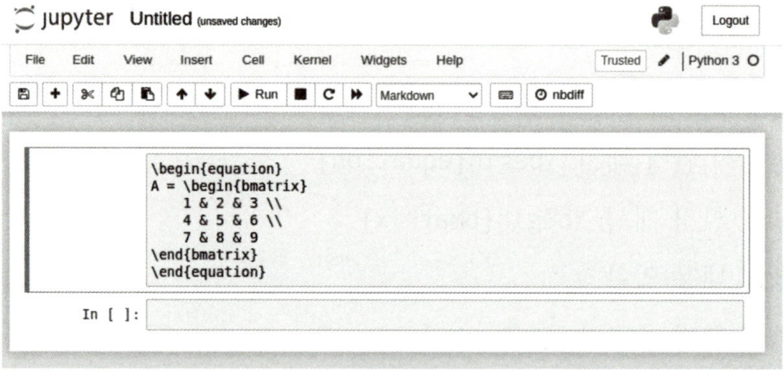

(a) 수식 입력

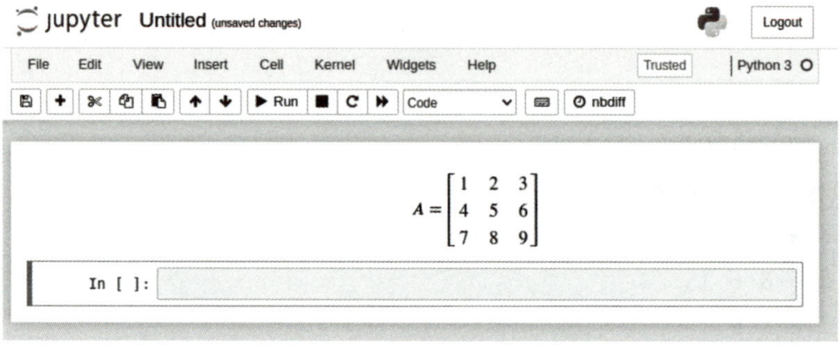

(b) 결과

그림 3.14 방정식 환경 및 행렬 환경의 사용과 수식 표시 결과

3.3 보고서 작성 예

다음과 같은 내용으로 Markdown으로 작성한 보고서를 Jupyter notebook 상에서 구현하여 보고서로 제출하고자 한다.

```
## 수치해석 보고서
### 목적: 수치해석에 대한 내용을 Markdown으로 정리한다.


#### 수치해석의 기본 과정
1. 알고리즘에 대한 이해
2. 프로그램 작성
3. 프로그램 실행 및 검증

#### 예제: 다음에 주어진 방정식의 해를 구하시오.

 > $x e^{-x} + 1 = 0$

다음은 반복적인 과정을 반복하여 문제를 해결하는 방법이다.

 \begin{equation}
     x^{(k+1)}_i = x^{(k)}_i - \frac{5x^{(k)} - 3}{5}
 \end{equation}

#### 예제. 다음에 주어진 연립 방정식의 해를 구하시오.

 > Ax = b,
 여기서
 \begin{equation}
     A = \begin{bmatrix}
         1 & 2 \\
```

```
        3 & 4
    \end{bmatrix},
    b = \begin{pmatrix}
        99 \\ 100
    \end{pmatrix}
\end{equation}
```

연립 방정식의 해는 다음과 같이 계산할 수 있다.

```
\begin{equation}
    x = A^{-1}b
\end{equation}
따라서,
\begin{equation}
    x = \begin{bmatrix}
        1 & 2 \\
        3 & 4
    \end{bmatrix}^{-1}
    \begin{pmatrix}
        99 \\ 100
    \end{pmatrix}
\end{equation}
```

결론: Markdown으로 작성한 수치해석 보고서를 제출합니다.

위의 내용을 셀에 입력한 후 **Shfit+Enter**를 누르면 그림 3.15에서와 같이 출력된다.

수치해석 보고서

목적: 수치해석에 대한 내용을 Markdown 으로 정리한다.

수치해석의 기본 과정

1. 알고리즘에 대한 이해
2. 프로그램 작성
3. 프로그램 실행 및 검증

예제: 다음에 주어진 방정식의 해를 구하시오.

> $xe^{-x} + 1 = 0$

다음은 반복적인 과정을 반복하여 문제를 해결하는 방법이다.

$$x_i^{(k+1)} = x_i^{(k)} - \frac{5x^{(k)} - 3}{5}$$

예제: 다음에 주어진 연립 방정식의 해를 구하시오.

> Ax = b, 여기서
>
> $$A = \begin{bmatrix} 1 & 2 \\ 3 & 4 \end{bmatrix}, b = \begin{pmatrix} 99 \\ 100 \end{pmatrix}$$

연립 방정식의 해는 다음과 같이 계산할 수 있다.

$$x = A^{-1}b$$

따라서,

$$x = \begin{bmatrix} 1 & 2 \\ 3 & 4 \end{bmatrix}^{-1} \begin{pmatrix} 99 \\ 100 \end{pmatrix}$$

결론: Markdown 으로 작성한 수치해석 보고서를 제출합니다.

그림 3.15 보고서 작성 예

3.4 연습문제

1. 다음과 같은 결과가 나오도록 Markdown 언어로 표시하시오.

   This is **Python**.

2. 다음과 같은 결과가 나오도록 Markdown 언어로 표시하시오.

   Python is *fun* to learn.

3. 다음과 같은 결과가 나오도록 Markdown 언어로 표시하시오.

   Python is a great *computer language*.

4. 다음과 같은 결과가 나오도록 Markdown 언어로 표시하시오.

$$\sqrt{2} = 1.414$$

5. 다음과 같은 결과가 나오도록 Markdown 언어로 표시하시오.

$$\frac{a}{b} = 3.14$$

6. 다음과 같은 결과가 나오도록 Markdown 언어로 표시하시오.

$$x_j^{(k+1)} = 0.4x_j^{(k)} + 1.1$$

7. 다음과 같은 결과가 나오도록 Markdown 언어로 표시하시오.

$$\frac{x_j^{(k+1)} - x_j^{(k)}}{x_j^{(k+1)}}$$

8. 다음과 같은 결과가 나오도록 Markdown 언어로 표시하시오.

$$\textstyle\sum_{i=0}^{n} a_i = a_1 + a_2 +$$

9. 다음과 같은 결과가 나오도록 Markdown 언어로 표시하시오.

$$x = A^{-1}b$$

10. 다음과 같은 결과가 나오도록 Markdown 언어로 표시하시오.

$$E = \textstyle\sum_{i=0}^{n} (y_i - b - ax_i)^2$$

11. 다음과 같은 결과가 나오도록 Markdown 언어로 표시하시오.

$$l_{22} = \sqrt{a_{22} - l_{21}^2}$$

12. 다음과 같은 결과가 나오도록 Markdown 언어로 표시하시오.

$$\frac{dy}{dt} = -xe^x + 3$$

13. 다음과 같은 결과가 나오도록 Markdown 언어로 표시하시오.

$$\textstyle\int_0^1 x^2 dx -$$

14. 다음과 같은 결과가 나오도록 Markdown 언어로 표시하시오.

$$A = \begin{bmatrix} 1 & 2 \\ 3 & 4 \end{bmatrix}$$

15. 다음과 같은 결과가 나오도록 Markdown 언어로 표시하시오.

$$C = \begin{bmatrix} 1 & 2 \\ 3 & 4 \end{bmatrix}^{-1} \begin{bmatrix} 1 & 2 \\ 3 & 4 \end{bmatrix}$$

CHAPTER 04

컴퓨터에서의 연산 이해하기

수치해석을 배우는 목적을 단지 어떤 어려운 문제들을 컴퓨터로 푼다는 것으로만 생각하면 많은 것을 놓치게 된다. 최근 각광을 받고 있는 인공지능의 궁극적인 목표는 바로 사람이 생각하는 것처럼 생각하는 하드웨어와 소프트웨어를 만들어 내는 것이다. 결국, 아무리 컴퓨터 기술이 발전해도, 사람이 문제를 해결하는 것과 유사한 방법을 채택하는 것이 인공지능에서도 최선의 길이 될지도 모른다. 수치해석에서 배울 수 있는 다양한 해법은 사람이 보기에는 더 복잡해 보일 수도 있으나 컴퓨터로 가장 효율적으로 해결할 수 있는 방식과 관련이 되어 있다. 그러므로, 다양한 연산을 하는 방법도 컴퓨터로 해결하기 위한 방법은 사람이 생각하는 방식과 많이 다르다. 이번 장에서는 임의의 연산이 주어졌을때, 컴퓨터의 내부에서 어떠한 과정을 통해서 결과를 도출해 내는가에 대하여 간략하게 소개하고자 한다. 물론, 짧은 분량으로 그 과정을 충분하게 설명하는 것은 불가능하나, 큰 그림에서 컴퓨터가 내부적으로 연산을 수행하는 과정을 알아보는 것은 흥미로울 것이다.

이번 장에서는 다음과 같은 네 가지의 항목과 파이썬 함수 `bin()`과 `int()`를 이용한 연산의 과정을 학습한다.

- 정보의 최소 단위와 이진수
- 컴퓨터 연산에 대한 이해
- 파이썬 함수 `bin()`과 `int()`의 사용법
- 비트 단위 연산bit-wise arithmetic

4.1 비트와 이진수

4비트 컴퓨터

정보의 최소단위를 비트bit라고 한다. 디지털 컴퓨터가 처음 개발될 때 중앙처리장치인 CPU는 4비트 정도였다. 하나의 비트가 표현할 수 있는 정보는 0과 1로 나타낼 수 있으므로 이는 두 가지 종류의 정보를 의미한다. 그러므로, 근본적으로 컴퓨터에서 정보를 다루는 방법은 0과 1로 이루어지는 이진수 체계와 가장 잘 맞는다. 즉, 컴퓨터 내부에서는 연산을 수행하기 위해서, 먼저 이진수로 변환시켜야 한다.

컴퓨터에서는 사람이 다루는 것처럼 숫자를 다루지 않는다. 기본적으로 모든 숫자는 이진수로 변환되어 처리된다고 생각하면 된다. 4비트만 사용하여 표시할 수 있는 정보는 $2^4 = 16$가지이며, 십진수로 표시하면 0부터 15까지가 된다. 예를 들어, 아주 단편적으로 말해서, 4비트 컴퓨터에서는 15라는 숫자를 넘어서면 더 이상 다룰 수가 없게 된다. 즉, 4비트 컴퓨터에서는 숫자로 보면 0부터 15까지의 숫자만 인식할 수 있다. 한편, 16비트가 되면 정보의 갯수는 $2^{16} = 65536$ 이 된다. 이를 숫자로 환산하면 0부터 65535까지만 다룰 수 있다는 의미가 된다. 만일 이보다 더 크거나 작은 수를 표현하기 위해서는 비트의 자리수를 부호 및 지수 형태로 바꾸어서 사용한다. 이러한 이유로 인해서, 매우 큰 수와 작은 수도 포함

하게 되는 수치해석 과정에서는 다량의 연산으로 인해서 수치적인 오차가 발생할 수밖에 없다. 이것은 현재 컴퓨터의 하드웨어의 한계로 인해서 피할 수 없는 문제이다. 만일 무한대의 비트를 가지고 있는 컴퓨터가 있다면 연산시에 발생하는 이러한 오차 문제는 전혀 없게 될 것이다.

다음은 4비트에서의 다룰 수 있는 숫자를 이진수와 십진수로 표시한 것이다. 0부터 시작한다면 15까지 모두 16개의 숫자를 다룰 수 있다.

이진수	십진수
0000	0
0001	1
0010	2
0011	3
0100	4
0101	5
0110	6
0111	7
1000	8
1001	9
1010	10
1011	11
1100	12
1101	13
1110	14
1111	15

연산의 종류

연산은 일반적으로 네 가지의 요소로 나눌 수 있다. 덧셈, 뺄셈, 곱셈, 그리고 나눗셈이다. 그러나 큰 틀에서 보면 오직 덧셈만으로 모든 연산을 수행할 수 있다.

예를 들어, 뺄셈은 음의 부호를 지닌 숫자를 더하는 덧셈으로서 구현될 수 있다. 또한, 나눗셈은 여러 번의 뺄셈으로 실행될 수 있다. 예를 들어, 3×5라는 곱셈은 다음과 같은 반복적인 덧셈으로 간주될 수 있다. 그림 4.1에서 하나의 곱셈 과정을 여러 번의 덧셈의 합으로 보여주고 있다.

$$3 \times 5 = 5 + 5 + 5 = 15$$

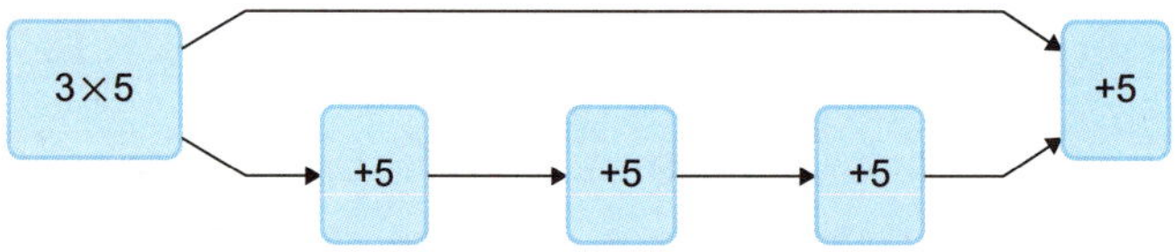

그림 4.1 3×5에 대한 다수의 덧셈 연산으로서의 구현

나눗셈 10÷3은 다음과 같은 여러번의 덧셈(뺄셈)으로 결과를 얻을 수 있다.

$$10 \div 3 = 10 - 3 - 3 - 3 = 1$$

이 과정에서 나눗셈의 몫은 3이며 나머지는 1이다. 그림 4.2에서 하나의 나눗셈을 여러 개의 뺄셈의 합으로 보여주고 있다.

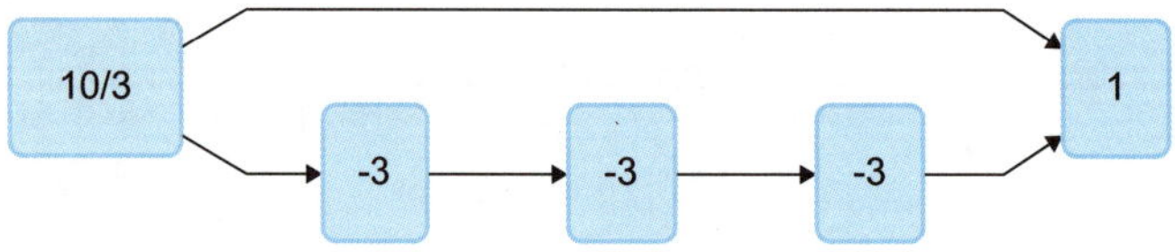

그림 4.2 10/3에 대한 다수의 뺄셈 연산으로서의 구현

간단히 말해서, 컴퓨터에서는 곱셈과 덧셈, 그리고 나눗셈과 뺄셈의 차이가 없다. 또한, 궁극적으로는 오로지 덧셈만 남는데, 그 이유는 뺄셈조차도 음의 부호를 가지는 덧셈으로 생각할 수 있기 때문이다. 다음은 뺄셈을 음의 부호를 가진 덧셈으로 처리하는 예이다.

$$7 - 3 = 7 + (-3) = 4$$

실제로 컴퓨터는 모든 연산을 이러한 방식으로 수행하게 되며, 이를 위해서 하드웨어나 소프트웨어적으로 가장 효과적으로 실행될 수 있도록 제작된다.

4.2 파이썬으로 구현한 이진수 연산

복잡한 다량의 연산을 이진수를 가지고 수작업으로 일일이 자리수를 맞추어 가면서 진행하기는 불편하다. 따라서, 다음과 같은 이진수의 사칙 연산에 대해서 파이썬 함수를 사용하여 구현하는 방법을 설명하고자 한다.

- 덧셈
- 뺄셈
- 곱셈
- 나눗셈

물론, 컴퓨터에서 실제로는 이런 식으로 계산하지는 않지만, 이진수 연산을 직접 구현해 봄으로써 컴퓨터에서 각 연산이 수행되는 과정에 대한 이해를 돕기위해 설명하기로 한다. 여기서는 표현의 복잡성을 지양하고, 이진수 연산의 원리에 집중하기 위해서 4비트 컴퓨터를 사용한다고 가정한다.

덧셈

이진수 연산에서 가장 기본이 되는 이진수의 덧셈은 다음의 표에서와 같이 정리할 수 있다.

Binary addition
0 + 0 = 0
1 + 0 = 1
0 + 1 = 1
1 + 1 = 0

예제로서, 이진수로 표시된 두 개의 수, 11과 2를 더하는 과정을 설명하기로 한다. 두 개의 수는 이진수로는 각각 1011과 0010이며 십진수로 변환하는 방법은 다음과 같다.

$$1011 = 1\times 2^3+0\times 2^2+1\times 2^1+1\times 2^0 = 11$$

$$0010 = 0\times 2^3+0\times 2^2+1\times 2^1+0\times 2^0 = 2$$

위의 덧셈표를 참조하여 이진수 형태로 두 수를 더하면, 1011 + 0010 = 1101이 되며 십진수로는 13 이 된다. 파이썬에서는 이진수 연산에 사용할 수 있는 함수들을 제공하고 있다. 먼저, `int()` 함수는 이진수를 십진수로 변환시켜주는 기능을 하고, `bin()` 함수는 십진수를 이진수로 변환시켜준다. 다음 프로그램은 이진수로 표시된 두 수의 덧셈 11 + 2를 수행하는 것이다.

```
1  # Binary arithmetic
2  # c = a + b
3  
4  a = 0b1011
5  b = 0b0010
6  
7  c = int(a) + int(b)
8  print(bin(c))
```

프로그램의 라인 4-5에서는 덧셈에 사용할 두 수, `1011`과 `0010`을 각각 `a`와 `b`에 할당한다. 앞부분 두 자리 `0b`는 이진수임을 의미하는 기호이다. 이진수를 변수에 할당할 때는 따옴표를 사용하여 마치 문자열처럼 해야 하는 것을 유의한다. 라인 7에서는 이진수를 십진수로 변환시키기 위해서 `int(a)`, `int(b)`로 선언한다. 이 프로그램을 실행하면 결과는 **0b1101**로 출력된다. 여기서, `int()` 함수를 사용하지 않고, `c = a + b`로 놓고 계산하면, 결과는 바로 십진수로 출력된다. 그러나, 여기서는 이진수 연산에 대한 예를 들기 위해서 라인 7에서 이진수를 십진수로 바꾸는 과정을 위해서 `int()` 함수를 사용한 후 라인 8에서 다시 이진수로 변환하는 과정을 거쳤다.

뺄셈 연산

뺄셈은 크게 보면 덧셈의 일종이기 때문에 앞에서와 비슷하게 구현할 수 있다. 다음은 뺄셈을 프로그램으로 작성한 것이며, 십진수로 표현하면 2 − 11 = −9가 된다.

```
# Binary arithmetic
# c = b - a

a = 0b1011
b = 0b0010

c = int(b) - int(a)
print(bin(c))
```

이 프로그램을 수행하면 **-0b1001**를 얻을 수 있으며, 연산의 결과가 음수인를 표시하고 있다.

곱셈 연산

곱셈은 앞에서 설명한대로 연속적인 덧셈으로 대치될 수 있으며, 실제로 컴퓨터에서는 이러한 방식으로 곱셈이 진행될 수 있는 하드웨어 및 소프트웨어적인 구조가 효과적으로 구현되어 있다. 이번 예에서는 3 × 11의 곱셈을 해 보기로 한다. 즉, 다음과 같은 덧셈의 과정으로 곱셈을 수행하기로 한다.

$$3\times 11 = 11 + 11 + 11 = 33$$

다음 프로그램은 위의 곱셈 연산을 구현한 것이다.

```
# Binary arithmetic
# c = 3 * a

a = 0b1011

c = int(a) + int(a) + int(a)
print(bin(c))
```

이 프로그램을 수행하면 결과는 **0b100001**가 된다. 그런데 여기서 심각한 문제가 발생한다. 연산 결과의 자릿수가 6자리가 되기 때문에, 4비트 컴퓨터에서는 이 결과를 더 이상 수용할 수 없다. 물론, 컴퓨터의 자리수가 모자라는 경우가 많기 때문에 실제로는 정수형태가 아닌 지수의 승의형태로 저장하게 된다. 이러한 문제로 인한 오류를 넘침 오차overflow errors라고 한다. 즉, 연산의 결과가 컴퓨터가 감당할 수 있는 하드웨어적 범위를 넘어서기 때문이다. 이 문제에 대한 궁극적인 해결책은 무한대의 비트를 가지고 있는 컴퓨터를 만드는 것이다. 그러나 현재의 기술로는 이러한 방식은 유효하지 않다. 연산 결과의 크기가 매우 작거나 큰 경우에는 허용할 수 있는 비트를 넘어서게 되므로, 컴퓨터를 이용한 모든 연산에서 어느 정도의 오차를 가지는 것은 불가피하다.

나눗셈 연산

나눗셈은 뺄셈의 합으로 이해될 수 있다. 그러나 나눗셈은 다른 연산과 달리 더 복잡한 양상을 지니고 있다. 예를 들어, 나눗셈의 결과가 몫으로 떨어지지 않은 경우는 나머지도 발생하기 때문에 실제 계산에서는 이러한 상황까지 고려해야 하기 때문이다. 다음은 나눗셈 11/3을 프로그램으로 구현한 것이다. 즉, 나눗셈 11/3 → 11 − 3 − 3 − 3 = 2의 결과를 보여주며 이는 나머지이다.

```
# Binary arithmetic
# c = a/b

a = 0b1011
b = 0b0011

c = int(a,2) - int(b,2) - int(b,2) - int(b,2)
print(bin(c))
```

이 프로그램을 실행하면 세 번의 빼셈 이후의 나머지인 `0b10`, 즉 십진수로는 2를 출력한다.

4.3 비트 단위 연산

컴퓨터 내부에서는 기본적으로 비트 단위로 모든 연산이 수행된다. 따라서, 이진수와 비트를 사용한 시스템이 최고의 효율로 작동하게끔 제작되어 있다. 물론, 프로그램을 작싱할 때 이러한 세세한 내용까지 고려할 필요는 없으나, 컴퓨터의 작동원리를 어느 정도 이해하는 것은 수치해석을 다루는 입장에서도 도움이 된다. 특별히 숫자를 사용한 모든 연산은 앞에서도 설명한 바와 같이 기본적으로 덧셈(곱셈)과 빼셈(나눗셈)의 조합으로 만들어 낼 수 있다.

그림 4.3 비트 단위 연산의 개념도

예를 들어, 숫자 2는 이진수로 표기하면 0010이며, 비트 단위에서 자리를 옮기면 흥미로운 결과를 얻게된다. 그림 4.3에서 보는 바와 같이, 왼쪽의 그림에서는 각 비트별로 좌측으로 한 자리씩 옮기면 0100이 되며 이는 4가 된다. 각 비트를 왼쪽으로 한 자리씩 옮기면 2를 곱하는 것과 같은 효과를 얻는다. 반면에, 오른쪽으로 한 자리씩 옮기면 0001이 되어 숫자 1이 된다. 이는 2로 나누는 것과 같은 결과를 주게 된다. 정리하면, 비트 자리를 왼쪽으로 한 자리씩 옮기면 2를 곱하는 결과를 주고, 오른쪽으로 옮기면 2로 나누는 결과를 준다. 이러한 개념을 사용하면, 곱셈이나 뺄셈은 단지 비트의 자리를 왼쪽이나 오른쪽으로 옮기기만 하면 수행된다. 하드웨어나 소프트웨어적으로 이러한 방식은 매우 효율적으로 처리될 수 있어서 복잡한 연산도 매우 빠르게 실행될 수 있다. 즉, 비트 단위 연산은 2와 관련되어서 2^n의 형식으로 적용될 수 있는데 여기서 N은 옮겨지는 자리수를 의미한다. 만일 왼쪽으로 두 자리를 옮기면 $N = 2$가 되어 $2^2 = 4$를 곱하는 것과 같다.

예제 1

비트 단위 연산을 사용하여 곱셈 3×4을 수행하는 방법을 설명하기로 한다. 이 곱셈을 3(0011)에 4를 곱하는 것으로 간주하면 이 과정은 다음과 같이 수행될 수 있다. 즉, 4는 2^2이므로 0011을 왼쪽으로 두 번 이동시킨 것과 같다. 따라서 곱셈의 결과는 이진수로 1100이 되며 십진수로는 12가 된다. 그림 4.4에서 이 과정을 간략하게 설명하고 있다.

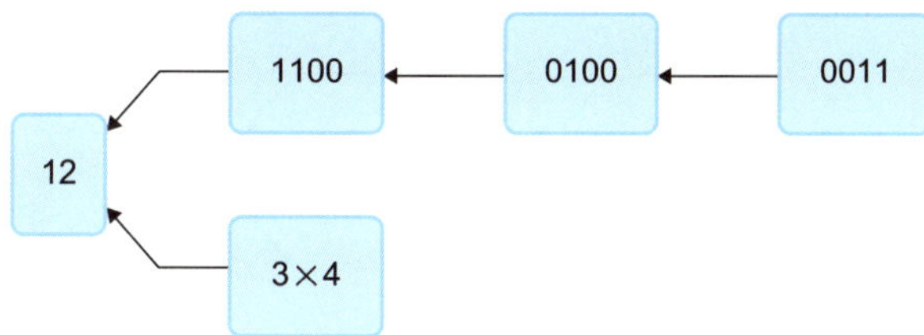

그림 4.4 3×4의 비트 단위 연산

다음 프로그램은 3×4에 대한 비트 단위 연산을 코딩한 것이다.

```
1 # Example
2 # 3 x 4 = 12
3
4 a = 3
5 sleft2 = bin(a<<2)
6
7 print(sleft2)
8 print(int(sleft2,2))
```

라인 4에서는 십진수로 3을 a에 할당한다. 라인 5에서는 a의 이진수 표시를 왼쪽으로 두 자리를 옮기는 과정을 `bin(a<<2)`로 구현하고 있다. 여기서 <<는 비트 연산에서 왼쪽으로의 자리 옮김left shift과 관련된 기호임을 유의한다. 이 프로그램을 수행하면 곱셈 연산의 결과인 **0b1100**와 **12**를 각각 출력한다.

예제 2

비트 단위 연산은 곱셈뿐만 아니라 나눗셈 10÷2에도 동일하게 적용할 수 있다. 십진수 10의 이진수 표기는 1010이며 2로 나누는 것이므로 1010의 자리를 오른쪽으로 한자리씩 이동시키면 결과는 0101이며 십진수로는 5가 된다. 그림 4.5에서 이 과정을 간략하게 설명하고 있다.

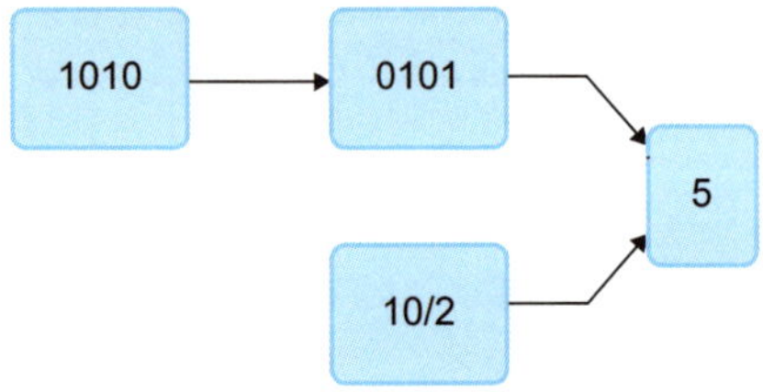

그림 4.5 10÷2의 비트 단위 연산

다음 프로그램은 10÷2에 대한 비트 단위 연산을 코딩한 것이다.

```
1  # Example
2  # 10 / 2 = 5
3
4  a = 10
5  sright = bin(a>>1)
6
7  print(sright)
8  print(int(sright,2))
```

라인 5에서는 오른쪽으로 한 자리씩 옮기는 과정을 `bin(a>>1)`로 구현하고 있다. 여기서 비트 연산 기호 `>>`는 오른쪽 자리 옮김right shift 기호이다. 이 프로그램을 수행하면 **0b101**와 **5**를 각각 출력한다.

예제 3

앞에서 다룬 두 예제에서는 모두 2의 승수를 곱하거나 나누는 경우만을 학습하였다. 이번에는 곱셈 3×5에서 비트 단위 연산을 사용하는 방법을 설명하기로 한다. 이 곱셈에서는 3에 5를 곱하게 되어있고, 5는 2의 승수가 아니다. 따라서 비트 연산을 수행하기 위해서는 다음과 같이 분리해서 2의 승수가 나오도록 해야 한다.

$$3\times5 = 3\times(4+1)$$
$$= 3\times4+3\times1$$

이 식의 우변에서 앞의 항은 4를 곱하게 되어 2의 제곱이 되므로 두 번의 왼쪽 자리 옮김을 하면되고, 두 번째 항은 1을 곱하게 되므로 그대로 진행하여, 두 항의 합을 계산하면 최종적인 결과를 얻을 수 있다. 그림 4.6에서 이 과정을 간략하게 설명하고 있다.

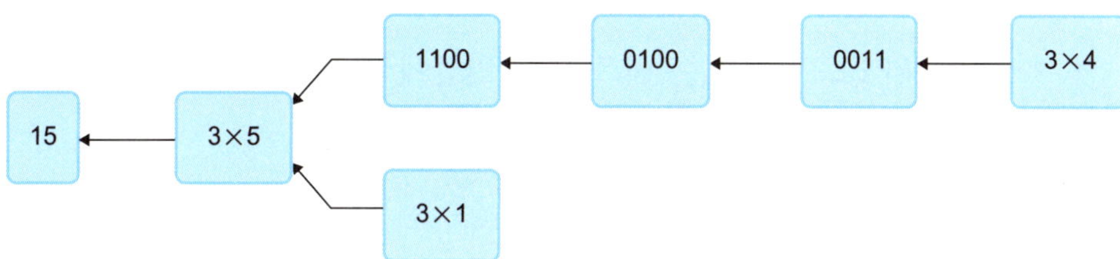

그림 4.6 3×5의 비트 단위 연산

다음 프로그램은 3×5에 대한 비트 단위 연산을 코딩한 것이다.

```
1   # Example
2   # 3 X 5 = 15
3
4   a = 3
5
6   sright = bin(a<<2)
7   print(sright)
8
9   b = int(sright,2) + 3
10  print(b)
```

라인 6에서는 비트 연산을 통해서 3×4를 구현하고 있다. 라인 9에서는 3×4

와 3×1을 합하여 최종 결과를 계산한다. 이 프로그램을 수행하면 3×4의 결과와 `0b1100`와 최종 결과인 `15`를 각각 출력한다.

결론적으로 컴퓨터에서의 연산은 내부적으로 다음과 같이 정리할 수 있다.

- 무한대의 비트를 가지는 컴퓨터만이 넘침 오차overflow errors를 극복할 수 있다.
- 모든 연산은 기본적으로 이진수 형태로 처리된다.
- 구체적으로는 컴퓨터 내부에서 비트 단위 연산이 엄청난 속도로 수행된다.
- 하드웨어와 소프트웨어는 비트 단위 연산에 최적화되어있다.

4.4 연습문제

1. 비트와 이진수의 관계를 설명하시오.
2. 곱셈 4×15를 여러 번의 덧셈으로 표시하시오.
3. 나눗셈 13÷4를 여러 번의 덧셈(뺄셈)으로 표시하시오.
4. 곱셈 6×2를 여러 번의 덧셈으로 표시하시오.
5. 나눗셈 11÷3을 여러 번의 덧셈(뺄셈)으로 표시하시오.
6. 십진수 10과 3을 이진수로 각각 변환한 후, 두 수의 덧셈을 계산하고 결과는 십진수로 표시하시오. 단, 파이썬 함수 `bin()`과 `int()`를 사용하시오.
7. 십진수 7과 6을 이진수로 각각 변환한 후, 두 수의 덧셈을 계산하고 결과는 십진수로 표시하시오. 단, 파이썬 함수 `bin()`과 `int()`를 사용하시오.

8. 십진수 8과 9 이진수로 각각 변환한 후, 두 수의 뺄셈을 계산하고 결과는 십진수로 표시하시오. 단, 파이썬 함수 bin() 과 int()를 사용하시오.

9. 십진수 5을 이진수로 각각 변환한 후, 두 수의 뺄셈을 계산하고 결과는 십진수로 표시하시오. 단, 파이썬 함수 bin() 과 int()를 사용하시오.

10. 곱셈 5×2를 비트 단위 연산으로 하여 결과를 보이시오. 단, 파이썬 함수 bin()과 int()를 사용하시오.

11. 곱셈 3×8를 비트 단위 연산으로 하여 결과를 보이시오. 단, 파이썬 함수 bin()과 int()를 사용하시오.

12. 나눗셈 12÷2를 비트 단위 연산으로 하여 결과를 보이시오. 단, 파이썬 함수 bin()과 int()를 사용하시오.

13. 나눗셈 8÷4를 비트 단위 연산으로 하여 결과를 보이시오. 단, 파이썬 함수 bin()과 int()를 사용하시오.

14. 곱셈 5×5를 비트 단위 연산으로 하여 결과를 보이시오. 단, 파이썬 함수 bin()과 int()를 사용하시오.

15. 곱셈 3×7를 비트 단위 연산으로 하여 결과를 보이시오. 단, 파이썬 함수 bin()과 int()를 사용하시오.

CHAPTER 05

알고리즘의 이해

알고리즘algorithm을 간단하게 말해서 컴퓨터가 일을 처리할 수 있는 순서를 보여주는 것이라고 한다면, 가장 복잡하고 설명하기 어려운 알고리즘은 아마도 사람이 문제를 해결해가는 방식이라고 볼 수 있다. 예를 들어, 이차방정식, $ax^2 + bx + c = 0$의 해를 구하기 위해서 정규 수학 교육을 받은 사람들이라면 대부분이 비슷한 방식으로 답을 구할 것이다. 그러나, 사람이 문제를 해결하는 방법은 인공지능에 있어서 가장 기본적인 문제이면서도, 해결하지 못하고 있는 매우 어려운 문제에 속한다. 딥러닝deep learning 등의 인공 뉴런neurons을 사용한 강력한 해법들이 등장하고는 있지만 사람들이 문제를 어떤 방식으로 해결하는가를 일반적으로 규정화하는 것은 여러 가지 면에서 아직도 갈 길이 멀다.

따라서, 사람이 생각하는 것을 표현하는 것 보다는 오히려 컴퓨터에서 작동할 수 있는 방식을 규정화하는 알고리즘은 상대적으로 단순하다고 볼 수 있다. 즉, 수치해석에서 다양한 문제의 해를 구하는 과정이 각각 다르게 보일 수도 있지만 큰 그림에서 보면 정해진 과정의 반복이라고 볼 수 있다. 이번 장에서는 수치해석에서 사용하는 알고리즘의 작동 원리에 있어서, 다음과 같은 중요한 개념에 초점을 맞추어 설명하고자 한다.

- 알고리즘과 반복
- 알고리즘과 갱신
- 수렴과 발산의 의미
- 합sum에 대한 의미
- 코딩과 수식의 불일치에 대한 해결책

5.1 반복과 갱신의 원리

반복과 갱신은 분리할 수 없는 개념이다. 어떤 값을 새로운 값으로 바꾸기 위해서는 반드시 반복이 필요하다. 예를 들어, 1초 단위로 온도를 자동으로 측정하는 시스템이 있을 때, 1초전의 온도는 지금 현재 온도로 갱신되어야 한다. 또한, 시스템은 '온도 측정'이라는 동일한 작업을 반복적으로 하고 있다고 볼 수 있다. 따라서 반복과 갱신이 끊이지 않고 진행될 때에만, 자동 온도 측정 시스템은 제 역할을 하게 되는 것이다. 다음과 같이 주어진 알고리즘의 내용을 따라가며 이 내용을 살펴보도록 하자.

예제 1

미지의 값인 x를 다음 식을 통해서 계산하고자 한다고 가정하자.

$$x^{(k+1)} = 1.5x^{(k)} + 1,\ k = 0,\ 1,\ \ldots,\ n \tag{5.1}$$

식 (5.1)에서 먼저 주목해야 할 점은 식의 왼편과 오른편에 있는 윗첨자 k이다. 식에서 $k = 0, 1, \ldots$라고 되어 있으므로, 이 식은 반복해서 사용된다는 것을 알 수 있다. 또한, 이 식에서는 출발 시점이 $k = 0$으로 정의되어 있으므로, $x^{(0)}$

에 해당하는 값이 반드시 필요하며, 이를 초기값initial value이라고 한다. 초기값을 $x^{(0)} = 0.1$로 하면 첫 번째 과정의 수행 결과는 다음과 같다.

$$\begin{aligned} x^{(1)} &= 1.5x^{(0)} + 1 \\ &= 1.5 \times 0.1 + 1 \\ &= 1.15 \end{aligned}$$

이 과정을 통해서 $x^{(0)}$는 새로운 값 $x^{(1)}$으로 갱신되었다고 볼 수 있다. 물론, 새로 얻어진 값이 반드시 이전 값보다 더 진실에 가까운 값이라고는 볼 수 없으며, 이를 증명하기 위해서는 보다 많은 조건들이 필요하다. 그럼에도 불구하고 이러한 반복과 갱신의 과정은 수치해석에서 사용되는 대다수의 알고리즘의 근본을 이루고 있다고 볼 수 있다.

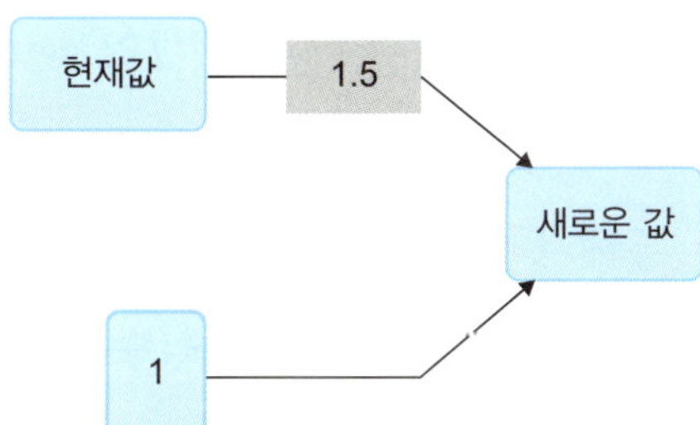

그림 5.1 반복 과정을 통한 현재값의 갱신

초기값을 가정하고 이를 적절한 관계식을 사용하여 반복적으로 갱신하는 과정을 통해서, 궁극적으로는 진실의 값에 근접한다고 생각하는 것이다. 계속적으로 갱신되는 값이 어떤 값으로 가까이 간다면, 이를 수렴convergence한다고 말하고, 이는 수치해석에서 가장 바람직한 경향이 된다. 반대로, 절대값으로 볼 때 갱신되는 값이 계속해서 증가한다면, 이는 발산divergence의 경향을 보이고 있으며, 부정적인 결과를 낳게 될 가능성이 크다. 윗 식에서 $k = 1$로 하여 한 단계를 더 진행한다면 새로운 값 $x^{(2)}$은 다음과 같이 주어진다.

$$
\begin{aligned}
x^{(2)} &= 1.5x^{(1)} + 1 \\
&= 1.5 \times 1.15 + 1 \\
&= 2.725
\end{aligned}
$$

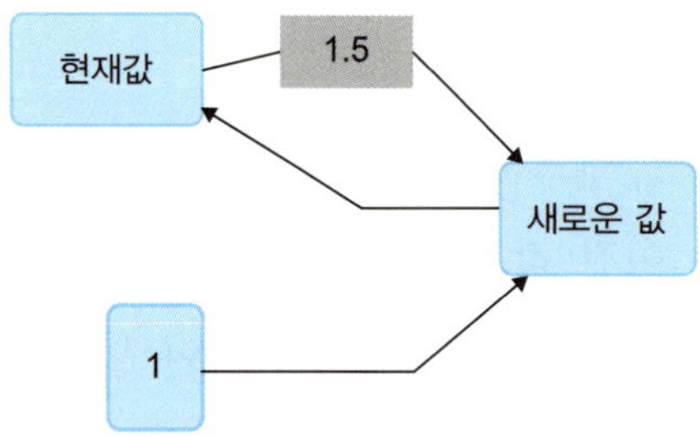

그림 5.2 프로그램의 측면에서 본 반복 과정을 통한 현재값의 갱신

이 과정은 그림 5.1에서 볼 수 있듯이 현재값에 1.5를 곱한 값과 1이 더해져서 x의 새로운 값이 결정된다. 그 다음 과정에서는 그림 5.2에서 보는 바와 같이 새로 계산된 값이 현재값으로 간주된다. 이렇게 해서 다시 새로운 값을 계산할 준비를 마치게 된다. 이를 통해서 알 수 있는 것은 특별한 조건이 추가로 주어지지 않는다면 식 (5.1)에서 x의 값은 반복이 진행될수록 증가하게 되어 결국 발산에 이르게 될 것임을 쉽게 알 수 있다.

식 (5.1)에서의 좌변은 우변의 식을 통해서 반복적으로 갱신되기 때문에 좌변에 있는 $x^{(k+1)}$항을 `xnew` 로 놓고, 우변에 있는 $x^{(k)}$은 `xold`로 놓으면 식은 다음과 같이 쓸 수 있다.

```
xnew = 1.5*xold + 1
```

이 알고리즘은 결국 이 관계식을 반복하여 사용하는 것이기 때문에 다음과 같이 프로그램을 작성할 수 있다.

```
1 N = 10
2 xold = 0.1
3
4 for k in range(N):
5     xnew = 1.5*xold + 1
6     print(f'{k+1},x={xnew:0.4f}')
7     xold = xnew
```

이 프로그램의 라인 1에서는 반복 횟수를 지정하고 있으며 10번의 반복을 수행한다. 반복의 횟수는 결과의 정확도에 따라서 결정하게 된다. 충분한 정확도의 결과물을 얻기 위해서는 많은 반복이 필요할 수도 있다. 그러나, 반복의 횟수가 증가하면 계산 시간도 그 만큼 늘어나게 되기 때문에, 적절한 횟수를 사용하는 것이 좋다. 라인 2에서는 x의 초기값을 지정하며 여기서는 0.1로 하였다. 라인 4-7에서는 식 (5.1)의 알고리즘을 프로그래밍하였다. 라인 5에서는 앞에서 설명한 갱신과정을 보여주고 있다. 유의해야 할 점은 라인 7에서 `xold = xnew` 부분을 반드시 적어 주어야 한다는 점이다. 이 부분이 없으면 x 값이 갱신되지 않고 똑같은 결과만을 출력하게 된다. 이 과정은 그림 5.2에서 설명한 것과 같다. 이 프로그램을 실행시키면 다음과 같은 결과를 얻는다. 이를 통해서 x가 반복 과정을 통해서 갱신되는 내용을 관찰할 수 있다.

```
1,x=1.1500
2,x=2.7250
3,x=5.0875
4,x=8.6312
5,x=13.9469
6,x=21.9203
7,x=33.8805
8,x=51.8207
```

```
9,x=78.7311
10,x=119.0966
```

결론적으로 식 (5.1)의 우변에 있는 식을 통해서 좌변에 있는 값으로 반복적으로 갱신하는 과정을 수치해석에서는 이러한 방식으로 표현한다는 것을 이해하는 것이 중요하다. 이를 통해서 반복적인 내용을 담고있는 알고리즘이 어떠한 방식으로 프로그램에서 실제화되는지를 알게 된다.

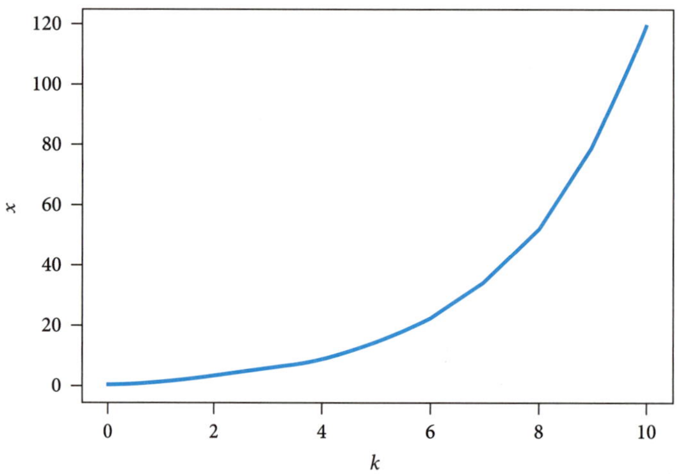

그림 5.3 $x^{(k+1)} = 1.5x^{(k)} + 1$의 반복 과정

그림 5.3에서는 x에 대한 계산결과를 나타낸 것이다. 그림에서 식 (5.1)은 반복을 진행할수록 증가하는 경향을 보인다. 만일, 이것이 단순한 물리적 현상에 대한 모델이거나, 계산과정의 알고리즘을 구현한 것이라면, 수치해석적 관점으로 볼 때 이는 발산divergence의 위험성이 있다고 간주된다. 즉, 현재 상태로는 이 식에 대한 정확한 내용은 알 수 없으나 계산이 진행됨에 따라서 궁극적으로는 무한대의 값으로 되어, 컴퓨터에서 더 이상 감당할 수 없게 될 것이다. 이러한 결과는 알고리즘 자체에 문제가 있든지, 아니면 잘못된 코딩에서 비롯된다. 따라

서, 수치해석에서는 이러한 점을 주의깊게 살펴서 문제를 사전에 파악하는 것이 중요하다. 실제로, 많은 시간을 들여서 계산한 결과가 최종적으로는 발산하게 되어 답을 얻지 못하는 경우가 현실에서는 자주 발생한다.

예제 2

두 번째의 예로는 다음과 같은 반복식을 고려해 보기로 한다.

$$x^{(k+1)} = 0.4x^{(k)} + 0.1,\ k = 0, 1, ..., n \tag{5.2}$$

초기값을 $x_0 = 1$로 하여 식을 계산하면 첫 번째 결과는 다음과 같다.

$$\begin{aligned} x^{(1)} &= 0.4x^{(0)} + 0.1 \\ &= 0.4 \times 1.0 + 0.1 \\ &= 0.5 \end{aligned}$$

그 다음 단계는

$$\begin{aligned} x^{(2)} &= 0.4x^{(1)} + 0.1 \\ &= 0.4 \times 0.5 + 0.1 \\ &= 0.3 \end{aligned}$$

이 식에 대한 프로그램은 다음과 같다.

```
N = 10
xold = 1

for k in range(N):
    xnew = 0.4*xold + 0.1
    print(f'{k+1},x={xnew:0.4f}')
    xold = xnew
```

프로그램의 라인 1에서 10회의 반복을 선언하고 있으며, 라인 2에서는 초기값을 1로 하였다. 라인 4-7에서는 식 (5.2)의 반복 과정을 구연한 것이다. 라인 7에서 x의 값을 갱신하는 과정을 유의해야 한다. 이 프로그램을 실행하면 다음과 같은 결과를 얻는다.

```
1,x=0.5000
2,x=0.3000
3,x=0.2200
4,x=0.1880
5,x=0.1752
6,x=0.1701
7,x=0.1680
8,x=0.1672
9,x=0.1669
10,x=0.1668
```

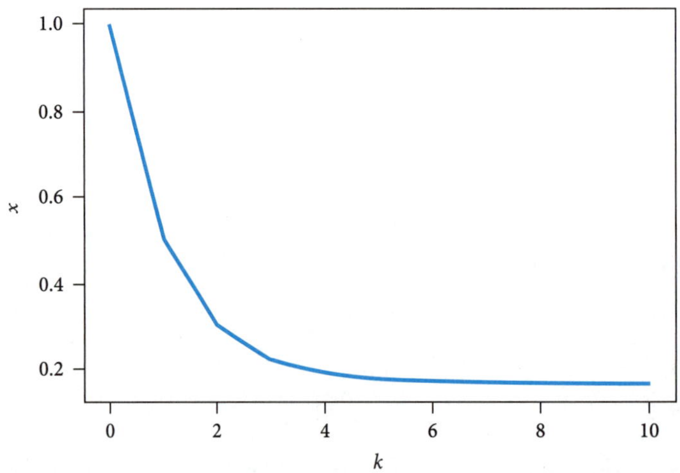

그림 5.4 $x^{(k+1)} = 0.4x^{(k)} + 0.1$의 반복 과정

그림 5.4는 계산된 x를 반복 과정에 따라서 순차적으로 표시한 것이다. 반복이 진행될수록 값이 (≈ 0.16)으로 접근하고 있음을 볼 수 있다. 예제 2에서의 식

(5.2) 특정한 상황을 두고 제시된 것은 아니나, 예제 1에서와 달리 반복을 진행함에 따라 x의 값이 일정한 값으로 수렴하고 있음을 볼 수 있다. 수치해석에서는 반복 과정을 통해서 답을 찾는 경우가 많은데 수렴 속도와 안정성은 가장 중요한 인자가 된다.

5.2 수렴과 발산

수치해석에서 반복과정을 수행하는 것은 그렇게 할수록 계산된 값이 실제에 근접하게 된다고 가정하기 때문이다. 수학적으로 이를 증명하는 다양한 내용이 있으나, 여기서는 수학적 이론대신에 알고리즘의 관점에서 살펴보기로 한다. 반복과정에서 계산된 값이 특정한 값으로 가까이 가는 가를 알아보기 위해서, 가장 직관적인 방법은 해석적인 값과 비교하는 것이다. 그러나 많은 경우에 해석적인 값이 존재하지 않기 때문에 비교할 대상이 없게 되는 어려움에 처하게 된다. 예를 들어, 어떤 복잡한 방정식의 해를 구하기 위한 과정에서, 해석적인 해가 없다면, 계산된 값과 비교할 대상이 없게 된다. 따라서, 이런 경우에는 다른 방식이 필요한데, 가장 많이 사용되는 방법은 반복과정을 통한 결과값의 수렴정도를 계산해 보는 것이다. 즉, 미지의 값 x가 반복되어 갱신되는 과정에서 어떠한 특정한 값에 근접하는 가를 살펴보는 것이다. 이를 위해서 반복과정에서의 오차를 다음과 같이 정의한다.

$$\varepsilon^{(k+1)} = \left| \frac{x^{(k+1)} - x^{(k)}}{x^{(k+1)}} \right| \times 100$$

여기서 $\varepsilon^{(k+1)}$는 $k+1$ 단계에서의 상대오차를 말해주고 있다. 다음 프로그램은 식 (5.2)에서의 상대오차를 계산하는 내용에 관한 것이다.

```
1  N = 10
2  xold = 1
3
4  for k in range(N):
5      xnew = 0.4*xold + 0.1
6      err = abs((xold-xnew)/xnew) * 100
7      print(f'{k+1},error={err:0.4f} %')
8      xold = xnew
```

이 프로그램에서 $x^{(k+1)}$는 xnew, $x^{(k)}$는 xold로 표시하였으며 라인 2에서 초기값은 1로 하였다. 이 프로그램을 수행하면 다음과 같은 결과를 얻을 수 있다. 반복과정을 통해서 계산된 상대오차는 100%로 부터 시작해서 0.0786%까지 감소되고 있으며, 이는 반복 과정이 수렴convergence의 경향을 나타내고 있다는 좋은 징조라고 볼 수 있다.

```
1,error=100.0000 %
2,error=66.6667 %
3,error=36.3636 %
4,error=17.0213 %
5,error=7.3059 %
6,error=3.0103 %
7,error=1.2188 %
8,error=0.4899 %
9,error=0.1964 %
10,error=0.0786 %
```

따라서, 반복횟수를 증가시켜서 수렴도를 조금 더 관찰해 볼 필요가 있다. 다음 결과는 반복횟수를 20까지 증가시켜 프로그램을 수행한 결과이다. 이를 위해서 위 프로그램의 라인 1에서 N = 20으로 수정하여 사용한다.

```
1,error=100.0000 %
2,error=66.6667 %
3,error=36.3636 %
4,error=17.0213 %
5,error=7.3059 %
6,error=3.0103 %
7,error=1.2188 %
8,error=0.4899 %
9,error=0.1964 %
10,error=0.0786 %
11,error=0.0315 %
12,error=0.0126 %
13,error=0.0050 %
14,error=0.0020 %
15,error=0.0008 %
16,error=0.0003 %
17,error=0.0001 %
18,error=0.0001 %
19,error=0.0000 %
20,error=0.0000 %
```

결과에서 볼 수 있듯이 20번째 반복에서의 오차는 거의 0%로 감소하였다. 이를 통해서 식 (5.2)은 수렴하는 결과를 가져다 줄 수 있음을 알 수 있다.

그림 5.5에서는 20회 반복하였을 때의 상대오차 ε의 경향을 보여주고 있다. 단, 여기서 유의해야 할 사항은 비록 상대오차가 0%로 감소한다고 해서, 그에 해당하는 미지수 x가 진실에 가깝다는 보장하기는 어렵다는 것이다. 이는 해석적으로 구한 진짜값을 알지 못하는 경우에 수치해석과정에서 흔히 발생하는 사례이다.

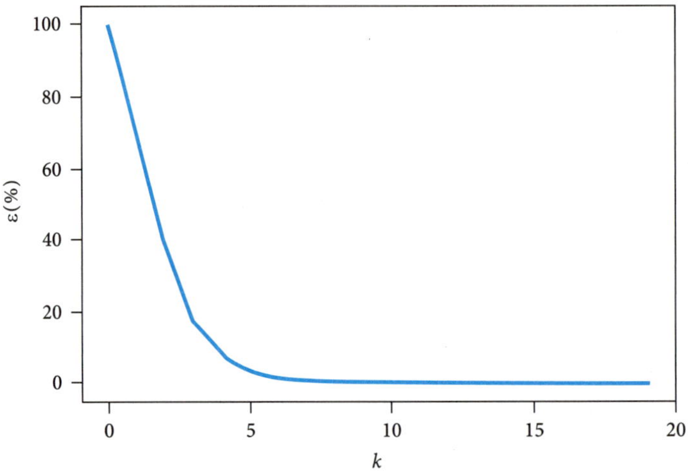

그림 5.5 $x^{(k+1)} = 0.4x^{(k)} + 0.1$에서의 상대오차의 변화

수렴정도의 실제

수치해석에서의 수렴은 매우 중요하다. 앞에서는 이에 대하여 반복과정에서 미지의 값이 특정한 값으로 가까이 가는 것으로 설명하였다. 그러나, 실제로는 오차의 크기가 의도한 값의 범위내에 들어오는 것으로 수렴을 정의하는 경우가 일반적이다. 왜냐하면, 오차값은 반복과정에 따라서 크기가 일정하지 않고 계속적으로 변하기 때문이다. 따라서, 다음 식에서와 같이 실제로는 원하는 오차의 정도 ε의 범위안에 들어가는 것을 수렴이라고 간주하게 된다. 원하는 오차는 예를 들어, $\varepsilon = 10^{-5}$ 등으로 표시할 수 있다.

$$\left|\frac{x^{(k+1)} - x^{(k)}}{x^{(k+1)}}\right| \leq \mathcal{E}$$

따라서, 수렴정도를 찾아내기 위해서는 반복과정에서 오차의 크기가 작아지면서, ε 범위 내로 들어가기까지, 반복의 횟수를 증가시키며 관찰하게 된다. 예를 들어, 과학기술 라이브러리인 Numpy나 Scipy 등에는 계산 시에 이러한 수렴정도를 지정할 수 있는 방식을 지원하고 있다.

5.3 합에 대한 알고리즘

여기서는 알고리즘에 대한 예제로서 주어진 숫자들의 합을 구하는 문제를 생각해 보기로 한다. 실제로 수치해석에서는 다양한 종류의 합을 구해야 하는 일이 자주 발생하게 되므로 이에 대한 알고리즘적인 내용을 학습하는 것은 중요하다. 여기서는 두 개의 예제를 통해서 합에 대한 알고리즘에 대해서 알아보기로 한다.

예제 1

주어진 숫자들의 합, hap을 구하는 알고리즘을 다음과 같이 수식으로 쓸 수 있다.

$$hap = \sum_{i=1}^{n} x_i = x_1 + x_2 + \cdots + x_n$$

이 알고리즘은 x_i라는 숫자를 각각 더하여 합을 계산하는 과정이다. 예를 들어, 세개의 숫자 $x_1 = -1$, $x_2 = 1$, $x_3 = 3$의 합을 구하는 문제를 생각해보자. 컴퓨터 프로그램 작성을 염두에 두고 이 문제를 생각해야 하므로, 세 개의 숫자를 보고 단번에 합을 구하는 것은 불가능하다. 따라서, 위 식에서의 과정을 순차적으로 진행하여 문제를 해결해야만 한다. 가장 직관적인 방법은 변수를 하나 만들고 이곳에 세 개의 숫자를 더한 값을 차례로 할당하는 방법이 있을 것이다. 이 변수의 이름을 hap이라고 하자. 먼저, 계산을 시작하기 전에는 hap에 어떠한 값도 있어서는 안되므로 숫자 0을 할당해서 초기화 시킨다.

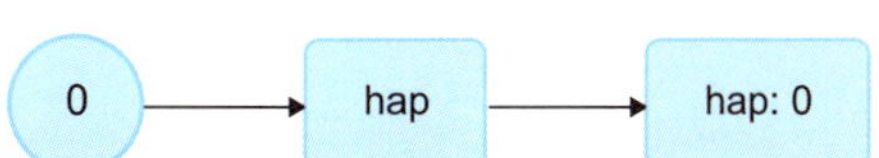

그림 5.6 hap의 초기화

그림 5.6에서 보는 바와 같이 이제 hap은 0의 값을 가지도록 초기화 되었다.

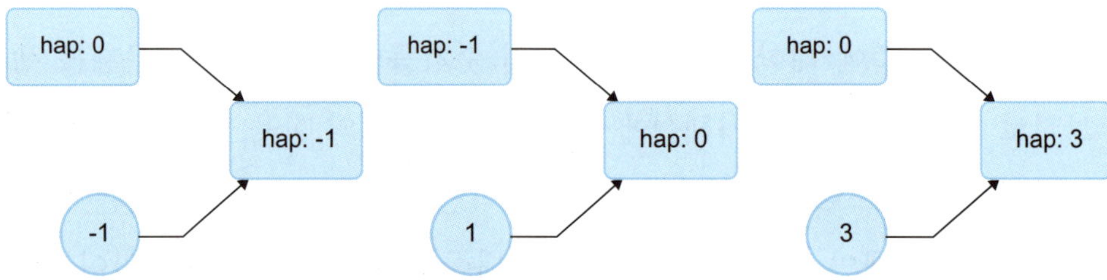

그림 5.7 합을 계산하기 위한 순차적 과정

다음 순서는 hap에 $x_1 = -1$을 할당하는 것이다. 그리고, 계속해서 $x_2 = 1$, $x_3 = 3$을 순서대로 할당하는 과정이 수행된다. 이 과정을 그림 5.7에서 왼쪽부터 차례로 보여주고 있다. 그림 5.7에서 보는 바와 같이 숫자의 합을 구하는 과정이 순차적으로 진행되면서 결국은 hap의 값이 그에 따라 계속적으로 갱신되고 있음을 알 수 있다. 그림 5.8에서는 이 과정을 한 번에 보여주고 있다. 최종적으로 hap에는 세 수의 합의 결과인 3이라는 값이 있음을 알 수 있다. 즉, hap이라는 변수를 중심으로 반복과정을 통해서 갱신이 일어나고 있음을 이해하는 것이 중요하다.

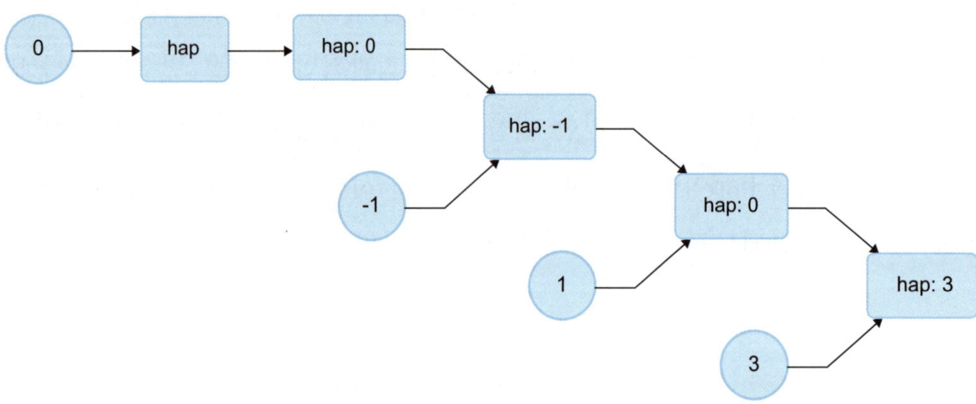

그림 5.8 합을 계산하기 위한 과정에서 있어서 hap 변수 값의 변화

앞에서 설명한 합에 대한 알고리즘을 컴퓨터 프로그램으로 작성해보면 다음과 같다.

```
1  x = [-1,1,3]
2
3  hap = 0
4
5  for i in range(3):
6      hap = hap + x[i]
7
8  print(f'hap = {hap}')
```

이 프로그램의 라인 1에서는 세 개의 숫자를 각각 $x_0 = -1$, $x_1 = 1$, $x_2 = 3$으로 배정하되, 리스트 구조인 x를 사용하고 있다. 예를 들어, x[1]은 1의 값을 갖는다. 라인 3에서는, 합산을 시작하기 전에 변수 hap을 0으로 초기화 시킨다. 라인 5-6은 반복을 하기 위한 구성이다. 라인 5에서 range(3)는 세 번의 반복을 의미하며 반복을 위한 인덱스 i는 각각 0, 1, 2의 값을 순차적으로 갖는다. 라인 6은 합을 구하는 내용이며 한 번 반복이 진행될 때 마다 hap은 새로운 값으로 갱신되는데, 라인 6에서의 표기는 상당히 함축적이다. 즉, 우변에서의 표현 hap + x[i]은 바로 전의 합 hap에다가 새로 입력된 x[i]를 더해서 좌변에 있는 갱신된 hap을 결정하는 중요한 알고리즘이 된다. 이 과정은 그림 5.10에서도 설명하였다.

미지막으로 라인 8에서는 세 개의 수를 합한 최종 결과를 출력한다. 이 프로그램을 수행하면 hap = 3이라는 결과를 보게 된다. 합의 알고리즘에서는 합의 값을 저장하는 하나의 변수 hap을 사용하여 세 개의 수를 더하여 합을 계산하는 방식을 설명할 수 있었다. 수치해석에서 사용하는 다양한 알고리즘에서도 합의 개념을 많이 사용하게 되는데, 여기서 설명한 방식으로 실제로 사용되고 있다.

예제 2

이번에는 두 수의 곱으로 표현되는 합에 대한 내용을 생각해보기로 한다. 즉, 다음과 같은 식으로 주어진 내용을 먼저 설명해보기로 하자.

$$hap = \sum_{i=0}^{2} w_i x_i$$

여기서, $w_0 = 10$, $w_1 = 100$, $w_2 = 1000$이며, $x_0 = -1$, $x_1 = 1$, $x_2 = 3$으로 놓는다. 이 식을 지수 i에 대하여 풀어보면 다음과 같다.

$$hap = w_0x_0 + w_1x_1 + w_2x_2$$

예제 1에서와 마찬가지로 이번 경우에도 한 번에 합을 구할 수는 없으므로, 하나씩 순차적으로 계산한 후 더해야 한다. 즉, 먼저 w_0x_0의 값을 구한 결과를 hap에 대입하고, w_1x_1를 계산한 후 이전의 hap과 더하여 그 결과를 다시 hap 대입하는 방식이다. 두 수의 곱셈을 계산한다는 것을 제외하고는 예제 1의 경우와 동일하다. 다음은 이 과정을 프로그램으로 만든 것이다.

```
1  w = [10,100,1000]
2  x = [-1,1,3]
3
4  hap = 0
5
6  for i in range(3):
7      hap = hap + w[i]*x[i]
8
9  print(f'hap = {hap}')
```

이 프로그램의 라인 1-2에서는 두 수 w와 x를 리스트 구조인 w와 x로 각각 구성하는 내용이다. 라인 4에서는 변수 hap을 0으로 초기화 한다. 라인 6-7에서는 반복과정에서의 합을 계산하는 내용이다. 라인 7에서는 두 수의 곱을 계산하기 위해서 `w[i]*x[i]`를 사용하고 있다. 라인 9에서는 최종 결과를 출력하고 있다. 이 프로그램을 수행하면 `hap = 3090`과 같은 결과를 얻는다. 이와 같이 주어진 수식을 보고 이에 대한 알고리즘을 이해하고, 코딩을 통해서 결과를 확인하는 방법을 배워가는 것은 수치해석에서 매우 중요하다.

5.4 코딩과 수식의 불일치

파이썬 언어는 원래 과학기술용이 아닌 범용의 컴퓨터 언어로 개발되었다. 물론, 그 이후로 Numpy를 비롯한 수학 및 과학기술용 라이브러리가 개발되었으며, 각종 라이브러리가 부족한 부분이 없을 정도로 각 분야에서 널리 사용되고 있다. 그러나, 파이썬에 입문하는 사람들에게 있어서, 다양한 수식과 코딩사이의 불일치는 단순하고 사소한 것이라고 할지라도 활용하는데 있어서 혼란을 느낄 수도 있으며, 그중 하나가 앞에서도 몇 번 언급하였던 수식에서의 지수표기와 코딩의 문제이다. 예를 들어, 다음과 같은 두 개의 수식에서의 차이점은 무엇인가를 생각해 보기로 하자.

$$\sum_{i=1}^{n} x_i \qquad (A), \qquad \sum_{i=0}^{n-1} x_i \qquad (B)$$

(A) 식은 지수가 1부터 n까지 이므로 $x_1 + x_2 + \cdots x_n$을 의미하고, (B) 식은 지수가 0부터 $n-1$이므로 $x_0 + x_1 + \cdots x_{n-1}$이 된다. 따라서, 기본적으로는 두 식이 의미하는 바가 동일하다고 볼 수 있다. 두 식 모두 n개의 요소를 가지고 있는 1차원 배열 x의 합을 구하는 문제라고 생각할 수 있기 때문이다. 그러나, 파이썬에서 이 식들을 코딩할 때는 항상 주의해야 하는데 그 이유는 파이썬의 인덱스는 0부터 시작하기 때문이다. 물론 강제로 1부터 시작하게 만들수도 있으나, 이

러한 경우에는 요소의 개수가 달라질 수 있으므로 각별히 주의를 요한다. 예를 들어, 다음 프로그램은 (A) 식과 (B) 식 중 어느 것을 표현하고 있는 가를 알아보는 것도 흥미로울 것이다.

```
1 import numpy as np
2
3 x = np.array([1,2,3,4,5])
4
5 hap = 0
6 for i in range(5):
7     hap = hap + x[i]
8 print(f'hap = {hap}')
```

이 프로그램에서는 5개의 숫자 1, 2, 3, 4, 5를 모두 더하여 합을 계산하는 과정을 보여주고 있다. 이 프로그램을 수행하면 결과는 `hap = 15`이 된다. 라인 6에서 `for` 문에서 인덱스 `i`는 0부터 시작하여 4에서 끝나며 따라서 모두 5번의 반복을 수행하게 된다. 이 프로그램은 의미상으로는 (A) 식과 (B) 식에서 의도하는 바를 모두 만족시킨다. 반면에, 다음 프로그램은 표면적으로 (A) 식과 동일하게 맞추기 위해서 반복문에서 인덱스 `i`를 의도적으로 1부터 시작하도록 한 것이다.

```
import numpy as np

x = np.array([1,2,3,4,5])

hap = 0
for i in range(1,5):
    hap = hap + x[i]
print(f'hap = {hap}')
```

그러나 이 프로그램을 수행하면, 결과는 `hap = 14`가 되어 원래 의도와는 다른 값을 주게 되는데, 그 이유는 `range(1,5)`에서 사용된 인덱스가 1, 2, 3, 4로 되어서 네 개의 요소만 사용되었기 때문이다. 즉, 인덱스 지수 0이 누락되어 첫 번째 요소인 1이 제외되는 바람에 실제 계산은 2 + 3 + 4 + 5가 되어서 결과가 달라지게 되었다. 복잡한 수식 프로그램을 작성할 때 이러한 프로그래밍 실수는 전체 결과를 완전히 잘못된 방향으로 나가게 할 수 있으여, 더욱 심각한 것은 디버깅하여 프로그래밍 오류를 찾아내기가 매우 어렵다는 것이다. 따라서, 수식을 코딩하는 경우에 각별한 주의가 필요하다. 이 사례에서 언급된 실수를 방지하기 위한 한 가지 방법은 수식을 볼 때 인덱스보다는 내용을 이해해야 된다는 것이다. 즉, 식 (A)와 식 (B)가 인덱스만을 볼 때는 다른 식으로 보이지만, 내용을 보면 결국 1차원 배열인 x의 모든 요소의 합을 계산하는 것이라는 것을 이해하면 코딩에서 실수하는 일이 줄어들 것이다. 물론, 파이썬 언어의 특징을 잘 이해하고, 수식이 의미하는 바를 제대로 구현하는 것은 상당한 시간과 연습이 필요하다.

5.5 연습문제

1. 수치해석에서의 수렴과 발산에 대하여 반복식의 예를 들어서 설명하시오.
2. 상대오차와 계산의 수렴에 대한 연관성을 설명하시오.
3. $x^{(k+1)} = 2.1x^{(k)} + 1$ 식에서 $x^{(0)} = 1$일 때, $x^{(3)}$의 값을 계산하시오.
4. $x^{(k+1)} = 1.1x^{(k)} - 1$ 식에서 $x^{(0)} = 1$일 때, $x^{(3)}$의 값을 계산하시오.
5. $x^{(k+1)} = 0.1x^{(k)} - 1$ 식에서 $x^{(0)} = 1$일 때, $x^{(3)}$의 값을 계산하시오.

6. $x^{(k+1)} = 0.4x^{(k)}$ 식에서 $x^{(0)} = 1$일 때, $x^{(3)}$의 값을 계산하시오.

7. $x^{(k+1)} = 1.3x^{(k)} - 1$ 식에서 $x^{(0)} = 1$일 때, $x^{(3)}$의 값을 계산하시오.

8. $x^{(k+1)} = 2.1x^{(k)} + 1$ 식에서 $x^{(0)} = 1$일 때, $x^{(5)}$의 값을 계산하시오. 단, 컴퓨터 프로그램을 작성하여 수행하시오.

9. $x^{(k+1)} = 0.1x^{(k)}$ 식에서 $x^{(0)} = 1$일 때, $x^{(5)}$의 값을 계산하시오. 단, 컴퓨터 프로그램을 작성하여 수행하시오.

10. $x^{(k+1)} = 0.1x^{(k)}$ 식에서 $x^{(0)} = 1$일 때, $x^{(5)}$의 값을 계산하시오. 단, 컴퓨터 프로그램을 작성하여 수행하시오.

11. $x^{(k+1)} = 0.4x^{(k)} - 0.1$ 식에서 $x^{(0)} = 1$일 때, $x^{(5)}$의 값을 계산하시오. 단, 컴퓨터 프로그램을 작성하여 수행하시오.

12. $x^{(k+1)} = 1.3x^{(k)} - 1$ 식에서 $x^{(0)} = 1$일 때, $x^{(5)}$의 값을 계산하시오. 단, 컴퓨터 프로그램을 작성하여 수행하시오.

CHAPTER 06

수치해석과 오차

수치해석에서는 기본적으로 컴퓨터를 사용하기때문에 계산의 결과는 정확할 것이라는 생각을 할 수 있다. 그러나, 오히려 컴퓨터를 사용하기 때문에 오차에 대한 고려를 더 해야 한다는 점이 역설적이다. 즉, 수치해석에서 다루는 모든 내용은 오차를 포함하고 있음을 알아야 한다. 그러므로, 수치해석을 학습하고 나면, 컴퓨터를 사용하여 계산하였기 때문에 정확할 것이다라는 생각을 더 이상 할 수 없게 될 것이다.

현실적으로 수치해석을 수행하는 이유는 문제에 대한 해답을 해석적인 방법으로 구할 수 없기 때문이다. 문제 자체를 규정하는 것이 너무 어려워서 그럴 수도 있고, 해석하는 방법이 아예 존재하지 않을 수도 있다. 예를 들어, 내일의 날씨를 예보하는 과정을 생각해보면, 문제에 대한 정의는 되어있는데, 모델과 해석방법은 아직도 대부분의 사람들이 만족할 만큼의 정도로 해결하지 못하고 있다. 또한, 최근의 빅데이터와 같이, 처리해야 할 분량이 엄청나기 때문에 컴퓨터가 없이는 해석하기 어려울수 도 있다. 따라서, 수치해석을 사용해야만 되는 필요성이 있는데, 이러한 과정에서 어느 정도의 오차가 항상 발생된다는 것을 인지하고 있는 것이 중요하다. 이번 장에서는 오차와 관련된 다음과 같은 내용을 학습하고자 한다.

- 수치해석에서의 오차의 종류
- Taylor 급수와 절단오차

6.1 오차의 종류

오차의 종류에는 여러 가지가 있으나, 여기서는 수치해석에서 가장 보편적인, 반올림 오차round-off erros와 절단 오차truncation erros에 대해서 알아보기로 한다. 그림 6.1에서는 오차의 종류에 대한 내용을 간략하게 보여주고 있다.

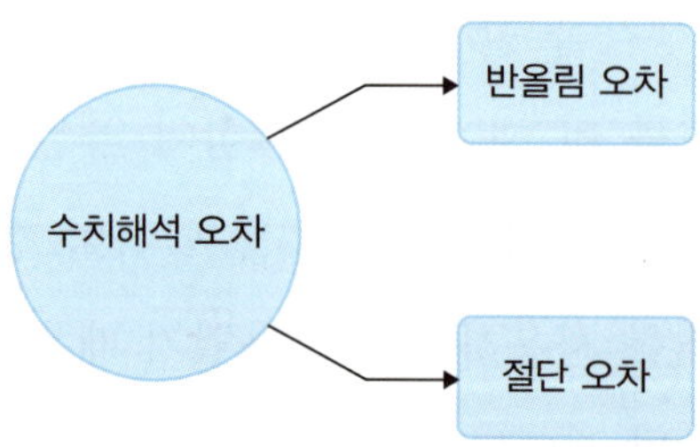

그림 6.1 수치해석에서의 오차의 종류

반올림 오차

반올림 오차는 실제 값과 근사값의 차이에서 비롯된다고 생각할 수 있다. 예를 들어, 원주율 π를 표시하는 방법에서 그 예를 찾아볼 수 있다. 인간의 눈에는 π를 그대로 사용하여도 아무런 문제가 없을 수 있으나, 이를 컴퓨터에서 사용하고 할 때 문제가 발생한다. 즉, π = 3.141592653589793...으로 무한히 연속되는 자리수를 가지고 있기 때문에 어느 정도의 선에서는 끊어야 하기 때문이다. 컴퓨터의 저장 능력이 유한하기 때문에 무한한 자리 수의 숫자를 저장할 수 없다. 따라서, π = 3.14로 하여 사용한 결과와 π = 3.141592로 하여 사용한 결과는 연산이 진행될수록 차이가 커지게 될 것임은 명확하다. 반올림 오차는 또한 컴퓨터에서 사용하는 하드웨어적인 크기와도 상관이 있다. 앞서 4장에서 컴퓨터의 연산 작용을 이진수와 비트의 개념을 사용하여 상세하게 학습하였는데, 물리적으로 자리수의 부족으로 인한 제약이 이러한 오차를 야기한다. 즉, 현재 기술로는 무한히 큰 비트수를 감당할 수 없기 때문에 반올림 오차를 제거하기는 현실적으로 불가능하다. 다음은 반올림 오차를 설명하기 위해서 π에 대한 곱셈을 수행하는 내용을 프로그램으로 작성한 것이다.

```
1   import numpy as np
2
3   pi = np.pi
4   pi2 = 3.14
5   pi6 = 3.141592
6
7   print(pi2 * pi2)
8   print(pi2 * pi6)
9   print(pi6 * pi6)
10  print(pi * pi)
```

이 프로그램의 라인 3에서는 Numpy에서 제공하는 π = 3.141592653589793... 를 사용한다. 라인 4에서는 π에서 소수점 2자리까지만을 고려한 것이며, 라인 5에서는 소수점 6자리까지 고려하여 각각 `pi2` 와 `pi6`로 하였다. 라인 7에서는 소수점 2자리까지만 고려한 곱을 실행한다(case 1). 라인 8에서는 2자리와 6자리의 원주율의 곱을 수행한다(case 2). 라인 9에서는 소수점 6자리를 가지는 두 수의 곱을 표현하였다(case 3). 라인 10에서는 Numpy에서 제공하는 π를 사용하여 곱을 수행하였다(case 4). 이 프로그램의 결과는 다음 표에서와 같이 정리될 수 있다.

case 1	case 2	case 3	case 4
9.8596	9.86459888	9.869600294464002	9.869604401089358

표에서 보는 바와 같이 자리수의 크기에 따라서 연산 $\pi \times \pi$의 결과는 다르게 나왔다. 만일 이러한 연산이 계속해서 진행된다면 오차가 누적되어 더욱 큰 오차를 보이게 될 것이다. 즉, 적당한 선에서 반올림으로 잘라내야 하는 제한으로 인해서 반올림 오차는 발생하게 된다. 이것은 엄밀한 의미에서 보면 컴퓨터의 하드웨어적인 문제라고 볼 수 있다. 가장 이상적으로는 반올림을 할 필요가 없을 정도로 무한 크기의 비트를 가진 컴퓨터가 요구된다. 따라서, 현실적으로는 이 문제를 해결하기가 어렵기때문에 이에 대한 여러 가지 수학적인 대처와 알고리즘의 개선이 필요하다.

한편, 절단오차는 Taylor 급수와의 관계에서 가장 잘 설명될 수 있으며 이는 다음 절에서 보다 상세하게 설명하고자 한다.

6.2 절단오차

Taylor 급수

Taylor 급수의 기본 내용은 복잡한 함수를 비교적 간단한 함수들의 집합으로 변환시켜서 사용하기에 편리하도록 하자는 것이다. 주 내용은 함수 $f(x)$를 다음과 같은 다항식의 합으로 표현하는 방법에 관한 것이다.

$$f(x) = c_0 + c_1(x-a) + c_2(x-a)^2 + c_3(x-a)^3 + \dots \tag{6.1}$$

여기서 a는 사용자가 임의로 선택할 수 있는 값이며, c_0, c_1, c_2, ... 등은 적절한 방법을 사용하여 결정해야 하는데 그 방법은 미분을 이용하는 것이다. 먼저, c_0

를 얻기 위해서, $x = a$로 놓으면 첫 번째 항을 제외한 모든 항들이 0이 된다. 따라서,

$$f(a) = c_0$$

이렇게 함으로써 $c_0 = f(a)$가 됨을 알 수 있다. 이번에는 c_1을 계산하기 위해서, 식 (6.1)의 양변을 x로 미분하면 다음과 같다.

$$f'(x) = c_1 + 2c_2(x-a) + 3c_3(x-a)^2 + \dots \tag{6.2}$$

이 식에 $x = a$를 대입하면 모든 $(x - a)$ 관련 항들은 0이 되므로,

$$f'(a) = c_1$$

이렇게 함으로써 $c_1 = f'(a)$가 됨을 알 수 있다. 같은 방식으로 c_1를 구하기 위해서, 식 (6.2)의 양변에 다시 미분을 수행하면 다음과 같다.

$$f''(x) = 2c_2 + 3 \times 2 \times c_3(x-a) + \dots$$

이 식에 $x = a$를 대입하면 모든 $(x - a)$ 관련 항들은 0이 되므로,

$$f''(a) = 2c_2$$

따라서, $c_2 = f''(a)/2$가 됨을 알 수 있다. 이와 같은 방식을 계속하여 계수를 구하면 식 (6.1)에서 표현한 함수 $f(x)$ 대한 Taylor 급수를 다음과 같이 쓸 수 있다.

$$f(x) = f(a) + f'(a)(x-a) + \frac{f''(a)}{2!}(x-a)^2 + \frac{f'''(a)}{3!}(x-a)^3 + \dots \tag{6.3}$$

Tayor 급수는 절단오차와 관련이 있으며 수치해석에서 매우 민감한 주제이다. 기본적으로 Taylor 급수는 한 점에서의 함수값을 주위에 있는 다른 점에서의 함

수값 및 도함수 값을 사용하여 근사하는 방법을 의미한다. 이와 같은 방법으로 항들을 추가함으로써 보다 정확한 근사식을 만들어 갈 수 있다. Taylor 급수는 기본적으로 무한급수이므로 무한개의 항이 존재한다. 그러나, 실제 계산을 위해서는 유한개의 항을 사용할 수 밖에 없으므로, 적절한 정도까지의 갯수만 고려하게 되며 이때 발생하는 오차를 절단오차truncation errors 라고 한다.

예제 1

식 (6.3)을 이용하여 지수함수 e^x의 $x = 0$에서의 Taylor 급수를 구하기로 한다. Taylor 급수에서는 함수에 대한 미분항이 필요하므로, 다음과 같이 필요한 미분을 계산한다.

$$f'(x) = e^x, \quad f''(x) = e^x, \quad f'''(x) = e^x, \quad f''''(x) = e^x$$

식 (6.3)에서 Taylor 급수는 다음과 같이 주어진다.

$$f(x) = f(a) + f'(a)(x-a) + \frac{f''(a)}{2!}(x-a)^2 + \frac{f'''(a)}{3!}(x-a)^3 + \frac{f''''(a)}{4!}(x-a)^4 \ldots$$

앞에서 계산한 미분 항들을 위 식에 대입하면 다음과 같다.

$$e^x = e^a + e^a(x-a) + \frac{e^a}{2!}(x-a)^2 + \frac{e^a}{3!}(x-a)^3 + \frac{e^a}{4!}(x-a)^4 + \ldots$$

여기서 $a = 0$을 적용하면 최종적인 결과를 다음과 같이 얻는다.

$$\begin{aligned} e^x &= 1 + x + \frac{1}{2!}x^2 + \frac{1}{3!}x^3 + \frac{1}{4!}x^4 + \ldots \\ &= 1 + x + \frac{1}{2}x^2 + \frac{1}{6}x^3 + \frac{1}{24}x^4 + \ldots \end{aligned}$$

이 결과는 지수함수 e^x에 대하여 $x = 0$에서 유도한 Taylor 급수이므로, $x = 0$ 근방에서 가장 정확한 값을 가지며, 그 점에서 멀어질수록 오차가 커질 것이다.

이에 대한 내용은 예제 2에서 상세히 다루기로 한다.

예제 2

다음은 예제 1에서 유도한 지수함수 e^x에 대한 Taylor 급수이다. 예제 1에서는 Taylor 급수가 $x = 0$에서 정의되었지만, 여기서는 오차를 살펴보기 위해서 $x = 1$에서의 값을 계산해보기로 한다.

$$e^x \approx 1 + x + \frac{x^2}{2} + \frac{x^3}{6} + \frac{x^4}{24} \cdots$$

여기서 $x = 1$에서 각 항을 차례로 포함하면서 변화하는 지수함수 e^1의 값을 다음과 같이 표로 정리하였다.

	1	2	3	4	5
Taylor series	1.0000	2.0000	2.5000	2.6666	2.7083
Exact	2.7182	2.7182	2.7182	2.7182	2.7182
Errors (%)	63.2	26.4	8.0	1.8	0.3

지수함수를 사용하여 계산할 때, 몇 번째 항까지 고려하는가에 따라서 결과에 영향을 미칠 수 있다. 위 식에서 첫 번째 항만을 고려한다면 지수함수의 근사값은 1이 될 것이다. 그러나 그 값은 실제값과 큰 차이가 난다. 즉, 추가하는 항의 갯수에 따라서 오차의 크기가 달라지게 되며, 현실적으로는 유한한 개수의 항만을 고려하게 되므로 발생되는 오차이다. 위의 표에서 볼 수 있듯이 Taylor 급수에서 고려하는 항의 갯수가 증가할수록 실제값에 접근하고 있음을 볼 수 있다. 단 하나의 항만 사용하였을 때는 오차가 63.2%였으나, 다섯 개의 항을 사용하면 0.3%로 감소함을 알 수 있다. 그러나 그럼에도 불구하고 유한개의 항을 사용하는 관계로 여전히 절단오차는 피할 수 없다.

현재까지의 기술로는 이러한 반올림 오차와 절단 오차를 완전하게 피할 수 있는 방법은 없다. 그러므로, 수치해석을 수행함에 있어서 항상 어느 정도의 오차는 내재될 수 밖에 없다는 사실을 인식하는 것이 더 중요하다고 본다. 물론, 가능하면 이러한 오차를 최소화시키도록 노력하는 것이 필수적일 것이다.

위의 결과를 구현하기 위한 프로그램은 다음과 같다. 여기서는 독자들의 이해를 돕기 위해서 프로그램의 효율성을 크게 고려하지 않고 작성하였으므로, 얼마든지 더 나은 구조로 프로그램을 수정할 수 있을 것이다.

```
import numpy as np

x = 1.0

# Taylor series of exp(x)
tay1 = 1
tay2 = tay1 + x
tay3 = tay2 + x**2/2
tay4 = tay3 + x**3/6
tay5 = tay4 + x**4/24

print(f'1 term(s) : {tay1:0.4f}')
print(f'2 term(s) : {tay2:0.4f}')
print(f'3 term(s) : {tay3:0.4f}')
print(f'4 term(s) : {tay4:0.4f}')
print(f'5 term(s) : {tay5:0.4f}')

# Erros
exact = np.exp(x) # exp(x)
err1 = (tay1 - exact)/exact * 100
err2 = (tay2 - exact)/exact * 100
err3 = (tay3 - exact)/exact * 100
err4 = (tay4 - exact)/exact * 100
err5 = (tay5 - exact)/exact * 100

print(f'1 term(s) error : {abs(err1):0.1f}%')
print(f'2 term(s) error : {abs(err2):0.1f}%')
```

```
28 print(f'3 term(s) error : {abs(err3):0.1f}%')
29 print(f'4 term(s) error : {abs(err4):0.1f}%')
30 print(f'5 term(s) error : {abs(err5):0.1f}%')
```

라인 3에서는 $x = 1$로 하여 그 점에서의 함수 e^x의 값을 계산할 것임을 선언하고 있다. 라인 6-10에서는 Taylor 급수의 각 항을 차례로 더해가는 과정을 만들었다. 예를 들어, `tay1`은 첫 번째 항을, `tay2`는 첫 번째와 두 번째 항을 포함하는 값을 가진다. 따라서 `tay5`는 5개의 항을 모두 더한 결과이다. 라인 12-16은 Taylor 급수의 값을 차례로 출력하는 과정이다. 라인 19-24에서는 급수에서 각 항을 더해가면서, 함수의 진짜 값 `exact`와의 오차를 계산하는 과정을 보여주고 있다. 라인 26-30에서는 오차를 %로 표시하고 있으며 부호의 영향을 없애기 위해서 `abs`(절대값) 함수를 사용하였다. 프로그램을 실행하면 다음과 같은 결과를 얻는다.

```
1 term(s) : 1.0000
2 term(s) : 2.0000
3 term(s) : 2.5000
4 term(s) : 2.6667
5 term(s) : 2.7083
1 term(s) error : 63.2%
2 term(s) error : 26.4%
3 term(s) error : 8.0%
4 term(s) error : 1.9%
5 term(s) error : 0.4%
```

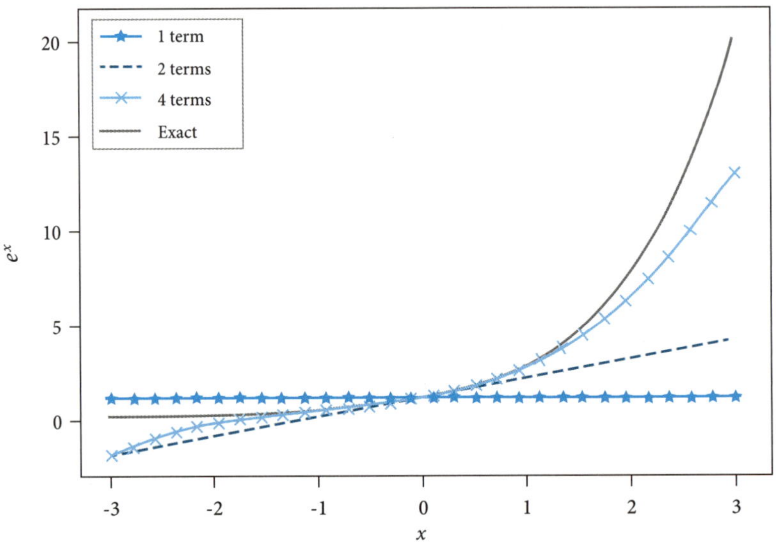

그림 6.2 e^x의 Taylor 급수

그림 6.2에서는 각 항을 포함하는 지수함수에 대한 Taylor 근사값을 그린 것이다. 그림에서는 각각 1, 2, 그리고 4 항을 포함하는 Taylor 근사값을 $-3 < x < 3$의 구간에서 실제값과 비교해서 보여주고 있다. 포함되는 항의 수가 증가할수록 실제값과 근접하는 것을 관찰할 수 있다. 또한, 사용한 Taylor 급수는 예제 1에서 $x = 0$에서 유도된 것으로, 그 점에서 멀어지면, 근사값들도 큰 오차를 보이는 것을 알 수 있다. 예를 들어, $x = 1$ 근방에서는 1항 및 2항까지만을 포함하는 근사값은 해석적인 값과 상당한 차이를 나타내고 있다. 더 많은 항을 포함하면, 예를 들어, 4항까지를 포함한 경우에는 $x = 2$ 정도에서도 해석적인 값을 상당히 쫓아가고 있음을 알 수 있다. 따라서, 가능하면 여러 항을 고려해서 근사값을 계산하는 것이 좋다는 것을 명확하게 보여주고 있으며, 이는 절단오차의 상황을 보여주고 있는 좋은 예이다.

예제 3

이번에는 삼각함수 cosine에 대한 Taylor 급수의 성향을 알아보고자 한다. 예제

1에서 설명한 방법에 의해서 cosine 함수에 대한 급수를 유도할 수 있다. 관심이 있는 독자는 연습하기를 권한다. Cosine 함수에 대한 Taylor 급수는 다음과 같이 주어진다.

$$\cos(x) \approx 1 - \frac{1}{2}x^2 + \frac{1}{24}x^4 - \frac{1}{720}x^6 + \frac{1}{40320}x^8 + O(x^9)$$

다음은 위의 식에서 사용하는 항의 갯수를 증가시키면서 $x = 1$ 근방에서 cosine 함수의 Taylor 급수의 경향을 계산하는 프로그램이다.

```
import numpy as np

x = 1.0

# Taylor series of cos(x)
tay1 = 1
tay2 = tay1 - x**2/2
tay3 = tay2 + x**4/24
tay4 = tay3 - x**6/720
tay5 = tay4 + x**8/40320

print(f'1 term(s) : {tay1:0.4f}')
print(f'2 term(s) : {tay2:0.4f}')
print(f'3 term(s) : {tay3:0.4f}')
print(f'4 term(s) : {tay4:0.4f}')
print(f'5 term(s) : {tay5:0.4f}')

# Erros
exact = np.cos(x)
err1 = (tay1 - exact)/exact * 100
err2 = (tay2 - exact)/exact * 100
err3 = (tay3 - exact)/exact * 100
err4 = (tay4 - exact)/exact * 100
err5 = (tay5 - exact)/exact * 100
```

```
25
26  print(f'1 term(s) error : {abs(err1):0.1f}%')
27  print(f'2 term(s) error : {abs(err2):0.1f}%')
28  print(f'3 term(s) error : {abs(err3):0.1f}%')
29  print(f'4 term(s) error : {abs(err4):0.1f}%')
30  print(f'5 term(s) error : {abs(err5):0.1f}%')
```

라인 3에서는 $x = 1$로 하여 그 점에서의 함수 e^x의 값을 계산할 것임을 선언하고 있다. 라인 6-10에서는 Taylor 급수의 각 항을 차례로 더해가는 과정을 만들었다. 예를 들어, tay1은 첫 번째 항을, tay2는 첫 번재와 두번째 항을 포함하는 값을 가진다. 따라서 tay5는 5개의 항을 모두 더한 결과이다. 라인 12-16은 Taylor 급수의 값을 차례로 출력하는 과정이다. 라인 19-24에서는 급수에서 각 항을 더해가면서, 함수의 진짜 값 exact 와의 오차를 계산하는 과정을 보여주고 있다. 라인 26-30에서는 오차를 %로 표시하고 있으며 부호의 영향을 없애기 위해서 abs(절대값) 함수를 사용하였다. 프로그램을 실행하면 다음과 같은 결과를 얻는다. 이 프로그램을 실행하면 결과는 다음과 같다.

```
1 term(s) : 1.0000
2 term(s) : 0.5000
3 term(s) : 0.5417
4 term(s) : 0.5403
5 term(s) : 0.5403
1 term(s) error : 85.1%
2 term(s) error : 7.5%
3 term(s) error : 0.3%
4 term(s) error : 0.0%
5 term(s) error : 0.0%
```

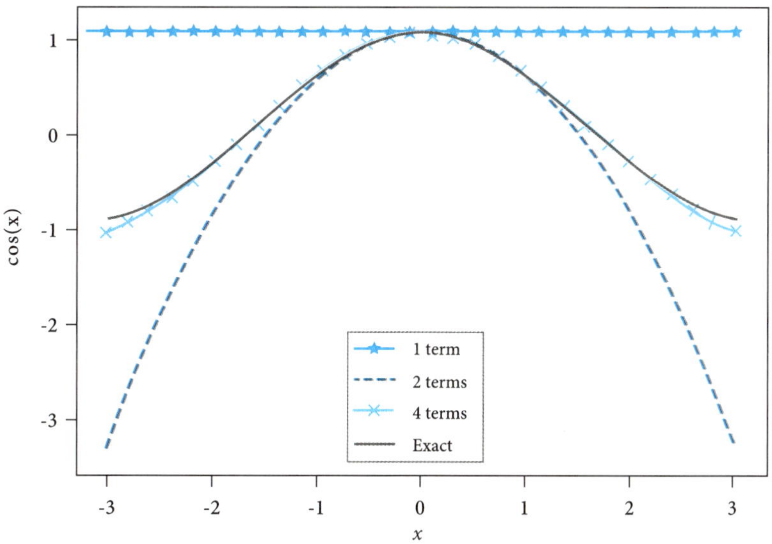

그림 6.3 Cosine 함수의 Taylor 급수

그림 6.3에서는 각 항을 포함하는 지수함수에 대한 Taylor 근사값을 그린 것이다. 그림에서는 각각 1, 2, 그리고 4 항을 포함하는 Taylor 근사값을 $-3 < x < 3$의 구간에서 실제값과 비교해서 보여주고 있다. 포함되는 항의 수가 증가할수록 해석적인 값과 근접하는 것을 관찰할 수 있다.

효율적인 코딩

앞에서 진행한 Taylor 급수의 항별 값을 계산하는 문제에서는 프로그램의 효율성보다는 알고리즘의 이해에 더 큰 중점을 두었다. 따라서, 프로그래밍의 입장에서 보면 좋은 구조를 가지고 있다고 보기는 어렵다. 이러한 프로그램을 수정하여 보다 간단하게 할 수 있는 방법은 수순에 따라서 얼마든지 있을 수 있다. 여기서는 앞에서 학습하였던 리스트 구조를 적극적으로 사용하여 앞에서 다룬 예제 1에서 사용한 프로그램을 수정해 보기로 한다.

함수 $exp(x)$에 대한 Talyor 급수에서 포함하는 항의 갯수를 늘려가면서 값을 출력하는 프로그램은 다음과 같다.

```
1 x = 1.0
2
3 exptay = [1,x,x**2/2,x**3/6,x**4/24]
4
5 sums = 0
6 for i in range(5):
7     sums += exptay[i]
8     print(f'{i+1} term(s) : = {sums:0.4f}')
```

이 프로그램에서 특이한 점은 라인 3에서의 **exptay**라는 리스트이다. 즉, 이것은 e^x의 Taylor 급수의 개별 항들을 넣은 리스트이다. 리스트를 사용함으로써 프로그램의 구조가 상당히 간단해진 것을 볼 수 있다. 라인 6-8에서는 **exptay** 리스트에서 **exptay[i]**으로 하나씩 항들을 꺼내서 합하는 과정아다. 물론, 이 과정에 대한 프로그래 구조는 유일하지 않다. 얼마든지 다른 방식으로 수정될 수 있을 것이다. 이 프로그램을 실행하면 다음과 같은 결과를 얻는다.

```
1 term(s) : 1.0000
2 term(s) : 2.0000
3 term(s) : 2.5000
4 term(s) : 2.6667
5 term(s) : 2.7083
```

6.3 연습문제

1. $\cos(x)$에 대한 Taylor 급수는 다음과 같이 주어진다. 고려하는 항의 갯수를 증가시켜가면서 $x = 1$에서의 값을 계산하시오.

$$\cos(x) \approx 1 - \frac{1}{2}x^2 + \frac{1}{24}x^4 - \frac{1}{720}x^6 + \frac{1}{40320}x^8 + O(x^9)$$

2. sin(x)에 대한 Taylor 급수는 다음과 같이 주어진다. 고려하는 항의 갯수를 증가시켜가면서 x = 1에서의 값을 계산하시오.

$$\sin(x) \approx x - \frac{1}{6}x^3 + \frac{1}{120}x^5 - \frac{1}{5040}x^7 + O(x^8)$$

3. e^xsin(x)에 대한 Taylor 급수는 다음과 같이 주어진다. 고려하는 항의 갯수를 증가시켜가면서 x = 1에서의 값을 계산하시오.

$$e^x \sin(x) \approx x + x^2 + \frac{1}{3}x^3 - \frac{1}{30}x^5 - \frac{1}{90}x^6 + O(x^7)$$

4. xe^{-x}에 대한 Taylor 급수는 다음과 같이 주어진다. 고려하는 항의 갯수를 증가시켜가면서 x = 1에서의 값을 계산하시오.

$$xe^{-x} \approx x - x^2 + \frac{1}{2}x^3 - \frac{1}{6}x^4 + \frac{1}{24}x^5 - \frac{1}{120}x^6 + O(x^7)$$

5. 반올림 오차와 절단오차에 대해서 설명하시오.

07 CHAPTER

데이터 다루기

수치해석이 실제로 사용되는 분야는 아무래도 순수 수학적인 영역보다는, 다양한 현상이 발생하는 현장이나 연구실일 것이다. 그러한 곳에서는 실험이나 계측을 통해서 많은 데이터가 모이게 된다. 많은 양의 데이터를 효과적으로 다루기 위해서는 수치해석적 지식과 어느 정도의 컴퓨터 프로그래밍 능력이 필수적이다. 데이터에서 중요한 정보를 얻어내기 위해서는 기본적으로 통계적인 처리가 필요하다. 이번 장에서는 현장에서 실제로 사용되는 가장 기본적인 통계적 방법을 프로그램으로 구현하는 방법을 설명하고자 한다. 이를 위해서 데이터 과학이나 통계학적인 전개보다는, 쉽게 볼 수 있는 수학적 표현과 코딩이 어떻게 통계적인 개념과 대응될 수 있는가에 초점을 두고자 한다. 다음은 이 장에서 소개하고자 하는 내용을 요약한 것이다.

- 배열에서의 행 연산과 열 연산
- 데이터의 평균과 가중값 평균의 계산
- 데이터의 분산 계산

7.1 데이터 요소의 합

배열의 요소, 또는 일반적인 데이터에 대한 합의 개념은 매우 중요하고 널리 사용된다. 예를 들어, $x = [100, 101, 102]$이라는 데이터를 가지고 있을 때 $\sum_{i=1}^{3} x_i$을 계산하는 방법은 직관적으로는 다음과 같다.

$$\sum_{i=1}^{3} x_i = x_1 + x_2 + x_3 = 100 + 101 + 102 = 303$$

앞에서도 학습한대로 이런 경우는 매 요소의 합을 저장할 수 있는 변수를 지정하여 반복적으로 갱신하는 알고리즘을 사용한다. 다음은 이 알고리즘을 코딩한 프로그램이다.

```
1  import numpy as np
2  
3  x = np.array([100,101,102])
4  hap = 0
5  
6  for i in range(3):
7      hap = hap + x[i]
8  print(f'hap = {hap}')
```

이 프로그램을 수행하면 hap = 303와 같은 결과를 얻는다. 라인 7에서 사용한 표현은 hap += x[i]로 쓸 수도 있다. 이러한 표현은 다른 사람들이 작성한 프로그램에서 자주 보이는 표현이므로 알아두는 것이 좋다.

한편, 공개 라이브러리의 하나인 Numpy에서는 이러한 연산을 보다 쉽게 할 수 있는 함수들을 제공하고 있다. 숫자를 더하는 합의 과정을 일일이 코딩하는 것도 프로그래밍 연습에는 좋겠지만, 대단위의 데이터를 다루는 경우에는 공인

된 라이브러리에서 제공하는 효율성이 높은 함수를 적절하게 이용하는 것이 더 효과적일 것이다. Numpy에서 합에 대한 함수는 `np.sum()`으로 주어진다. 여기서 유의해야 할 점은 파이썬 언어 자체적으로도 유사한 함수인 `sum()`를 제공한다는 점이다. 그러나, 이 함수는 작동시의 제한이 있으므로 혼란을 피하기 위해서, 여기서는 Numpy에서 제공하는 `np.sum()`를 위주로 설명하고자 한다.

Numpy 함수를 사용하여 $\sum_{i=1}^{3} x_i$을 구현한 프로그램은 다음과 같다.

```python
import numpy as np

x = np.array([100,101,102])

hap = np.sum(x)
print(f'hap = {hap}')
```

앞에서 소개한 프로그램과 비교해보면 Numpy 함수를 사용하였을 때 더 간단해졌음을 볼 수 있다. 실제로 방대한 양의 데이터를 사용하여 계산해보면 Numpy를 사용한 측이 훨씬 빨리 계산된다는 것을 알 수 있다. 즉, 여기서는 반복문을 만드는 `for` 관련 항목이 사라졌다는 것을 알 수 있다. 물론 계산 결과는 동일하게 `hap = 303`로 된다. 여기서, `np.sum()`은 세 개의 요소를 가진 벡터 `x`를 입력받아서 한꺼번에 합을 계산해준다. 이러한 방식은 벡터를 마치 하나의 숫자로 취급하는 것과 같은 방식으로서 편리하게 사용할 수 있으며 벡터화vectorization라고 한다. Numpy에서는 가능하다면 이러한 벡터화를 제공하여 계산시간을 줄여주는 장점이 있다. 만일 Numpy 라이브러리를 사용하지 않았다면, 앞의 예에서 본대로 코딩의 복잡성이 더 증가하였을 것이다.

7.2 데이터 행과 열연산의 이해

행렬이 포함된 연산에서는, 특별히, 2차원 배열에서 개별 행과 열에 직접 접근해야 하는 경우가 자주 발생하는데 이를 위해서는 파이썬에서 정의된 배열의 행과 열에 대한 이해가 필수적이다. 예를 들어, 다음과 같은 2차원 행렬 A를 고려하자.

$$\mathbf{A} = \begin{bmatrix} 1 & 4 & -1 \\ 2 & 1 & 0 \\ 0 & -1 & 7 \end{bmatrix}$$

이 행렬에서 첫 번째 행을 의미하는 것은 $A[0]$이 된다. 원래 2차원 배열이므로 기본적으로는 $A[i, j]$와 같이 두 개의 인덱스가 필요하지만 특정한 행 전체를 의미할 때는 하나의 지수만 사용한다. 만일 특정한 열만 지정하고 싶은 경우는 $A[:, 1]$과 같이 하면 행에 관계없이 두 번째 열의 모든 요소가 조회된다.

이번에는 2차원 배열의 합에 대해서도 사용법을 알아보기로 한다. 요소에 대한 합의 과정은 단지 1차원 배열(벡터)에만 국한되지 않는다. 행렬의 대각선 요소에 대한 합을 계산하기 위해서 $\sum_{i=1}^{3} a_{ii}$ 를 구현해보면 다음과 같다.

$$\sum_{i=1}^{3} a_{ii} = a_{11} + a_{22} + a_{33} = 1 + 1 + 7 = 9$$

이번에도 마찬가지로 컴퓨터로는 한꺼번에 이 작업이 수행될 수 없으므로, 순차적으로 해야 한다. 다음 프로그램은 2차원 행렬에서 대각선 요소만의 합을 구하는 내용이다.

```
1  import numpy as np
2
3  A = np.array([[1,4,-1],[2,1,0],[0,-1,7]])
4  hap = 0
5
6  for i in range(3):
7      hap = hap + A[i,i]
8  print(f'hap = {hap}')
```

이 프로그램에서 라인 7에서 두 개의 똑같은 인덱스를 사용하여 행렬의 대각선 요소 `A[i,i]`를 조회하고 있음을 알 수 있다. 이 프로그램을 수행하면 `hap = 9`와 같은 결과를 얻는다.

한편, 행렬 A 의 첫 번째 열의 요소의 합을 구하고자 하는 경우는 식으로는 다음과 같이 표현할 수 있다.

$$hap = a_{11} + a_{21} + a_{31} = 1 + 2 + 0 = 3$$

이를 프로그램화 하면 다음과 같다.

```
1  import numpy as np
2
3  A = np.array([[1,4,-1],[2,1,0],[0,-1,7]])
4  hap = 0
5
6  for i in range(3):
7      hap += A[i,0]
8  print(f'hap = {hap}')
```

라인 7에서 첫 번째 열을 표시하기 위해서 `A[i,1]`이 아닌 `A[i,0]`으로 표기하였음을 유의한다. 배열에서의 인덱스 순서는 행 다음에 열로 지정된다. 이 프로그램을 수행하면 hap = 3와 같은 결과를 얻는다. 만일 세 번째 행에 속한 요소의 합을 구하고자 한다면 위 프로그램의 라인 7에서의 내용을 A[2,i]로 바꾸어 주면 된다. 그 때의 결과는 hap = 6이 될 것이다. 첫 번째 열에 대한 합을 구하는 과정은 Numpy 라이브러리를 사용하여 프로그램하면 다음과 같다.

```
1   import numpy as np
2
3   A = np.array([[1,4,-1],[2,1,0],[0,-1,7]])
4
5   hap = np.sum(A[:,0])
6   print(f'hap = {hap}')
```

라인 5에서 A[:,0] 첫 번째 인덱스 :는 모든 행을 포함하라는 의미이며, 두 번째 인덱스 0은 첫 번째 열을 의미한다, 즉, 첫 번째 열의 요소를 행에 무관하게 모두 합산하라는 의미이다. 이러한 인덱스의 표기는 프로그램 입문자들에게는 다소 혼동이 될 수 있으므로 유의해야 한다. 이 프로그램을 실행하면 hap = 3을 얻는다. 행렬 A 에서의 세 번째 행에 속한 요소를 모두 합하는 과정을 구현하고 싶다면 라인 5에서 A[2,:]와 같이 바꾸어 주면된다.

7.3 데이터 요소의 평균

산술평균

데이터를 이용한 분석에 있어서는 평균은 데이터에 대한 정보를 알려주는 매우 중요한 통계치이다. 벡터 $x = [x_1, x_2, ..., x_n]$에 대한 평균은 다음과 같이 정의된다.

$$\overline{x} = \frac{1}{n}\sum_{i=1}^{n} x_i = \frac{(x_1 + x_2 + \cdots + x_n)}{n} \tag{7.1}$$

예를 들어, x = [100, 102, 104]라고 할 때 이 과정을 그대로 코딩하면 다음과 같다.

```
1  import numpy as np
2  
3  x = np.array([100,102,104])
4  n = len(x)
5  hap = 0
6  
7  for i in range(n):
8      hap += x[i]
9  xbar = hap/n
10 print(f'xbar = {xbar}')
```

이 프로그램에서 라인 4에서는 배열 `x`의 크기를 `len()` 함수를 통해서 구하고 있다. 이때 크기는 3이 된다. 라인 7-9에서는 합을 구한 후에 평균을 계산하는 내용을 코딩한 것이다. 여기서 `for` 문의 영향은 라인 8까지임을 유의해야 한다. 라인 9는 `for` 문과 관련이 없다. Numpy 라이브러리에서 평균을 계산하는 함수 `np.average()`를 사용하면 위와 같은 과정을 다음과 같이 쓸 수 있다.

```
import numpy as np

x = np.array([100,102,104])
xbar = np.average(x)
print(f'xbar = {xbar}')
```

이 프로그램을 실행하면 `xbar = 102.0`를 얻게 되며 Numpy 라이브러리 함수 `np.average()`를 사용함으로써 `for`와 관련된 내용들이 사라져서 프로그램이 간략하게 되었음을 볼 수 있다.

가중값 평균

흔히 말하는 평균은 식 (7.1)에서 보는 것과 같이 각 요소에 동일한 크기의 가중값 $1/n$이 곱해져 있다고 간주할 수 있다. 그러나, 때로는 각 요소마다 다른 값의 가중값을 곱해서 평균으로 정의하기도 하며 이를 가중값 평균weighted average라고 하며, 다음과 같이 정의된다.

$$\bar{x} = \frac{\sum_{i=1}^{n} w_i x_i}{\sum_{i=1}^{n} w_i} = \frac{w_1 x_1 + w_2 x_2 + \cdots + w_n x_n}{w_1 + w_2 + \cdots + w_n}$$

여기서 w_i는 각 요소에 해당하는 가중값이다. 예를 들어, 다음의 예에서 가중값 w = [1, 2, 1]을 사용한 x = [100, 10, 104]의 가중값 평균은 수치적분 공식 중에서 사다리꼴 적분공식과 유사하다.

$$\begin{aligned}\bar{x} &= \frac{\sum_{i=1}^{3} w_i x_i}{\sum_{i=1}^{3} w_i} \\ &= \frac{w_1 x_1 + w_2 x_2 + w_3 x_3}{1+2+1} \\ &= \frac{1 \times 100 + 2 \times 10 + 1 \times 104}{4} = 56.0\end{aligned}$$

여기서 $\sum_{i=1}^{3} w_i = w_1 + w_2 + w_3 = 1 + 2 + 1 = 4$. 예를 들어, 사다리꼴 적분공식, Simpson 적분공식, Gauss 구적법, 상미분 방정식 해법인 RK4 등도 모두 일종의 가중값 평균의 개념이 들어가 있다고 볼 수 있다.

7.4 데이터의 분산

분산은 데이터의 각 요소가 퍼져있는 정도를 나타내는데 다음과 같이 정의된다.

$$\sigma^2 = \frac{\sum_{i=1}^{n}(x_i - \overline{x})^2}{n}$$

여기서 $\overline{x}$ 는 평균이다. 예제로서, x = [100, 102, 104]를 사용하여 분산을 계산해보기로 한다. 먼저, $\overline{x}$ 는 다음과 같이 계산할 수 있다.

$$\overline{x} = \frac{100 + 102 + 104}{3} = 102.0 \tag{7.2}$$

식 (7.2)의 분자항은 다음과 같다.

$$\sum_{i=1}^{n}(x_i - \overline{x})^2 = (100 - 102)^2 + (102 - 102)^2 + (104 - 102)^2 = 8.0$$

최종적으로 분산은 다음과 같이 계산된다.

$$\sigma^2 = \frac{8.0}{3} = 2.6667$$

다음 프로그램은 분산을 구하는데 있어서 직접 코딩으로 구현한 것과 Numpy의 분산함수 `np.var()`를 사용하여 결과를 비교하는 내용이다.

```python
import numpy as np

x = np.array([100,102,104])

n = len(x)
xbar = np.average(x)
dif = abs(x - xbar)**2
var = np.sum(dif)/n
```

```
9   print(f'var = {var:0.4f}')
10
11  var = np.var(x)
12  print(f'var(x) = {var:0.4f}')
```

이 프로그램에서 라인 5-9에서는 분산에 대한 내용을 직접 코딩한 것이며, 라인 11에서는 Numpy의 분산함수를 사용하여 계산한 것이다. 계산 결과는 모두 `2.6667`로 같은 결과를 준다.

결론적으로, 알고리즘을 익히고 프로그램을 배우는 과정에 있어서는 일일이 모든 과정을 코딩하는 것은 분명히 도움이 된다. 그러나, 일단 알고리즘이 이해가 된다면, 앞에서 본 사례와 같이 Numpy 라이브러리의 다양한 함수들을 적극적으로 사용하면 프로그램의 길이도 줄어들고, 코딩시에 실수할 가능성도 줄어든다.

7.5 통계 예제

연구실이나 현장에는 많은 측정 데이터들이 있으며, 대부분의 경우는 테이블 형식으로 정리될 수 있다. 따라서, 이러한 형식을 가진 데이터를 다루는 기본적인 방법을 학습하는 것은 유익하다고 생각한다. 여기서는 두 가지의 데이터 자료를 가지고 기본적인 통계값을 계산하는 방법을 알아보기로 한다.

통계값 계산 1

다음은 어떤 장소의 온도temperature와 습도humidity를 매일 한번씩 측정하여 4일간의 데이터를 모은 것이다. 이 표를 사용하여, 평균 온도와 분산, 그리고 평균 습도와 분산을 계산하는 방법을 설명하기로 한다.

Number	Temperature	Humidity
1	25°C	65%
2	29°C	73%
3	23°C	55%
4	21°C	52%

먼저, 측정 자료를 프로그램에서 사용할 수 있도록 저장하는 것이 필요하다. 여러가지 방법이 있겠으나, 여기서는 4×2의 크기를 갖는 하나의 행렬 W에 다음과 같이 데이터를 할당하는 방법을 사용하기로 한다.

$$\mathbf{W} = \begin{bmatrix} 25 & 65 \\ 29 & 73 \\ 23 & 55 \\ 21 & 52 \end{bmatrix}$$

다음은 데이터를 행렬로 만든 후 온도와 습도에 대한 평균과 분산을 계산하는 과정을 프로그램으로 작성한 것이다.

```
import numpy as np

W = np.array([[25,65],[29,73],[23,55],[21,52]])

print(W[:,0])
tavg = np.average(W[:,0])
tvar = np.var(W[:,0])
print(f'tavg = {tavg}')
print(f'tvar = {tvar}')

print(W[:,1])
```

```
12 havg = np.average(W[:,1])
13 hvar = np.var(W[:,1])
14 print(f'havg = {havg}')
15 print(f'hvar = {hvar}')
```

행렬 W에서 온도는 첫 번째 열에, 그리고 습도는 두 번째 열에 해당하는 요소를 지칭한다. 그러므로, 온도 데이터만을 가져오기 위해서는 첫 번째 열에 해당하는 요소를 모두 모아야 한다. 이를 위해서는 라인 5에서와 같이 `W[:,0]`를 사용할 수 있으며, 이는 첫 번째 열 전체를 조회한다는 의미를 지니고 있다. 온도에 대한 평균과 분산은 라인 6과 7에서 각각 **tavg**와 **tvar**로 정의되고 있다. 그리고, 습도 데이터를 모으기 위해서는 행렬 W에서 두 번째 열을 조회해야 하며, 이는 라인 11에서 `W[:,1]`로 구현되어 있다. 습도에 대한 평균과 분산은 라인 12와 13에서 각각 **havg**와 **hvar**로 하여 계산한다. 이 프로그램을 실행하면 결과는 다음과 같다.

```
0.25,0.63,0.4425 29 23 21]
tavg = 24.5
tvar = 8.75
[65 73 55 52]
havg = 61.25
hvar = 69.1875
```

통계값 계산 2

다음 자료는 네 개의 공장에서 생산된 제품을 'Pass'와 'Fail'로 구분해서 표로 정리한 것이다.

Store	Pass	Fail	Subtotal
1	5	6	a13
2	9	7	a23
3	3	5	a33
4	1	2	a43
Total	b1	b2	
Average	c1	c2	

이 표의 자료를 사용해서 $a13$, $a23$, ... 등으로 표시된 부분을 계산해서 채우고자 한다. 먼저 주어진 표에서의 자료를 다음과 같이 크기가 4×2인 행렬 A에 할당해서 사용하기로 한다.

$$\mathbf{A} = \begin{bmatrix} 5 & 6 \\ 9 & 7 \\ 3 & 5 \\ 1 & 2 \end{bmatrix}$$

이 행렬을 사용하여 다양한 합계와 평균값을 계산해야 한다. 예를 들어, 표에서 $a13$의 값은 행렬 A에서 첫 번째 행의 합을 의미한다. 즉, $a13$, $a23$, $a33$, $a43$ 등은 각각의 행에 속한 요소들의 합을 계산해서 얻을 수 있다. 행렬에서 특정 행의 요소들을 모두 합산하는 데 있어서 여러 가지 방법들이 있으나, 예를 들어, 첫 번째 행의 요소는 `A[0]`으로 조회할 수 있다. 또한, 요소의 합은 `np.sum(A[0])`로 계산할 수 있다. 다음 프로그램은 이러한 방식으로 각 행의 합을 계산하는 내용이다.

```
# Example
import numpy as np

A = np.array([[5,6],[9,7],[3,5],[1,2]])
```

```

a13 = np.sum(A[0])
a23 = np.sum(A[1])
a33 = np.sum(A[2])
a43 = np.sum(A[3])

print(a13,a23,a33,a43)
```

이 프로그램을 실행하면 **11 16 8 3**와 같은 결과를 얻게되어 $a13$, $a23$, $a33$, $a43$의 값을 구할 수 있게 된다.

다음은 제품의 합격pass과 불합격fail에 대한 갯수의 합을 각각 계산하기로 한다. 이를 위해서는 행렬에서 각 열에 대한 합을 계산하면 된다. 다음 프로그램은 각 열의 합을 계산하는 내용이다.

```
1   # Example
2   import numpy as np
3
4   A = np.array([[5,6],[9,7],[3,5],[1,2]])
5
6   b1 = np.sum(A[:,0])
7   b2 = np.sum(A[:,1])
8   print(f'b1 = {b1}')
9   print(f'b2 = {b2}')
10
11  c1 = np.average(A[:,0])
12  c2 = np.average(A[:,1])
13  print(f'c1 = {c1}')
14  print(f'c2 = {c2}')
```

라인 6-7에서, 행렬의 각 열에 대한 합과 평균을 구하는 데 있어서, Pass에 속한 열을 조회하기 위해서, A[:,0]으로 하고, Fail에 관한 열은 A[:,1]로 한다. 그리고, Pass 열과 Fail 열에 대한 각각의 평균은 np.average()를 사용한다. 이 프로그램을 수행하면, b1 = 18, b2 = 20, c1 = 4.5, c2 = 5.0을 얻을 수 있다.

위의 예제들을 통해서 테이블 형태로 주어진 데이터에 접근하여 필요한 평균과 분산등의 기초 통계값을 구하는 방법을 설명하였다. 물론 현실에서는 엄청난 양의 데이터를 다루어야 하겠지만, 기본적인 원리는 여기서 학습한 것과 동일하다.

고급 기법*

Numpy에서 제공하는 합과 평균을 구하는 함수 np.sum()과 np.average() 등에서는 고급 기능을 사용할 수 있다. 물론, 이 내용은 반드시 알아야 하는 것은 아니나, 관심이 있는 독자들은 학습하기를 권한다. 이 방식은 이해하기가 조금 어렵기는 하지만, 일단 익숙해지면 편리하고, 프로그램을 간결하게 만들 수 있다. 다음 프로그램에서는 행렬 A 에서 각 행에 대한 합을 구하는 내용이다.

```
1  import numpy as np
2
3  A = np.array([[5,6],[9,7],[3,5],[1,2]])
4
5  a13, a23, a33, a43 = np.sum(A,axis=1)
6  print(a13,a23,a33,a43)
```

라인 5에서는 np.sum(A,axis=1)를 사용하여 각 행의 합을 구하였다. 앞 절에서의 프로그램과 비교하면 같은 결과를 내는 데 있어서 훨씬 간결하게 표현할 수 있음을 알 수 있다. 여기서 axis = 1은 간단하게 말하면, 합을 수행하되, 행 방향으로 하라는 의미이다. 다음은 유사한 방식으로 열에 대한 계산을 하는 프로그램이다.

```
1  import numpy as np
2
3  A = np.array([[5,6],[9,7],[3,5],[1,2]])
4
5  b1, b2 = np.sum(A,axis=0)
6  print(f'b1 = {b1}')
7  print(f'b2 = {b2}')
8
9  c1, c2 = np.average(A,axis=0)
10 print(f'c1 = {c1}')
11 print(f'c2 = {c2}')
```

라인 5와 라인 9에서는 합과 평균을 적용하는 데 있어서 이번에는 `axis = 0`을 사용하였는데 이는 행렬에서의 열의 방향을 의미하기 때문이다. 따라서, 이러한 기법을 사용하면 복잡한 계산을 간결하게 표기할 수 있다는 장점이 있다.

7.6 연습문제

1. 다음에 주어진 데이터를 참조하여 각 행에서의 합 $a13$, $a23$, $a33$, $a43$을 계산하는 프로그램을 작성하고 실행 결과를 보이시오.

Store	Pass	Fail	Subtotal
1	50	6	a13
2	90	7	a23
3	30	5	a33
4	10	2	a43

2. 다음에 주어진 데이터를 참조하여 각 행에서의 합 $a13$, $a23$, $a33$, $a43$을 계산하는 프로그램을 작성하고 실행 결과를 보이시오.

Store	Pass	Fail	Subtotal
1	5	60	a13
2	9	70	a23
3	3	50	a33
4	1	20	a43

3. 다음에 주어진 데이터를 참조하여 각 열에서의 합과 평균 $b1$, $b2$, $c1$, $c2$을 계산하는 프로그램을 작성하고 실행 결과를 보이시오.

Store	Pass	Fail
1	59	6
2	98	7
3	37	5
4	16	2
Total	$b1$	$b2$
Average	$c1$	$c2$

4. 다음에 주어진 데이터를 참조하여 각 열에서의 합과 평균 $b1$, $b2$, $c1$, $c2$을 계산하는 프로그램을 작성하고 실행 결과를 보이시오.

Store	Pass	Fail
1	5	16
2	9	17
3	3	15
4	1	12
Total	b1	b2
Average	c1	c2

5. 다음에 주어진 데이터를 참조하여 각 열에서의 합과 평균 *b*1, *b*2, *c*1, *c*2을 계산하는 프로그램을 작성하고 실행 결과를 보이시오.

Store	Pass	Fail
1	5	26
2	9	27
3	3	25
4	1	22
Total	b1	b2
Average	c1	c2

6. 다음에 주어진 데이터를 참조하여 각 행에서의 합 *a*13, *a*23, *a*33, *a*43과 각 열에서의 합과 평균 *b*1, *b*2, *c*1, *c*2을 계산하는 프로그램을 작성하고 실행 결과를 보이시오.

Store	Pass	Fail	Subtotal
1	51	6	a13
2	91	7	a23
3	31	5	a33
4	11	2	a43
Total	b1	b2	
Average	c1	c2	

7. 다음에 주어진 데이터를 참조하여 각 행에서의 합 *a*13, *a*23, *a*33, *a*43과 각 열에서의 합과 평균 *b*1, *b*2, *c*1, *c*2을 계산하는 프로그램을 작성하고 실행 결과를 보이시오.

Store	Pass	Fail	Subtotal
1	35	6	a13
2	39	7	a23
3	33	5	a33
4	31	2	a43
Total	b1	b2	
Average	c1	c2	

8. 다음에 주어진 데이터를 참조하여 각 행에서의 합 $a13$, $a23$, $a33$, $a43$과 각 열에서의 합과 평균 $b1$, $b2$, $c1$, $c2$을 계산하는 프로그램을 작성하고 실행 결과를 보이시오.

Store	Pass	Fail	Subtotal
1	5	36	a13
2	9	37	a23
3	3	35	a33
4	1	32	a43
Total	b1	b2	
Average	c1	c2	

9. 다음에 주어진 데이터를 참조하여 각 행에서의 합 $a13$, $a23$, $a33$, $a43$과 각 열에서의 합과 평균 $b1$, $b2$, $c1$, $c2$을 계산하는 프로그램을 작성하고 실행 결과를 보이시오.

Store	Pass	Fail	Subtotal
1	5	96	a13
2	9	97	a23
3	3	95	a33
4	1	92	a43
Total	b1	b2	
Average	c1	c2	

10. 다음에 주어진 데이터를 참조하여 각 행에서의 합 *a*13, *a*23, *a*33, *a*43과 각 열에서의 합과 평균 *b*1, *b*2, *c*1, *c*2을 계산하는 프로그램을 작성하고 실행 결과를 보이시오.

Store	Pass	Fail	Subtotal
1	75	6	a13
2	69	7	a23
3	53	5	a33
4	41	2	a43
Total	b1	b2	
Average	c1	c2	

CHAPTER 08

수치미분

수치미분은 해석적인 미분이 불가능하거나 데이터를 사용하여 미분을 반드시 수행해야 하는 상황에서 수치해석적으로 미분을 수행하는 것이다. 예를 들어, 함수 $f(x) = x^2$에 대한 해석적인 미분은 $f'(x) = 2x$로서 어렵지 않게 구할 수 있다. 그러나, 컴퓨터에서는 이러한 방식으로 미분을 수행하지 못하므로, 해석적인 방법이 아닌 다른 방법을 찾아야 한다. 또 하나의 수치미분이 필요한 분야는 미분 대상이 일반적인 함수가 아닌 데이터로 주어지는 경우이다. 데이터는 직접적으로 해석적인 미분을 수행하기가 어려우므로 수치해석적인 접근이 필요하다.

수치미분은 해석적인 미분 대신에 근사적인 미분을 할 수 있는 차분식을 사용하는 방법으로 미분을 수행하며, 그림 8.1에서는 수치미분의 개략도를 보여주고 있다. 수치미분의 골격은 6장에서 학습한 Taylor 급수로부터 구성된다. 이번 장에서는 다음과 같은 세 가지의 1차 도함수에 대한 차분식을 중심으로 설명하기로 한다.

- 전진차분forward difference 식

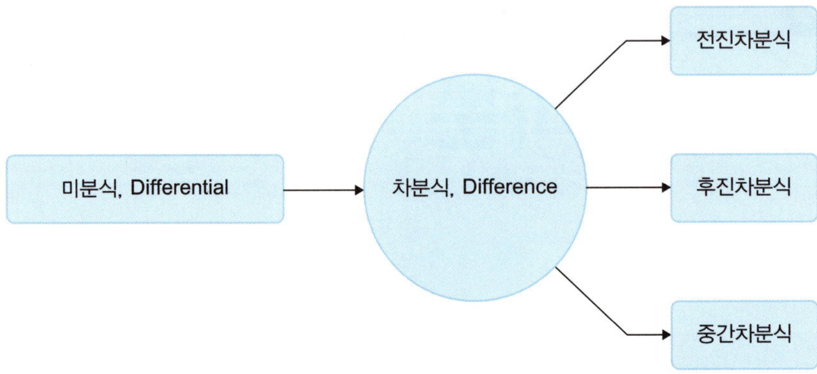

그림 8.1 수치미분의 개념: 미분식의 차분식으로의 변환

- 후진차분backward difference 식
- 중간차분central difference 식

8.1 전진차분 식

함수 $f(x)$의 Taylor 급수는 다음과 같다. 이것은 6장에서 유도한 Talyor 급수와 약간 다른 형태이다. 즉, 다음 식은 x_{i+1}에서의 값에 관심을 두고 구한 것이라고 볼 수 있다.

$$f(x_{i+1}) \approx f(x_i) + hf'(x_i) + h^2\frac{f''(x_i)}{2!} + h^3\frac{f'''(x_i)}{3!} + \cdots \tag{8.1}$$

여기서 $x_{i+1} = x_i + h$이며, 따라서 $h = x_{i+1} - x_i$이다. 1차 도함수 $f'(x)$는 위 식에서 h^2 항 이상을 무시하면 다음과 같이 쓸 수 있으며, 이를 전진차분forward difference 식이라고 한다. 이 식의 오차는 $O(h)$로 간주된다.

$$f'(x_i) = \frac{f(x_{i+1}) - f(x_i)}{x_{i+1} - x_i} = \frac{f(x_{i+1}) - f(x_i)}{h} \tag{8.2}$$

수치미분은 미분식differential을 차분식difference으로 변환하여 근사적으로 표시하는 것으로 이해될 수 있다.

8.2 후진차분 식

1차 미분은 다음과 같은 현재 값을 가지고 이전 값을 계산하는 방식으로 구할 수 있으며 이에 대한 Taylor 급수는 다음과 같다.

$$f(x_{i-1}) \approx f(x_i) - hf'(x_i) + h^2\frac{f''(x_i)}{2!} - h^3\frac{f'''(x_i)}{3!} + \cdots \tag{8.3}$$

1차 도함수는 위 식에서 h^2 항 이상을 무시하면 다음과 같이 쓸 수 있으며 이를 후진차분backward difference 식이라고 한다.

$$f'(x_i) = \frac{f(x_i) - f(x_{i-1})}{x_i - x_{i-1}} = \frac{f(x_i) - f(x_{i-1})}{h} \tag{8.4}$$

후진차분 식을 유도하는 과정에서 h^2 항 이상을 절단하였으므로 이 식의 오차는 $O(h)$로 간주된다. 전진차분 식과 후진차분 식은 미분 대상의 시점이 다를 뿐 동일한 공식이라고 볼 수 있다. 두 차분식은 또한 동일한 오차 $O(h)$를 갖는다.

8.3 중간차분 식

전진차분과 후진차분 이외에도 다른 방식으로 표현되는 수치미분 식이 존재한다. 중간차분centered difference 식은 두 개의 Taylor 급수 식을 사용하여 유도할 수 있다. 식 (8.1)에서 식 (8.3)을 빼면 다음과 같다.

$$f(x_{i+1}) - f(x_{i-1}) = 2hf'(x_i) + \frac{2}{3!}h^3 f'''(x_i) + \cdots \tag{8.5}$$

여기서 h^3 항 이상을 무시하고, $f'(x_i)$에 대해서 정리하면 다음과 같은 중간차분 식을 얻는다.

$$f'(x_i) = \frac{f(x_{i+1}) - f(x_{i-1})}{2h} \tag{8.6}$$

단, 각 구간의 크기가 h로 동일하다고 가정하였다. 중간차분식의 오차는 $O(h^2)$이 되어, 전진차분식이나 후진차분식에 비해서 더 정확한 결과를 줄 수 있다.

8.4 수치미분 식의 비교

그림 8.2에서는 앞에서 설명한 세 가지의 수치미분 식에대한 개념적인 내용을 보여주고 있다. 그림의 왼쪽부터 후진차분 식은 현재와 과거의 자료를 이용하여 정의된다고 볼 수 있고, 중간차분 식은 과거와 미래, 그리고 전진차분 식은 현재와 미래에 연관되어 있다고 생각할 수 있다.

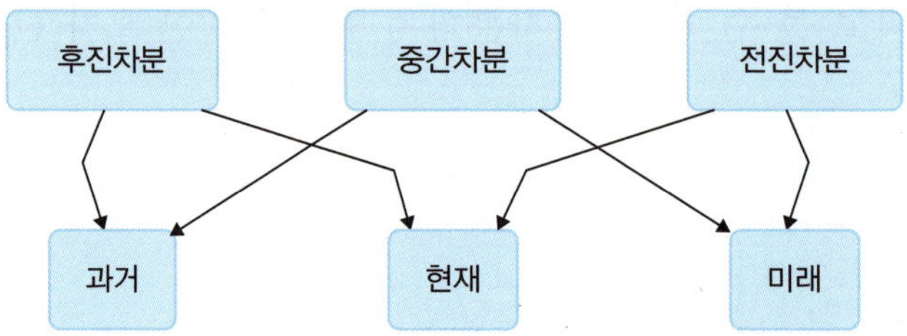

그림 8.2 수치미분에대한 전진차분, 후진차분, 중간차분 식의 개념도

예제 1

수치미분에 대한 예제로서 함수 $f(x) = xe^{-x}$에 대한 $x_i = 1.2$에서의 미분 값을

전진차분, 후진차분 그리고 중간차분 식으로 계산하고 이를 해석적인 값과 비교하기로 한다. 함수에 대한 해석적인 미분은 $f'(x) = -(x-1)e^{-x}$이다. 여기서 $h = 0.1$로 하면 $x_{i+1} = x_i + h = 1.3$, $x_{i-1} = x_i - h = 1.1$로 계산된다. 아래 그림은 주어진 함수와 도함수를 $x_i = 1.2$ 근방에서 나타낸 것이다. 각 점의 값들을 식 (8.2), 식 (8.4), 식 (8.6)에 각각 대입하면 계산하면 다음과 같은 결과를 얻는다.

- 전진차분 식

$$f'(1.2) = \frac{f(1.3) - f(1.2)}{0.1} = \frac{0.3542 - 0.3614}{0.1} = -0.0714$$

- 후진차분 식

$$f'(1.2) = \frac{f(1.2) - f(1.1)}{0.1} = \frac{0.3614 - 0.3661}{0.1} = -0.0473$$

- 중간차분 식

$$f'(1.2) = \frac{f(1.3) - f(1.1)}{2 \times 0.1} = \frac{0.3542 - 0.3661}{0.2} = -0.0593$$

주어진 예제에서 세 개의 근사식을 사용하여 1차 도함수 값을 계산한 결과를 표로 정리하면 다음과 같다.

수치미분	전진차분	후진차분	중간차분	엄밀해
$f'(1.2)$	−0.0714	−0.0473	−0.0593	−0.0602
오차 (%)	18.56	21.56	1.50	0

위의 결과에서 볼 때 전진차분과 후진차분에서의 오차는 상당히 큰 반면에 중간차분에서는 1.5% 정도의 오차를 보인다. 물론, 각 점의 간격 h를 작게 만들어서 오차를 개선할 수 있다. 그러나, 그러한 경우라도 중간차분 식은 $O(h^2)$의 오차를 가지므로 전진차분과 후진차분에 의한 결과보다 정확하다고 볼 수 있다.

그림 8.3은 예제에서 사용한 함수 $f(x) = xe^{-x}$와 도함수 $f'(x) = -(x-1)e^{-x}$를 x = 1.2를 포함한 구간에서 도시한 것이다. 현시점인 x = 1.2에서의 좌우 근방에 급격한 값의 변화가 있을 경우에는 미분값에 상당한 영향을 미치게 되며, 전진차분과 후진차분 식을 이용한 결과에 상당한 차이가 있을수 있다. 다음은 전진차분, 후진차분 그리고 중간차분 식을 각각 프로그래밍한 것이다.

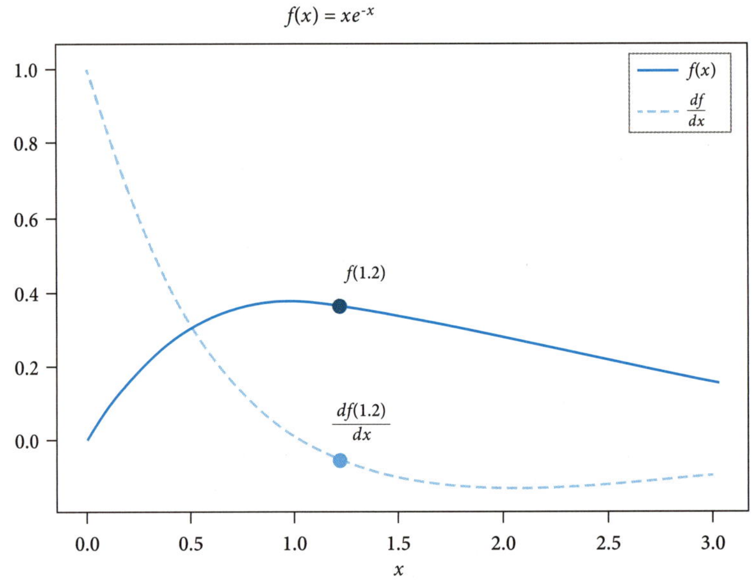

그림 8.3 x = 1.2에서의 $f(x) = xe^{-x}$와 1차 도함수

```
import numpy as np

# Functions
def f(x):
    return x*np.exp(-x)

# Foward difference
def fordiff(xi):
```

```
9       xpi = xi + h
10      fdf = (f(xpi) - f(xi))/h
11      return fdf
12
13  # Backward difference
14  def bacdiff(xi):
15      xmi = xi - h
16      bdf = (f(xi) - f(xmi))/h
17      return bdf
18
19  # Central difference
20  def cendiff(xi):
21      xpi = xi + h
22      xmi = xi - h
23      cdf = (f(xpi) - f(xmi))/(2*h)
24      return cdf
25
26  h = 0.1
27  xi = 1.2
28
29  print(f'forward diff: {fordiff(xi):0.4f}')
30  print(f'backward diff: {bacdiff(xi):0.4f}')
31  print(f'centered diff: {cendiff(xi):0.4f}')
```

이 프로그램에서 라인 4-5에서는 미분을 수행할 함수 $f(x) = xe^{-x}$를 정의한다. 라인 8-11에서는 전진차분 식을 함수 `fordiff()`로 코딩하였다. 여기서 `xi`는 x_i, `xpi`는 x_{i+1}, `xmi`는 x_{i-1}을 의미한다. 라인 14-17에서는 후진차분 식을 함수 `bacdiff()`로 하였다. 라인 20-24에서는 중간차분 식을 `cendiff()`로 하여 코딩하였다. 라인 26에서 $h = 0.1$로 주었으며, 현시점 x_i의 값을 1.2로 하였다. 프로그램을 실행하면 결과는 다음과 같다.

```
forward diff: -0.0714
backward diff: -0.0473
centered diff: -0.0593
```

본문에서는 함수에 대한 도함수를 수치미분의 형식으로 근사화시키는 방법을 설명하였다. 또한, 함수가 아닌 데이터로 주어진 경우에도 정확하게 동일한 식을 사용하여 도함수를 구할 수 있다. 또한, 여기서는 다루지 않았지만, 도함수에 관한 근사식은 다양한 종류가 있다. 또한, 2차 이상의 도함수를 직접적으로 근사하는 식들도 다수 존재한다.

8.5 데이터에 대한 미분

앞에서는 함수에 대한 수치미분을 학습하였다. 그러나, 실제로는 다양한 실험이나, 측정에의한 데이터를 사용해서 미분값을 구해야 할 필요도 자주 있다. 예를 들어, 다음 표에 있는 데이터는 드론의 위치를 레이더로 매초마다 측정한 것이다. 물리학 법칙에 따라서, 위치의 시간에 대한 변화는 속도로 정의된다. 즉, 수치미분 공식을 사용하여 드론의 속도를 계산하는 것이 가능하다.

Time (sec)	Location(m)
1	1.5
2	1.3
3	1.2
4	1.1

예를 들어, t = 2sec에서의 드론의 속도는 다음과 같이 세 가지의 수치미분 식을 이용하여 계산이 가능하다.

$$\frac{dx}{dt}|_F \approx \frac{x(3)-x(2)}{3-2} = \frac{1.2-1.3}{3-2} = -0.1\ m/sec^2$$
$$\frac{dx}{dt}|_B \approx \frac{x(2)-x(1)}{2-1} = \frac{1.3-1.5}{2-1} = -0.2\ m/sec^2$$
$$\frac{dx}{dt}|_C \approx \frac{x(3)-x(1)}{3-1} = \frac{1.2-1.5}{3-1} = -0.15\ m/sec$$

여기서, $x(1)$, $x(2)$, $x(3)$는 각각 $t=1$, $t=2$, $t=3$일 때의 위치이며, 아랫첨자 F, B, C는 전진차분, 후진차분, 그리고 중간차분 식을 각각 의미한다. 이 결과에서 세 가지의 수치미분 식은 각각 다른 결과를 준다. 따라서, 해석적인 함수가 주어지지 않고 오직 데이터만을 사용하여 얻은 결과로서 수치미분 결과의 정확도를 가늠하기가 어렵다. 이러한 경우에는, 드론에 내장된 GPS 센서나 외부의 관측자료에 의존해서 간접적으로 파악할 수밖에 없다. 다음 프로그램은 위의 데이터에 대한 세 가지 방식의 수치미분을 계산하는 것이다.

```
1   import numpy as np
2
3   x = np.array([1.5,1.3,1.2,1.1])
4
5   # dxdt at t = 2
6   dxdt_f = (x[2] -  x[1])/(2-1)
7   dxdt_b = (x[1] -  x[0])/(1-0)
8   dxdt_c = (x[2] -  x[0])/(3-1)
9
10  print(f'forward = {dxdt_f:0.4f} m/sec')
11  print(f'backward = {dxdt_b:0.4f} m/sec')
12  print(f'central = {dxdt_c:0.4f} m/sec')
```

이 프로그램에서 라인 3에서는 데이터를 변수에 할당하고 있다. 라인 6-8에서는 세 개의 수치미분 식을 코딩하고 있다. 이 프로그램을 실행하면 결과는 다음과 같다.

```
forward = -0.1000 m/sec
backward = -0.2000 m/sec
central = -0.1500 m/sec
```

8.6 수치미분의 유용성

수치미분의 유용성은 다음과 같이 정리할 수 있다.

- 수치미분은 해석적으로 미분이 불가능한 대상, 복잡한 함수나 데이터, 에 대하여 차분식을 사용하여 근사적인 미분을 수행하는 것이다.
- 인공신경망 등에서는 데이터를 적합하기 위해서 목적함수의 최적값을 구해야 할 필요가 있는데, 이때에 복잡한 함수와 대용량의 데이터에 대해서 수치미분의 활용이 필수적이다.
- 일반적으로는 수치미분의 활용 사례가 잘 보이지 않을 수도 있으나, 물리적 법칙이 적용되는 분야에서는 수치미분의 적용이 필연적이다. 에를 들어, 드론의 위치를 사용한 속도 계산 등이 있다.

8.7 연습문제

1. 함수 $f(x) = \sqrt{x}$에 대한 1차 도함수를 $x = 3.0$에서 전진차분, 후진차분, 중간차분 식을 사용하여 각각 계산하고 해석적인 결과와 비교하시오. 단 $h = 1.0$이며, $f'(x) = \frac{1}{2\sqrt{x}}$이다.
2. 함수 $f(x) = 3\log(x)$ 에 대한 1차 도함수를 $x = 5.0$에서 전진차분, 후진차

분, 중간차분 식을 사용하여 각각 계산하고 해석적인 결과와 비교하시오. 단 *log*함수는 자연로그이다. 단 $h = 1.0$이며, $f'(x) = \frac{3}{x}$이다.

3. 함수 $f(x) = e^x \cos(x)$에 대한 1차 도함수를 $x = 1.0$에서 전진차분, 후진차분, 중간차분 식을 사용하여 각각 계산하고 해석적인 결과와 비교하시오. 단 $h = 1.0$이며, $f'(x) = e^x(\cos(x) - \sin(x))$이다.

4. 함수 $f(x) = e^x \sin(x)$에 대한 1차 도함수를 $x = 1.0$에서 전진차분, 후진차분, 중간차분 식을 사용하여 각각 계산하고 해석적인 결과와 비교하시오. 단 $h = 1.0$이며, $f'(x) = e^x(\sin(x) + \cos(x))$이다.

5. 함수 $f(x) = x\cos(2x)$에 대한 1차 도함수를 $x = 1.0$에서 전진차분, 후진차분, 중간차분 식을 사용하여 각각 계산하고 해석적인 결과와 비교하시오. 단 $h = 1.0$이며, $f'(x) = \cos(2x) - 2x\sin(2x)$이다.

6. 다음 데이터를 사용하여 $x = 3$에서의 미분값을 계산하시오. 단, 전진차분, 후진차분, 그리고 중간차분 식을 이용하여 계산하고 비교하시오.

x	$f(x)$
1	3.1
2	3.5
3	4.2
4	4.7

7. 다음 데이터를 사용하여 $x = 2$에서의 미분값을 계산하시오. 단, 전진차분, 후진차분, 그리고 중간차분 식을 이용하여 계산하고 비교하시오.

x	$f(x)$
1	5.1
2	7.5
3	9.1
4	9.3

8. 다음 데이터를 사용하여 $x = 2$에서의 미분값을 계산하시오. 단, 전진차분, 후진차분, 그리고 중간차분 식을 이용하여 계산하고 비교하시오.

x	$f(x)$
1	3.1
2	3.5
3	4.2
4	4.7

9. 다음 데이터를 사용하여 $x = 3$에서의 미분값을 계산하시오. 단, 전진차분, 후진차분, 그리고 중간차분 식을 이용하여 계산하고 비교하시오.

x	$f(x)$
1	2.9
2	3.5
3	2.2
4	1.7

10. 다음 데이터를 사용하여 $x = 3$에서의 미분값을 계산하시오. 단, 전진차분, 후진차분, 그리고 중간차분 식을 이용하여 계산하고 비교하시오.

x	$f(x)$
1	8.9
2	9.5
3	7.2
4	5.7

CHAPTER 09

보간법

예를들어, 매시간마다 자동으로 온도를 측정해주는 기기를 작동시키고 있다고 하자. 그런데 알지못하는 원인으로 인해서 특정 시간의 온도 측정이 누락되었다면, 다시 그 시점으로 가서 온도를 재측정하는 것은 불가능하다. 이런 경우는 누락된 시점의 전후에 측정된 온도를 사용하여 추정하는 방법을 사용한다. 주어진 데이터 값이 충분히 신뢰할 수 있을만큼 정확하다고 간주될 수 있다면, 때로는 그 사잇값을 계산해야 할 필요가 있다. 이러한 경우에는 이미 알고 있는 값을 사용하여 그 사잇값을 추정하는 방법이 필요한데 이를 보간법interpolation이라고 한다. 즉, 보간법은 알고 있는 데이터를 사용하여 그 사이에 있는 알려지지 않은 또는 측정되지 않은 데이터에 대한 추정값을 구하는 것이 주 목적이다. 이번 장에서는 보간법에 대하여 다음과 같은 내용으로 설명하고자 한다.

- 선형 보간법
- 다항식 보간법
- Lagrange 보간법

9.1 선형 보간법

선형 보간법linear interpolation은 가장 기본적이면서도 간편한 계산으로 인해서 널리 사용되고 있다. 두 개의 예제를 통해서 선형 보간법의 내용을 설명하기로 한다.

예제 1

예를 들어, 제곱근인 $\sqrt{2} = 1.414$와 $\sqrt{3} = 1.732$의 값은 이미 알고 있다고 간주한다. 이때 $\sqrt{2.3}$의 값을 계산할 필요가 있으나, 제곱근 계산 기능이 없는 휴대용 계산기를 가지고 있다 가정하자. 아래 표에서 볼 수 있듯이 $\sqrt{2}$와 $\sqrt{3}$ 사이의 값 $\sqrt{2.3}$을 계산하기 위해서는 적절한 근사식이 필요하다.

x	2	2.3	3
$f(x)$	1.414	?	1.732

이를 위해서 가장 기본적인 방식은 두 점 사이를 직선으로 잇는 방법이다. 즉, (2, 1.414)와 (3, 1.732)의 두 점을 직선으로 연결했을 때를 가정하여 직선의 방정식을 다음과 같이 놓는다.

$$f(x) = \beta_0 + \beta_1 x \tag{9.1}$$

여기서 β_0와 β_1은 선형 방정식의 미지계수이다. 식 (9.1)을 사용하여 필요한 사잇값을 얻어내는 방법을 선형 보간법이라고 한다. 위 표에서 주어진 알려진 두 개의 데이터 점을 식 (9.1)에 입력하면 다음과 같다.

$$1.414 = \beta_0 + \beta_1 \times 2$$

$$1.732 = \beta_0 + \beta_1 \times 3$$

두 식을 β_0과 β_1에 대하여 풀면 결과는 다음과 같다.

$$\beta_0 = 0.778, \quad \beta_1 = 0.318$$

이 결과를 식 (9.1)에 대입하면 선형 보간식은 다음과 같이 결정된다.

$$f(x) = 0.778 + 0.318x$$

이 식에 알고자 하는 지점 $x = 2.3$을 대입하면 $f(2.3) = 1.509$가 되며, 이는 $\sqrt{2.3}$ 값을 선형보간법으로 계산한 것이다. 엄밀해 $\sqrt{2.3} = 1.516...$와의 차이에 의한 오차는 약 0.47%이다.

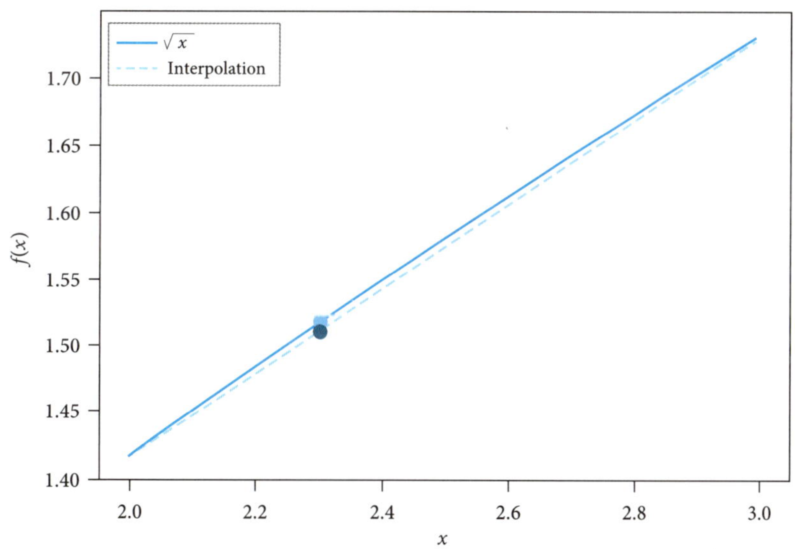

그림 9.1 $x = 2.3$에서 실제값과 $\sqrt{x}$에 대한 선형 부간법에 의한 결과와의 비교

이때, 그림 9.1에서 보는 바와 같이 비교적 오차가 작은 이유는 제곱근의 특성이 x에 따라서 거의 직선적인 변화를 한다는 데 있다. 또한, 계산하는데 있어서 소숫점 세자리까지만 사용하였으므로, 사용하는 자릿수를 늘리면, 오차는 더 작아질 것으로 생각한다. 선형 보간법에서는 데이터 사이의 값이 선형적으로 변

한다는 것을 가정하였음을 유의해야 한다. 만일 비선형적인 데이터 형태에 선형 보간법을 사용하면 상대적으로 큰 오차가 발생할 것이다.

앞에서의 내용을 일반화하면, 선형 보간법에서는 두 점 사이를 선형으로 변한다고 간주하므로, 두 점 $(x_0, f(x_0))$와 $(x_1, f(x_1))$를 잇는 직선의 방정식은 다음과 같이 주어지며 이 식을 선형 보간식이라고 한다.

$$f(x) = f(x_0) + \frac{f(x_1) - f(x_0)}{x_1 - x_0}(x - x_0) \tag{9.2}$$

여기서,

$$\beta_0 = f(x_0) - \left[\frac{f(x_1) - f(x_0)}{x_1 - x_0}\right] x_0$$
$$\beta_1 = \frac{f(x_1) - f(x_0)}{x_1 - x_0}$$

다음은 주어진 데이터를 사용하여 $x = 2.3$에서의 제곱근의 근사값을 계산하는 프로그램이다.

```
# Linear interpolation

def lininterp(x):
    equ = f0 + (f1 - f0)/(x1 - x0) * (x - x0)
    return equ

x0 = 2.0
x1 = 3.0
f0 = 1.414
f1 = 1.732

xw = 2.3

intp = lininterp(xw)

print(f'f(x) = {intp:0.3f}')
```

이 프로그램에서 라인 3-5에서 선형 보간식 식 (9.2) `lininterp()`로 설정한다. 라인 7-10은 보간을 위한 구간을 만드는 두 개의 점을 각각 정의하고 있다. 라인 12에서는 보간점을 지정하고 있다. 라인 14에서는 보간의 결과를 변수 `intp`에 할당한다. 이 프로그램을 실행하면 결과는 다음과 같다.

```
f(x) = 1.509
```

예제 2

두 번째 예로서, 근사하고자 하는 방정식이 $f(x) = xe^{-x}$으로 주어졌을 때 $x =$ 3.3에서의 근사값을 구하는 문제를 생각해 보기로 한다. 이 문제를 표로 만들면 다음과 같다.

x	2	3.3	5
$f(x)$	0.2706	?	0.0336

이 문제에대한 선형 보간 프로그램은 다음과 같다.

```
def lininterp(x):
    equ = f0 + (f1 - f0)/(x1 - x0) * (x - x0)
    return equ

x0 = 2.0
x1 = 5.0
f0 = 0.2706
f1 = 0.0336

xw = 3.3

```

```
12  intp = lininterp(xw)
13
14  print(f'f(x) = {intp:0.4f}')
```

이 프로그램에서 라인 1-3에서 선형 보간식 식 (9.2)를 `lininterp()`로 설정한다. 라인 5-8은 보간을 위한 구간을 만드는 두 개의 점을 각각 정의하고 있다. 라인 10에서 보간점을 지정하고 있다. 라인 12에서는 보간의 결과를 변수 `intp`에 할당한다. 이 프로그램을 실행하면 결과는 다음과 같다.

```
f(x) = 0.1679
```

그런데 x = 3.3일 때의 실제 함수값은 0.1217이므로 보간법에 의한 결과와의 오차는 무려 38% 정도나 된다.

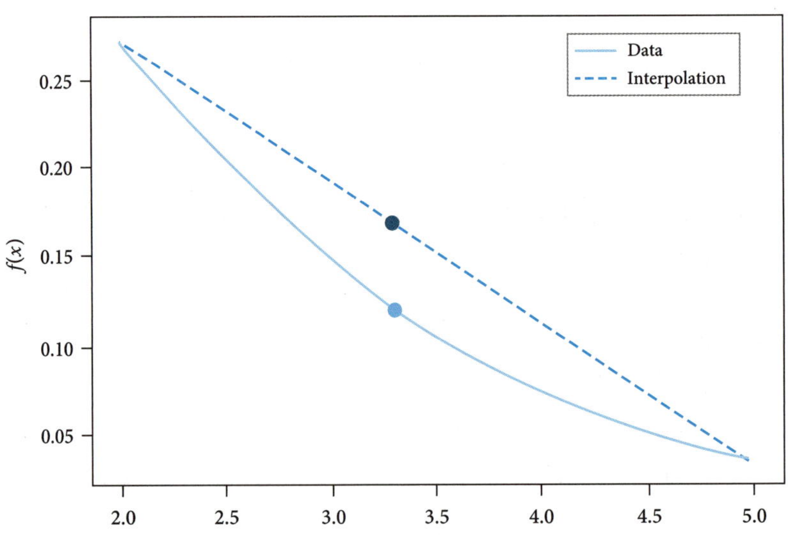

그림 9.2 x = 3.3에서의 xe^{-x}에 대한 선형 보간 결과와 실제값의 비교

그림 9.2를 통해서도 실제값과 보간법에 의해서 구한 값이 큰 차이가 남을 알 수 있다. 이러한 오차의 이유는 그림에서 보는 바와 같이 실제 함수는 곡선의 형태를 띠고 있으나, 선형보간법에서는 두 점을 잇는 구간을 직선으로 간주하였기 때문이다. 따라서 보간법에 의한 오차를 줄이기 위해서는 곡선 부분을 반영할 수 있는 보간 방정식이 필요하게 된다.

9.2 다항식 보간법

앞에서 선형 보간식을 사용한 결과로 발생한 오차는 데이터의 두 점 사이를 직선으로 근사했기때문이다. 따라서 사용하는 보간식의 차수를 높여서 다항식의 형태로 곡선의 부분을 감당할 수 있게 한다면 오차를 줄일 수 있을 것으로 기대하며 이를 다항식 보간법polynomial interpolation이라고 한다. 여기서는 2차 함수를 사용하여 다음과 같이 보간식을 정의하였다.

$$f(x) = \beta_0 + \beta_1(x - x_0) + \beta_2(x - x_0)(x - x_1) \tag{9.3}$$

식 (9.3)에서 보는 바와 같이 2차 보간식에서는 3개의 데이터$(x_0, f(x_0))$, $(x_1, f(x_1))$, $(x_2, f(x_2))$ 를 사용하여 3개의 미지수 β_0, β_1, β_2를 결정하게 된다. 3개의 데이터를 식 (9.3)에 대입하면 다음과 같다.

$$f(x_0) = \beta_0$$

$$f(x_1) = \beta_0 + \beta_1(x_1 - x_0)$$

$$f(x_2) = \beta_0 + \beta_1(x_2 - x_0) + \beta_2(x_2 - x_0)(x_2 - x_1)$$

이 연립방정식을 β_0, β_1, β_2에 대하여 풀면 다음과 같다.

$$\beta_0 = f(x_0)$$

$$\beta_1 = \frac{f(x_1) - f(x_0)}{x_1 - x_0}$$

$$\beta_2 = \frac{\frac{f(x_2)-f(x_1)}{x_2-x_1} - \frac{f(x_1)-f(x_0)}{x_1-x_0}}{x_2 - x_0}$$

이 식을 (9.3)에 대입하여 정리하면 2차 보간식이 완성된다.

예제

근사하고자 하는 식이 xe^{-x}일 때에 대하여 데이터가 다음과 같이 주어졌을 때 x = 3.3에서의 근사값을 구하는 문제를 생각해 보기로 한다.

x	2.0	3.3	4.0	5.0
$f(x)$	0.2706	?	0.0732	0.0336

2차 보간법을 위한 프로그램은 다음과 같다.

```
def secinterp(x):
    beta0 = f0
    beta1 = (f1 - f0)/(x1 - x0)
    beta2 = ((f2 - f1)/(x2 - x1) - (f1 - f0)/(x1 - x0))/(x2 - x0)
    equ = beta0 + beta1*(x-x0) + beta2*(x-x0)*(x-x1)
    return equ

x0 = 2.0
x1 = 4.0
x2 = 5.0
f0 = 0.2706
f1 = 0.0732
f2 = 0.0336

```

```
15 xw = 3.3
16
17 intp = secinterp(xw)
18
19 print(f'f(x) = {intp:0.4f}')
```

이 프로그램에서 라인 1-3에서 선형 보간식 식 (9.3)을 `secinterp()`로 설정한다. 라인 8-13은 보간을 위한 구간을 만드는 세 개의 점을 각각 정의하고 있다. 라인 15에서 보간점을 지정하고 있다. 라인 17에서는 보간의 결과를 변수 `intp`에 할당한다. 이 프로그램을 실행하면 결과는 다음과 같다.

```
f(x) = 0.1244
```

그런데 x = 3.3일 때의 실제 함수값은 0.1217이므로 오차는 2.2%이다. 따라서, 2차 보간법은 선형 보간법에 비해서 상당한 정확도를 확보하였음을 알 수 있다.

그림 9.3에서는 2차 보간법을 수행한 결과를 실제값과 비교한 것이다. 이론적으로는 보간방정식의 차수를 올릴수록 더 복잡한 구조를 가지는 데이터를 잘 모사할 수 있을 것으로 기대된다. 그러나, 방정식의 차수가 높아질수록 과도하게 국부적인 변화에 집중하게 되어 전반적으로는 바람직하지 않은 영향을 주는 경우가 많다. 따라서, 실제로는 3차 이상의 보간 방정식은 잘 사용되지 않는다. 오히려, 하나의 고차 방정식을 사용하는 것 보다는 구간을 나누어 다수의 저차 보간방정식을 사용하는 것이 선호된다.

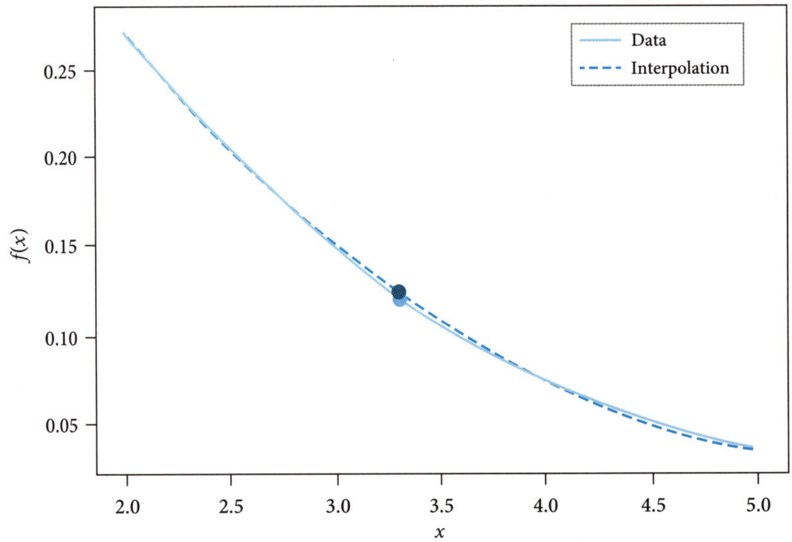

그림 9.3 $x = 3.3$에서의 xe^{-x}에 대한 2차식 보간 결과와 실제값의 비교

9.3 Lagrange 보간법

Lagrange 보간법은 앞에서 학습하였던 일반적인 보간식과 달리 보간식을 구성할 때 다음과 같이 특별한 다항식의 곱셈의 합을 사용하는 것이다.

$$f(x) = \sum_{i=0}^{n} L_i(x) f(x_i) \tag{9.4}$$

여기서

$$L_i(x) = \prod_{j=0, j\neq i}^{n} \left(\frac{x - x_j}{x_i - x_j} \right)$$

선형 보간인 $n = 1$인 경우는 식 (9.4)를 전개하면 다음과 같다.

$$f(x) = \frac{x - x_1}{x_0 - x_1} f(x_0) + \frac{x - x_0}{x_1 - x_0} f(x_1) \tag{9.5}$$

이차식을 이용한 보간인 n = 1인 경우는 식 (9.4)를 전개하면 다음과 같다.

$$
\begin{aligned}
f(x) = & \frac{(x-x_1)}{(x-x_2)}\frac{(x_0-x_1)}{(x_0-x_2)}f(x_0) + \frac{(x-x_0)}{(x_0-x_2)}\frac{(x_1-x_0)}{(x_1-x_2)}f(x_1) \\
& + \frac{(x-x_0)}{(x-x_1)}\frac{(x_2-x_0)}{(x_2-x_1)}f(x_2)
\end{aligned}
\tag{9.6}
$$

예제

다음에 주어진 데이터를 이용해서 Lagrange 선형 보간과 2차 보간법을 수행해 보기로 한다.

x	2	2.3	3	5
$f(x)$	0.2706	?	0.1493	0.0336

여기서 $f(x_0) = f(2)$, $f(x_1) = f(3)$, $f(x_2) = f(5)$이다. x = 2.3에서의 선형 보간은 식 (9.5) 다음과 같이 계산할 수 있다.

$$
\begin{aligned}
f(2.3) &= \frac{2.3-3}{2-3}f(2) + \frac{2.3-2}{3-2}f(3) \\
&= \frac{2.3-3}{2-3} \times 0.2706 + \frac{2.3-2}{3-2} \times 0.1493 \\
&= 0.2343
\end{aligned}
$$

또한, x = 2.3에서의 2차식 보간은 식 (9.6)으로부터 다음과 같이 주어진다.

$$
\begin{aligned}
f(2.3) = & \frac{(2.3-3)}{(2.3-5)}\frac{(2-3)}{(2-5)} \times 0.2706 + \frac{(2.3-2)}{(2-5)}\frac{(3-2)}{(2-5)} \times 0.1493 \\
& + \frac{(2.3-2)}{(2.3-3)}\frac{(5-2)}{(5-3)} \times 0.0336 \\
= & \ 0.2298
\end{aligned}
$$

다음은 Lagrange 선형 보간과 2차식 보간의 과정을 프로그램으로 만든 것이다.

```
1  # Lagrange interpolation
2
3  # Data
4  x0 = 2
5  x1 = 3
6  x2 = 5
7  f0 = 0.2706
8  f1 = 0.1493
9  f2 = 0.0336
10
11 # Interpolation point
12 xw = 2.3
13
14 # Linear interpolation
15 fintp = (xw - x1)/(x0 - x1)*f0 + (xw - x0)/(x1 - x0)*f1
16 print(f'f(2.6) = {fintp:0.4f}')
17
18 # Second-order interpolation
19 fintp2 = (xw - x1)*(xw - x2)/((x0 - x1)*(x0 - x2))*f0 \
20     + (xw - x0)*(xw - x2)/((x1 - x0)*(x1 - x2))*f1 \
21     + (xw - x0)*(xw - x1)/((x2 - x0)*(x2 - x1))*f2
22 print(f'f(2.6) = {fintp2:0.4f}')
```

이 프로그램에서 라인 4-9에서는 주어진 데이터를 설정하였다. 라인 12에서는 보간점을 표시하였다. 라인 15-16은 선형 Lagrange 보간식을 코딩하였다. 라인 19-21에서는 2차식을 이용한 Lagrange 보간식을 표시하였다. 이 프로그램을 실행하면, 선형 Lagrange 보간식은 `f(2.3) = 0.2343`, 2차 Lagrange 보간식은 `f(2.3) = 0.2298` 의 결과를 출력한다. 현실적으로는 보간의 기본 원리는 아는 지점을 사용하여 알지 못하는 지점을 추정하는 것으로서, 두 계산 결과의 정확도를 직접적으로 비교하기가 어렵다. 즉, 선형 Lagrange 보간과 2차 Lagrange 보간식의 직접적인 비교는 실제적으로는 큰 의미가 없다고 볼 수 있다. 그럼에도 불구하고, 일반적인 데이터의 변화추세를 볼 때 2차 보간식이 더 정확하다고 생각할 수도 있을 것이다.

9.4 보간법의 정확도

앞에서 다양한 보간식과 데이터를 사용하여 기본적인 보간법의 특성에 대해서 알아보았다. 보간법은 알지 못하는 지점 또는 실험이나 계측에서 측정되지 않은 지점에서의 값을 추정하는 것이 주 목적이므로, 정확도에 대해서 언급하기가 난해한 측면이 있다. 예를 들어, 매 시간마다의 기온을 측정한 후, 나중에 어느 시점에서의 측정이 누락되었다고 한다면, 그 시점의 온도는 결코 재측정할 수 없다. 따라서, 방정식의 해를 근사법으로 구한 뒤 비교할 대상이 없는 것과 마찬가지의 경우가 된다. 물론, 대략적인 데이터의 경향을 보면서 어느정도의 예상은 가능하겠으나, 고차의 보간식을 사용한다고 해서 무조건 더 좋은 결과를 얻을 수 있다고 기대할 수는 없다. 데이터의 특성을 먼저 살펴서, 구간을 조정하거나, 보간식의 차수를 결정하는 것이 바람직할 것이다.

9.5 연습문제

1. 다음 데이터를 이용하여 1차 보간식을 사용하여 $x = 1.8$에서의 값을 추정하시오.

x	1	2	3
$f(x)$	7	8	9

2. 다음 데이터를 이용하여 1차 보간식을 사용하여 $x = 2.3$에서의 값을 추정하시오.

x	1	2	3
$f(x)$	30	20	10

3. 다음 데이터를 이용하여 1차 보간식을 사용하여 $x = 1.1$에서의 값을 추정하시오.

x	1	2	3
$f(x)$	5	4	4

4. 다음 데이터를 이용하여 2차 보간식을 사용하여 $x = 1.7$에서의 값을 추정하시오.

x	1	2	3
$f(x)$	3	6	9

5. 다음 데이터를 이용하여 2차 보간식을 사용하여 $x = 1.8$에서의 값을 추정하시오.

x	1	2	3
$f(x)$	9	2	4

6. 다음 데이터를 이용하여 2차 보간식을 사용하여 $x = 1.9$에서의 값을 추정하시오.

x	1	2	3
$f(x)$	6	5	1

7. 다음 데이터를 이용하여 2차 보간식을 사용하여 $x = 1.3$에서의 값을 추정하시오.

x	1	2	3
$f(x)$	1	4	8

8. 다음 데이터를 이용하여 선형 Lagrange 보간식을 사용하여 $x = 1.8$에서의 값을 추정하시오.

x	1	2	3
$f(x)$	10	9	4

9. 다음 데이터를 이용하여 선형 Lagrange 보간식을 사용하여 $x = 1.5$에서의 값을 추정하시오.

x	1	2	3
$f(x)$	8	7	6

10. 다음 데이터를 이용하여 2차 Lagrange 보간식을 사용하여 $x = 1.8$에서의 값을 추정하시오.

x	1	2	3
$f(x)$	3	5	5

CHAPTER 10

수치적분

수치적분은 해석적인 적분을 구하기가 어렵거나, 적분대상이 데이터로 주어진 경우에 적분을 수행하는데 사용할 수 있다. 예를 들어 다음과 같은 적분을 수행하고자 할 때 해석적인 방법으로서는 결과를 내기가 어렵다.

$$I = \int_0^1 \frac{e^x sin(x)}{\cos(2x)+3} dx$$

수치적분이 필요한 또 하나의 예로서는 데이터에 대한 적분이 있다. 이 경우에는 적분의 대상이 함수로 주어지지 않았으므로 해석적인 방법을 그대로 적용할 수 없다. 수치적분을 위한 많은 방법이 있으나 이번 장에서는 다음과 같은 세 가지 형식을 소개하기로 한다.

- 사다리꼴 적분공식
- Simpson 적분공식
- Gauss 구적법Gaussian quadrature

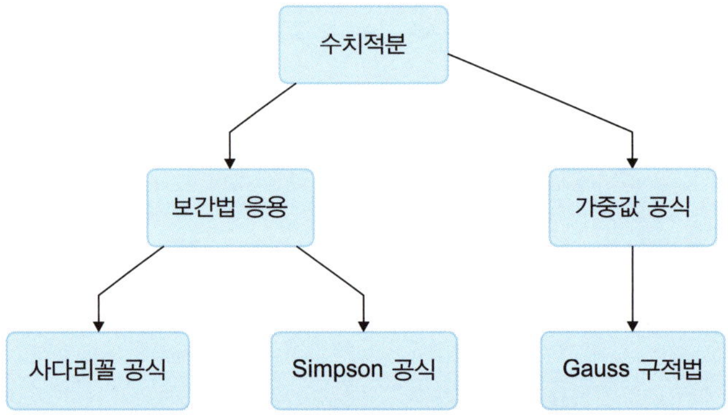

그림 10.1 수치적분의 특성에 따른 분류

그림 10.1은 수치적분의 대표적인 공식에대한 분류를 간략하게 표시한 것이다. 수치적분은 보간법을 응용하여 만든 사다리꼴 공식과 Simpson 적분공식이 있으며, 가중값의 개념을 적용한 Gauss 구적법이 있다.

10.1 사다리꼴 적분공식

사다리꼴 적분공식은 수치적분 알고리즘에서 가장 간단한 방법이라고 볼 수 있다. 이 방법에서는 수치적분을 수행하는 방법을 마치 보간법을 적용하는 것으로 생각할 수 있다. 다음과 같은 적분을 수치해석적으로 구현하는 내용을 설명하기로 한다.

$$I = \int_a^b f(x)\ dx$$

함수 $f(x)$에 대한 수치적분은 먼저 함수를 다음과 같은 표의 형태로 만드는 것부터 시작한다. 여기서는 설명의 간략화를 위해서 구간에서 세 점 x_0, x_1, x_2를 사용하여 두 개의 동일한 크기의 구간을 가지도록 하였다.

x	x_0	x_1	x_2
$f(x)$	$f(x_0)$	$f(x_1)$	$f(x_2)$

구간의 간격 $h = x_1 - x_0$와 $h = x_2 - x_1$으로 설정한다. 또는 다음과 같이 표시할 수 있다.

$$h = \frac{b-a}{2}$$

사다리꼴 적분공식에 의하면 적분의 근사값은 다음과 같이 쓸 수 있다.

$$\begin{aligned} I &\approxeq \frac{h}{2}\left[f(x_0) + f(x_1)\right] + \frac{h}{2}\left[f(x_1) + f(x_2)\right] \\ &= \frac{h}{2}\left[f(x_0) + 2f(x_1) + f(x_2)\right] \end{aligned}$$

이 식의 우변에서 $\frac{h}{2}[f(x_0) + f(x_1)]$는 하나의 사다리꼴의 면적과 동일하다. 즉, 두 변의 길이가 각각 $f(x_0)$과 $f(x_1)$이며 높이가 h인 사다리꼴의 면적이 된다. 적분을 수행하는 구간이 균등한 간격 h를 가지는 n개의 소구간으로 구성된다고 하면, 이때 함수 $f(x)$에 대한 적분은 다음과 같이 일반화될 수 있으며, 이를 사다리꼴 적분공식이라고 한다.

$$\begin{aligned} \int_a^b f(x)\,dx &\approxeq \frac{h}{2}\sum_{i=0}^{n-1}\left[f(x_i) + f(x_{i+1})\right] \\ &= \frac{h}{2}\left[f(x_0) + 2f(x_1) + 2f(x_2) + 2f(x_3) + \cdots + f(x_n)\right] \end{aligned} \tag{10.1}$$

사다리꼴 적분공식은 가장 간단한 수치해석 방법으로서 계산하기는 쉬우나 가장 정확도가 낮은 방법이다. 이를 극복하기 위해서는 적분구간을 상당히 많은 소구간으로 나누어서 계산을 수행해야 하는 단점이 있다.

예제 1

다음에 주어진 적분을 사다리꼴 적분공식으로 수행하는 방법을 설명하고자 한다.

$$I = \int_2^4 x^2 e^{-x}\, dx$$

적분 구간을 세 개의 소구간으로 구성하려면 $n = 3$으로 놓는다. 이때 $h = (b-a)/n = (4-2)/3 = 0.6666$이 되므로 각 소구간을 이루는 점의 좌표는 $x_0 = 2.0$, $x_1 = 2.6667$, $x_2 = 3.3333$, $x_3 = 4.0$이 된다. 한편, 식 (10.1)에 이를 적용하면 다음과 같다.

$$\begin{aligned}\int_a^b f(x)\, dx &\approx \frac{h}{2}\sum_{i=0}^{2}(f(x_i) + f(x_{i+1})) \\ &= \frac{h}{2}[f(x_0) + 2f(x_1) + 2f(x_2) + f(x_3)] \\ &= 0.8718\end{aligned}$$

여기서 사다리꼴 적분공식에서 사용된 각 함수의 값은 다음과 같다.

$$\begin{aligned}f(x_0) &= {x_0}^2 e^{-x_0} = 0.5413 \\ f(x_1) &= {x_1}^2 e^{-x_1} = 0.4941 \\ f(x_2) &= {x_2}^2 e^{-x_2} = 0.3963 \\ f(x_3) &= {x_3}^2 e^{-x_3} = 0.2930\end{aligned}$$

예제에서의 수치적분을 사다리꼴 적분공식으로 수행하기 위한 프로그램은 다음과 같다.

```
import numpy as np

```

```
3   def f(x):
4       return x**2*np.exp(-x)
5
6   n = 3 # number of subintervals
7   a = 2.0
8   b = 4.0
9   h = (b - a)/n
10  x = np.linspace(a,b,n+1) # number of points
11
12  sums = 0.0
13  for i in range(n):
14      sums += f(x[i]) + f(x[i+1])
15  result = h*sums/2
16  print(f'I = {result:0.4f}')
```

이 프로그램에서 라인 3-4에서는 적분을 수행할 함수 $f(x) = x^2e^{-x}$를 정의하고 있다. 라인 6-10에서는 적분의 소구간 갯수와 적분 구간, 구간의 간격, 적분점 등을 설정하고 있다. 라인 10에서는 np.linspace(text)을 사용하여 적분점을 생성하고 있다. 라인 12-15은 식 (10.1)의 사다리꼴 적분공식을 코딩한 것이다. 이 프로그램을 수행한 결과는 다음과 같다.

```
I = 0.8718
```

한편, 사다리꼴 적분공식에서 더 높은 정확도를 얻기위해서는 구간의 수를 더 증가시키면 된다.

	Exact	$n = 3$	$n = 11$
$\int_2^4 x^2e^{-x}\,dx$	0.8772	0.8718 (0.6111 %)	0.8767 (0.0467 %)

이 표에서는 사다리꼴 적분공식에서 구간의 수를 n = 3으로 한 결과와 n = 1로

한 결과를 해석적인 적분 수행값과 비교하고 있다. 소구간의 수를 증가시키면 그에따라서 적분 결과의 정확도가 향상된다. 예제에서는 0.6111%에서 0.0467%로의 개선효과를 얻을 수 있었다. 사다리꼴 적분공식은 상대적으로 계산하기가 간단하므로 대략적인 값을 얻고자 할 때 사용될 수 있으며, 정확도를 올리기 위해서는 구간을 더 많은 소구간으로 나누어서 실행해야 한다. 그러나, 적분함수에 따라서 이러한 방식은 수렴의 속도가 늦어서 정확도를 증진시키는데 있어서 큰 폭으로의 개선은 상대적으로 느리게 진행될 수도 있다. 그러므로, 보다 정확한 적분값을 얻고자 할 때에는 사다리꼴 적분공식보다는 다른 방식의 수치적분을 채택하는 경우가 많다.

10.2 Simpson 적분공식

앞에서 학습한 사다리꼴 적분공식은 보간법의 측면에서 본다면 적분 함수를 선형 보간식으로 간주하여 수치적으로 적분하는 과정이라고 볼 수 있다. 반면에, Simpson 적분공식은 2차 보간식을 사용하여 수치적분 과정을 수행한 것이다. 특별히, Simpson 적분공식에서는 구간을 이루는 소구간의 갯수가 짝수이어야 한다. 다음은 대표적인 Simpson 적분공식이며, 흔히, Simpson의 1/3 적분공식이라고도 한다. 이와 유사한 몇 가지 종류의 다른 형식이 존재한다.[7]

$$\int_a^b f(x)\,dx \approx \frac{h}{3}\left[f(x_0) + 4\sum_{i=1}^{n/2} f(x_{2i-1}) + 2\sum_{i=1}^{n/2-1} f(x_{2i}) + f(x_n)\right] \tag{10.2}$$

Simpson 적분공식에서는 처음값과 맨 나중값 그리고 그 사이에는 홀수 및 짝수 순서에 따라서 다른 가중값이 적용된다.

[7] https://en.wikipedia.org/wiki/Simpson%27s_rule

예제

다음에 주어진 함수를 Simpson 적분공식으로 수치적분을 수행하는 방법을 설명하기로 한다.

$$I = \int_2^4 x^2 e^{-x}\, dx$$

여기서 n = 4로 지정하면 구간 [2, 4]에서 네 개의 소구간을 만드는 다섯 개의 점이 존재하게 되므로 각 점들의 좌표는 x_0 = 2.0, x_1 = 2.5, x_2 = 3.0, x_3 = 3.5, x_4 = 4.0으로 결정된다. 여기서 h = 0.5이다. 식 (10.2)에 이를 적용하면 다음과 같다.

$$\begin{aligned}
\int_a^b f(x)\, dx &\approx \frac{h}{3}\left[f(x_0) + 4\sum_{i=1}^{2} f(x_{2i-1}) + 2\sum_{i=1}^{1} f(x_{2i}) + f(x_4)\right] \\
&= \frac{h}{3}\left[f(x_0) + 4f(x_1) + 2f(x_2) + 4f(x_3) + f(x_4)\right] \\
&= \frac{0.5}{3}\left[f(2.0) + 4f(2.5) + 2f(3.0) + 4f(3.5) + f(4.0)\right] \\
&= 0.8771
\end{aligned}$$

여기서 Simpson 적분공식에서 사용된 각 함수의 값은 다음과 같다.

$$f(x_0) = f(2.0) = 0.5413$$

$$f(x_1) = f(2.5) = 0.5130$$

$$f(x_2) = f(3.0) = 0.4480$$

$$f(x_3) = f(3.5) = 0.3699$$

$$f(x_4) = f(4.0) = 0.2930$$

예제에서의 수치적분을 Simpson 적분공식으로 수행하기 위한 프로그램은 다음과 같다.

```
1  import numpy as np
2  
3  def f(x):
4      return x**2*np.exp(-x)
5  
6  n = 4
7  a = 2.0
8  b = 4.0
9  h = (b - a)/n
10 x = np.linspace(a,b,n+1)
11 
12 sums = f(x[0]) + f(x[n])
13 for i in range(1,n):
14     if i%2 == 0:
15         sums += 2 * f(x[i])
16     else:
17         sums += 4 * f(x[i])
18 sums = h*sums/3
19 print(f'I = {sums:0.4f}')
```

이 프로그램에서 라인 3-4에서는 적분을 수행할 함수 $f(x) = x^2e^{-x}$를 정의하고 있다. 라인 6-10에서는 적분의 소구간 갯수와 적분 구간, 구간의 간격, 적분점 등을 설정하고 있다. 라인 12-19에서는 Simpson 적분공식을 코딩한 것이다. 라인 12에서는 맨 처음 항과 맨 나중 항을 더하고 있다. 즉, 라인 13-17에서는 식 (10.2)에서의 사잇값을 계산하는 내용이다. 라인 15에서 `i%2 == 0`은 반복문 내에서 `i`가 짝수인가를 검증하는 내용이다. 그러므로 Simpson 적분공식에 따라서, 짝수항과 홀수항을 구분해서 다른 가중값을 적용하여 연산을 진행하게 된다. 이 프로그램을 수행한 결과는 다음과 같다.

```
I = 0.8771
```

	Simpson	사다리꼴(n = 3)	사다리꼴(n = 11)
$\int_2^4 x^2 e^{-x}\, dx$	0.0103%	0.6111 %	0.0467 %

위 표에서 볼 수 있듯이, 결과적으로 Simpson 적분공식에서 얻은 결과와 해석적인 방법으로 얻은 결과와의 오차는 0.0103%이며, 앞에서 본 사다리꼴 적분공식의 결과와 비교하였을 때 훨씬 정확하다는 것을 알 수 있다. 그 이유는 일단, Simpson 적분공식에서 채용한 2차 보간식때문이라고 볼 수 있다. 이미 알고있는 함수를 보간하는 경우에는 당연히 2차 보간식을 사용하는 것이 선형 보간식보다 더 좋은 결과를 준다. 또한, 더 정확한 결과를 얻기위해서는 물론 더 많은 수의 소구간을 사용하는 방법이 있다.

10.3 데이터를 사용한 적분

앞에서는 함수를 사용하여 수치적분하였으나, 실제로는 실험 데이터 등을 사용하여 적분을 구해야 하는 경우도 많다. 예를 들어, 자동차의 속도에 대한 자료가 있을 때, 이를 시간에 대하여 적분하면 주행한 거리를 구할 수 있다. 미사일의 가속도를 알고 있다면, 시간에 대하여 적분하면 미사일의 속도를 알수 있게 된다. 따라서, 수치해석적인 방법을 사용한다면 주어진 데이터를 가공하여 다양한 정보를 얻을 수 있다. 여기서는 데이터를 이용하여 사다리꼴 적분공식을 사용하여 적분을 구하는 방법을 소개하기로 한다.

예제

다음은 1초 간격으로 측정된 자동차의 속도이다. 4초가 지난 후에 주행한 거리를 계산하시오.

x	0.0	1.0	2.0	3.0	4.0
$f(x)$	1.0	1.5	2.0	2.5	3.0

위 표에서 1 초 간격, $h = 1.0$으로 측정된 속도를 $f(x)$라고 하면 주행한 거리 I는 시간에 대한 적분을 수행함으로 계산할 수 있다. 식 (10.1)의 사다리꼴 적분 공식으로부터 다음과 같은 계산을 수행한다.

$$
\begin{aligned}
I &= \int_0^4 f(x)\,dx \\
&= \frac{h}{2}\left[f(x_0) + 2f(x_1) + 2f(x_2) + 2f(x_3) + f(x_4)\right] \\
&= \frac{1.0}{2}\left[1.0 + 2 \times 1.5 + 2 \times 2.0 + 2 \times 2.5 + 3.0\right] \\
&= 8.0
\end{aligned}
$$

이와 같이 함수로 주어지지 않은 경우에도 수치적분을 이용하여 필요한 정보를 얻을 수 있게 된다. 다음은 데이터에 대한 사다리꼴 적분공식을 적용하는 내용을 프로그램으로 작성한 것이다.

```
import numpy as np

fx = np.array([1.0,1.5,2.0,2.5,3.0])

a = 0.0
b = 4.0

n = len(fx)
N = n - 1
h = (b-a)/N

sums = 0.0
for i in range(N):
```

```
14        sums += fx[i] + fx[i+1]
15    I = h*sums/2
16    print(f'I = {I:0.4f}')
```

이 프로그램에서 라인 3에서는 위의 표에서 주어진 자료를 배열로 저장하는 것이다. 라인 5-6에서는 적분구간을 설정한다. 라인 8-10에서는 소구간과 구간의 간격을 정의한다. 라인 12-15에서는 식 (10.1)에서의 사다리꼴 적분공식을 코딩한 것이다. 이 프로그램을 수행하면 다음과 같은 결과를 얻는다.

```
I = 8.0000
```

이 결과는 함수대신 데이터에 대한 수치적분을 수행하였으므로, 당연히 해석적인 결과는 존재하지 않는다. 따라서, 이런 경우는 해석적인 결과와 수치적분 비교에 의한 정확도를 알아내기는 불가하다. 그러므로 실제로는 다른 측정 데이터와의 간접적인 비교를 통해서 적분의 정확도를 알아내는 방법외에는 없다.

10.4 Gauss 구적법(Gaussian Quadrature)

수치해석에서 함수를 적분하는데 있어서 해석적인 방법으로는 해결되지 않는 경우에 근사해법을 사용하게 되는데, 이때 특정한 위치에서의 함수값과 그에 해당하는 가중값의 곱을 합산하여 근사적으로 적분을 계산하는 방법을 구적법 quarature rule이라고 한다. Gauss 구적법은 독일의 수학자이며 과학자인 Johann Carl Friedrich Gauss(1777-1855)의 이름을 붙인 것으로서 다항식에 대한 적분을 수행하는 과정을 의미한다. 여기서는 기본적인 내용을 수학적인 증명없이 소개하기로 한다. 다음 식은 Gauss 구적법을 표시한 것이며, 위치에 의한 함수값과 가중값의 곱에 대한 합으로 정의된다.

$$\begin{aligned}\int_{-1}^{1} f(x)\,dx &\approx \sum_{i=0}^{n-1} w_i\, f(x_i) \\ &= w_0 f(x_0) + w_1 f(x_1) + \cdots + w_{n-1} f(x_{n-1})\end{aligned} \tag{10.3}$$

식 (10.3)에서 볼 수 있는 바와 같이 Gauss 구적법을 실행하기 위해서는 두 가지 요소, 위치 x_i와 가중값 w_i가 필요하다. 적분에서 사용하는 항의 갯수를 증가시킬수록 더 정확한 적분값을 얻을 수 있다고 기대된다. 그러나 계산량이 증가하게 되는 단점도 있다. 위치와 가중값에 대한 상세한 유도과정은 생략하고 가장 보편적으로 사용하는 내용을 표 10.1에서 정리하였다.

표 10.1 Gauss points for Gauss point for N = 2, 3, 4, 5

N	위치, x_i	가중값 w_i
2	$\frac{1}{\sqrt{3}}, -\frac{1}{\sqrt{3}}$	1.0, 1.0
3	$0, \sqrt{\frac{3}{5}}, -\sqrt{\frac{3}{5}}$	$\frac{8}{9}, \frac{5}{9}, \frac{5}{9}$
4	$\pm\sqrt{\frac{3}{7} - \frac{2}{7}\sqrt{\frac{6}{5}}}, \pm\sqrt{\frac{3}{7} + \frac{2}{7}\sqrt{\frac{6}{5}}}$	$\frac{18+\sqrt{30}}{36}, \frac{18-\sqrt{30}}{36}$
5	$0, \pm\frac{1}{3}\sqrt{5 - 2\sqrt{\frac{10}{7}}}, \pm\frac{1}{3}\sqrt{5 + 2\sqrt{\frac{10}{7}}}$	$\frac{322+13\sqrt{70}}{900}, \frac{322-13\sqrt{70}}{900}$

다음의 두 예제에서는 두 점을 사용한 2점 Gauss 적분과 세 점을 사용하는 3점 Gauss 적분을 수행하여 Gauss 구적법의 동작원리를 학습하기로 한다.

2점 Gauss 적분의 예제

본 예제에서는 구간 $-1 \le x \le 1$에서 $\cos(x)$에 대한 수치적분을 수행하는 내용을 소개한다. 2점 Gauss 적분에서는 두 점의 자료를 사용하여 cosine 함수에 대한 적분을 수행한다. 표 10.1에서 $x_0 = 1/\sqrt{3}$, $x_1 = -1/\sqrt{3}$ 와 가중값 $w_0 = 1.0$, $w_1 = 1.0$을 각각 사용하여 적분값을 계산하면 다음과 같다.

$$
\begin{aligned}
\int_{-1}^{1} \cos(x)\, dx &\approxeq \sum_{i=0}^{1} w_i \cos(x_i) \\
&= w_0 \cos(x_0) + w_1 \cos(x_1) \\
&= 1.0 \times \cos(\frac{1}{\sqrt{3}}) + 1.0 \times \cos(-\frac{1}{\sqrt{3}}) \\
&= 1.6758
\end{aligned}
$$

다음 프로그램은 2점 Gauss 적분식을 사용하여 주어진 함수를 적분하는 내용을 담은 것이다.

```
1   import numpy as np
2
3   def f(x):
4       return np.cos(x)
5
6   # two-point Gaussian quadrature
7   N = 2
8   xi = np.array([1.0/np.sqrt(3),-1.0/np.sqrt(3)])
9   w = np.array([1.0,1.0])
10
11  sums = 0.0
12
13  for i in range(N):
14      sums += w[i] * f(xi[i])
15
16  print(f'I={sums:0.4f}')
```

이 프로그램의 라인 3-4에서는 적분대상 함수를 설정하고 있다. 라인 7-9에서는 3점 Gauss 적분에 필요한 위치 xi와 가중값 xi를 표 10.1 참조하여 배열로 만들어 놓는다. 라인 11에서는 초기값을 0으로 한다. 라인 13-14에서는 Gauss 구적법에 의해서 적분값이 계산된다. 이 프로그램 수행 결과는 다음과 같다.

```
I = 1.6758
```

3점 Gauss 적분의 예제

3점 Gauss 적분은 표 10.1에서 두 점대신 세 점의 정보를 사용한다는 것 외에는 2점 Gauss 적분의 경우와 동일하며 수치적분의 그 내용은 다음과 같이 주어진다.

$$\begin{aligned}\int_{-1}^{1} \cos(x)\, dx &\approx \sum_{i=0}^{2} w_i \cos(x_i) \\ &= w_0 \cos(x_0) + w_1 \cos(x_1) + w_2 \cos(x_2) \\ &= \frac{8}{9} \times \cos(\frac{1}{\sqrt{3}}) + \frac{5}{9} \times \cos(\sqrt{\frac{3}{5}}) + \frac{5}{9} \times \cos(-\sqrt{\frac{3}{5}}) \\ &= 1.6830\end{aligned}$$

다음은 3점 Gauss 적분식을 프로그램으로 작성한 것이다.

```
import numpy as np

def f(x):
    return np.cos(x)

# three-point Gaussian quadrature
N = 3
xi = np.array([0.0,np.sqrt(3.0/5.0),-np.sqrt(3.0/5.0)])
w = np.array([8.0/9.0,5.0/9.0,5.0/9.0])

```

```
11 sums = 0.0
12
13 for i in range(N):
14     sums += w[i] * f(xi[i])
15
16 print(f'I={sums:0.4f}')
```

이 프로그램의 라인 3-4에서는 적분대상 함수를 설정하고 있다. 라인 7-9에서는 2점 Gauss 적분에 필요한 위치와 가중값을 표 참조하여 배열로 만들어 놓는다. 라인 11에서는 초기값을 0으로 한다. 라인 13-14에서는 실제로 적분값이 계산된다. 이 프로그램을 수행한 결과는 다음과 같다.

```
I = 1.6830
```

앞에서 두 개의 예제를 통해서 cosine 함수에 대한 적분을 각각 수행하였다.

	Exact	2-point Gaussian	3-point Gaussian
$\int_{-1}^{1} \cos(x)\,dx$	1.6829	1.6758 (0.4207%)	1.6830 (0.0059%)

위 표에서는 두 적분 결과의 정확도를 검증하기 위해서 해석적인 적분을 수행한 결과와 비교한 내용을 보여주고 있다. 해석적인 결과값은 1.6829이다. 해석적인 적분 결과와 비교하여 2점 Gauss 적분은 0.4207%, 3점 적분은 0.0059%의 정확성을 보여주고 있다. 물론, 항상 이러한 결과를 일반화시킬수 있는 것은 아니다. 적분의 대상에 따라서 정확도는 달라질 수 있다. 그럼에도 불구하고 Gauss 구적법은 상대적으로 간단한 계산으로 정확한 적분값을 얻을 수 있으므로 널리 사용되고 있다.

적분구간 바꾸기

Gauss 구적법은 기본적으로 구간이 [−1, 1]에서 정의되었으므로, 적분구간이 [*a*, *b*]로 주어진 경우에는 반드시 [−1, 1]로 바꾸어서 적분을 실행하여야 한다. 이를 위해서 다음과 같은 변환식을 사용한다.

$$x = \alpha\xi + \beta \tag{10.4}$$

여기서 α와 β는 미지수이며 ξ는 새로 정의되는 적분변수이다. 또한, 이 식은 변환전 구간 [*a*, *b*]에서 변환 후 구간 [−1, 1]을 만족해야 하므로 식 (10.4)에 적분구간을 각각 대입하면 다음과 같은 식을 얻는다.

$$a = \alpha \times (-1) + \beta$$
$$b = \alpha \times 1 + \beta$$

이 두 식을 연립하여 α와 β에 대해서 풀면 다음과 같다.

$$\alpha = \frac{b-a}{2}, \qquad \beta = \frac{a+b}{2}$$

이 결과를 식 (10.4)에 대입하면 다음과 같이 변환식이 결정된다.

$$x = \frac{b-a}{2}\xi + \frac{a+b}{2} \tag{10.5}$$

또한, 이 식을 ξ로 미분하면 다음과 같은 결과를 얻는다.

$$\frac{dx}{d\xi} = \frac{b-a}{2} \tag{10.6}$$

이제 식 (10.5)와 식 (10.6)을 원래의 적분식에 대입하면 다음과 같다.

$$\begin{aligned}\int_a^b f(x)\,dx &= \int_{-1}^{1} f\left(\frac{b-a}{2}\xi + \frac{a+b}{2}\right)\frac{dx}{d\xi}d\xi \\ &= \int_{-1}^{1} f\left(\frac{b-a}{2}\xi + \frac{a+b}{2}\right)\frac{b-a}{2}\,d\xi\end{aligned} \tag{10.7}$$

식 (1.7)의 우변을 Gauss 구적법의 식 (10.3)을 참조하여 다음과 같이 쓸 수 있다.

$$\int_a^b f(x)\,dx \approx \frac{b-a}{2}\sum_{i=0}^{n-1} w_i f\left(\frac{b-a}{2}\xi_i + \frac{a+b}{2}\right) \tag{10.8}$$

따라서, Gauss 구적법에서의 적분점은 x에서 ξ로 변환되었음을 알 수 있다.

예제

예제에서 다음에 주어진 적분식의 해석적인 결과값은 0.87715이며, Gauss 적분법을 사용하여 수치적분을 수행하는 과정을 설명하기로 한다.

$$I = \int_2^4 x^2 e^{-x} dx \approx 0.87715$$

먼저 적분변수를 x에서 ξ로 변환시킨 결과는 식 (10.5)로부터 다음과 같이 주어진다.

$$\begin{aligned}x &= \frac{b-a}{2}\xi + \frac{a+b}{2} \\ &= \frac{4-2}{2}\xi + \frac{4+2}{2} \\ &= \xi + 3\end{aligned}$$

여기서 $a = 2$, $b = 4$이다. 또한, 미분식은 다음과 같이 계산된다.

$$\frac{dx}{d\xi} = 1$$

따라서, 원래의 적분함수는 $f(x) = x^2 e^{-x}$은 $f(\xi) = (\xi + 3)^2 e^{-(\xi+3)}$으로 변환된다. 그러므로 적분은 식 (10.8)에서의 Gauss 구적법을 적용하여 다음과 같이 표시할 수 있다.

$$\begin{aligned}\int_2^4 x^2 e^{-x}\, dx &\approx \frac{4-2}{2} \sum_{i=0}^{n-1} w_i \left[(\xi_i + 3)^2 e^{-(\xi_i+3)} \right] \\ &= \sum_{i=0}^{n-1} w_i \left[(\xi_i + 3)^2 e^{-(\xi_i+3)} \right]\end{aligned}$$

다음 프로그램은 2점 Gauss 구적법을 통해서 예제에서 주어진 함수를 적분하는 내용을 코딩한 것이다.

```
1  import numpy as np
2  
3  def fxi(xi):
4      return (xi+3)**2*np.exp(-(xi+3))
5  
6  # two-point rule
7  N = 2
8  w = np.array([1.0,1.0])
9  xi = np.array([1.0/np.sqrt(3),-1.0/np.sqrt(3)])
10 a = 2
11 b = 4
12 
13 sums = 0.0
14 for i in range(N):
15     sums += w[i] * fxi(xi[i])
16 sums =  (b-a)*sums/2
17 print(f'I = {sums:0.4f}')
```

이 프로그램에서 라인 3-4에서는 적분구간이 [2, 4]로 주어졌으므로 새로운 변수로 변환된 함수를 설정하고 있다. 라인 7-11에서는 Gauss 적분에 필요한 요소들을 적어놓았다. 라인 13-17에서는 식 (10.8)에서의 변환된 적분식을 사용하여 적분을 수행하는 과정이다. 이 프로그램을 수행한 결과는 다음과 같다.

```
I = 0.8782
```

3점 Gauss 적분도 유사한 방식으로 다음과 같이 수행할 수 있다.

```
1   import numpy as np
2
3   def fxi(xi):
4       return (xi+3)**2*np.exp(-(xi+3))
5
6   # three-point rule
7   N = 3
8   w = np.array([8.0/9.0,5.0/9.0,5.0/9.0])
9   xi = np.array([0.0,np.sqrt(3.0/5.0),-np.sqrt(3.0/5.0)])
10  a = 2
11  b = 4
12
13  sums = 0.0
14  for i in range(N):
15      sums += w[i] * fxi(xi[i])
16  sums =  (b-a)*sums/2
17  print(f'I={sums:0.4f}')
```

이 프로그램의 내용은 라인 7에서 적분점의 갯수를 3으로 한 것 외에는 2점 Gauss 적분 프로그램과 동일하다. 이 프로그램을 수행한 결과는 다음과 같다.

```
I = 0.8771
```

다음 표에서는 2점 및 3점 Gauss 적분에서 얻은 값의 정확도를 비교하였다. 특별히 3점 Gauss 적분의 결과는 오차가 0.0011%로서 상당히 좋은 결과를 보여주고 있다.

	Exact	2-point Gaussian	3-point Gaussian
$\int_2^4 x^2 e^{-x}\,dx$	0.8772	0.8782 (0.1197 %)	0.8771 (0.0011 %)

Gauss 구적법에서는 적분점의 갯수를 늘려가며 수치적분에서 원하는 정도의 정확도를 추구할 수 있다. 또한, 적분의 수행과정은 단순히 가중 평균값 계산을 하는 과정균과 동일하므로 간편하게 값을 구할 수 있다. 따라서, Gauss 구적법은 유한요소법finite element methods 등, 방대한 양의 수치적분이 요구되는 수치해석 분야에서 널리 사용되고 있다.

10.5 연습문제

1. 사다리꼴 적분공식을 사용하여 적분하시오. 단, $n = 5$로 하시오.

$$\int_0^2 x^2\ dx$$

2. 사다리꼴 적분공식을 사용하여 적분하시오. 단, $n = 5$로 하시오.

$$\int_1^2 x^3 + 1\ dx$$

3. Simpson 적분공식을 사용하여 적분하시오. 단, $n = 6$으로 하시오.

$$\int_0^4 x\cos(x)\ dx$$

4. Simpson 적분공식을 사용하여 적분하시오. 단, $n = 6$으로 하시오.

$$\int_{1}^{3} x^2 \sin(x)\ dx$$

5. Simpson 적분공식을 사용하여 다음 식을 적분하시오. 단, $n = 6$으로 하시오.

$$\int_{0}^{2} e^2 x\ dx$$

6. 2점 Gauss 적분공식을 사용하여 다음 식을 적분하시오.

$$\int_{-1}^{1} (2x^2 + 3)\ dx$$

7. 3점 Gauss 적분공식을 사용하여 다음 식을 적분하시오.

$$\int_{1}^{1} e^x \cos(x)\ dx$$

8. 3점 Gauss 적분공식을 사용하여 다음 식을 적분하시오.

$$\int_{-1}^{1} \frac{e^x}{\sqrt{x^2+1}}\ dx$$

9. 사다리꼴 적분공식을 사용하여 적분하시오.

x	0.0	1.0	2.0	3.0	4.0
$f(x)$	11.0	11.5	12.0	12.5	13.0

10. 사다리꼴 적분공식을 사용하여 적분하시오.

x	0.0	1.0	2.0	3.0	4.0
$f(x)$	21.0	21.5	22.0	19.5	15.0

CHAPTER 11

방정식의 근 구하기

근 구하기root finding는 방정식 $f(x) = 0$을 만족하는 x의 값을 찾는 방법에 관한 것이다. 근의 공식으로 해를 구할 있는 2차 방정식 $ax^2 + bx + c = 0$ 등을 제외하고는 일반적인 방정식의 근을 해석적인 방법으로 구하는 것은 어렵거나 불가능한 경우가 많다. 여기서 어렵다고 하는 것은 해석에 있어서 기본적인 수학 지식의 범위를 넘어선다는 것을 의미한다. 수치해석에서는 근사적인 방법으로 방정식의 근을 구하는 알고리즘을 연구하고 있다. 이번 장에서는 방정식의 근을 구하는 네 가지의 수치해법을 설명하기로 한다.

- 이분법bisection method
- 가위치법false-position method
- Newton 법
- Secant 법

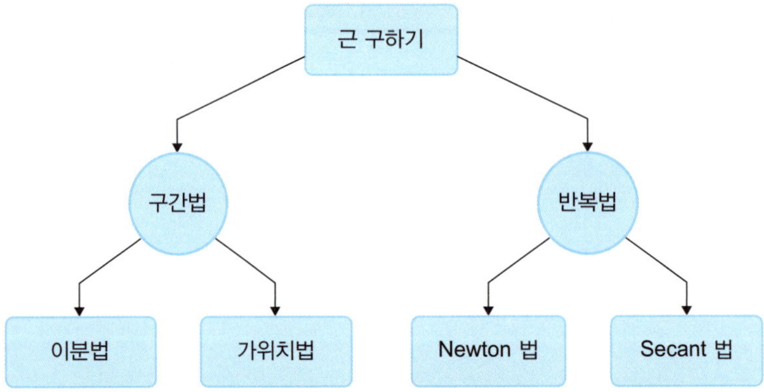

그림 11.1 방정식 근을 구하기 위한 수치해석 기법의 계통도

11.1 구간법과 반복법

그림 11.1에서 표시한대로 다음과 같은 두 가지의 방식을 통해서 근을 구하는 수치해석적 방법을 설명하고자 한다.

- 구간법Bracketing methods: 근이 있을 가능성이 있는 구간을 정해놓고 구간 내에서 근을 찾아내는 방식
- 반복법Iterative methods: 초기값을 주고 반복적인 과정을 통해서 근을 구하는 방식

구간법의 개요는 연속적인 과정을 수행하여 근을 포함하고 있을 가능성이 있는 구간의 범위를 좁혀가는 방식을 의미한다. 이때 구간이 충분이 좁혀진 경우에는 수렴하였다고 보고 근을 구했다고 결정한다. 이러한 과정은 중간값 정리의 개념을 사용하게 되는데, 근이 존재하는 곳의 주변에서는 함수의 부호가 반대로 된다는 것을 이용한다. 즉, $f(x) = 0$이 되기 위해서는 근에서 가까운 양쪽 지점이 반대 부호를 가지게 된다는 점이다. 여기서는 이분법과 가위치법을 소개하기로 한다.

한편, 수치해석에서는 방정식의 근을 구하는 데 있어서 동일한 알고리즘을 반복하는 과정을 거친다. 여기서 소개할 방법은 Newton 방법과 Secant 방법이다. 반복법은 구간법과 달리 사전에 구간을 결정하는 대신에 초기값을 설정하여 사용한다. 그러므로, 적절한 초기값을 선택하는 것이 근을 구하는데 중요한 요소가 된다.

11.2 이분법

이분법bisection method은 구간법 중에서 가장 간단한 방법이다. 먼저, 근이 있을 가능성이 있는 구간 $[a, b]$를 설정한다. 가장 쉬운 방법은 구간 점에서 방정식의 부호를 비교해 보는 것이다. 즉, 근을 구하고자 하는 방정식에서의 특정한 점에서 $f(a)$와 $f(b)$의 부호가 달라지는 구간을 택해야 한다. 그 다음에는 구간의 중간점을 $c = (a + b)/2$와 같이 계산한다. 이때, $f(a)$와 $f(c)$의 부호가 다른가를 확인하고, 아니면 $f(c)$와 $f(b)$의 부호가 반대인가를 확인한다. 그리고, 두 가지 조건 중 만족하는 쪽을 택하여 구간을 다시 정한다. 예를 들어, $f(a)$와 $f(c)$의 부호가 다르다면, $[a, c]$가 새로운 구간이 된다. 이와 같은 과정을 반복해서 적용하면, 처음에 사용했던 구간의 크기는 점점 작아져서, 궁극적으로는 방정식의 근을 포함하는 작은 구간으로 수렴하게 된다. 이분법은 근을 구하는 속도는 느린 편이지만 구간이 앞에서 설명한 바와 같이 적절하게 주어진 경우에는 확실하게 근을 발견할 수 있다는 장점이 있다.

예제

구간 $[-1, 1]$에서 다음 방정식의 해를 이분법으로 구하시오.

$$f(x) = xe^{-x} + 1 = 0$$

1. 첫 번째 단계에서는 주어진 구간 $[a, b] = [-1, 1]$에서의 중간값인 $c = (-1+1)/2 = 0$을 계산한다.
2. $[-1, 0]$ 구간에서의 방정식의 부호변화를 계산하면 $f(-1)f(0) = (-1.7183) \times 1{,}000 < 0$가 된다.
3. 따라서, 새로운 구간은 $[-1, 0]$이 된다.
4. 이 구간에 대하여 중간값은 $c = (-1+0)/2 = -0.5$로 되고, 구간에서의 방정식의 부호변화를 계산하면 $f(-1)f(-0.5) = (-1.7183) \times 0.1756 < 0$가 성립된다.
5. 따라서 새로운 구간은 $[-1, -0.5]$이 된다.
6. 구간 $[-1, -0.5]$에 대한 중간값을 구하면 $c = (-1-0.5)/2 = -0.75$가 된다.
7. 구간 $[-1, -0.75]$에서의 방정식의 부호변화를 계산하면 $f(-1)f(-0.75) = (-1.7183) \times 0.5878 > 0$이며 구간 $[-75, -0.5]$에서는 $f(-0.75)f(-0.5)$

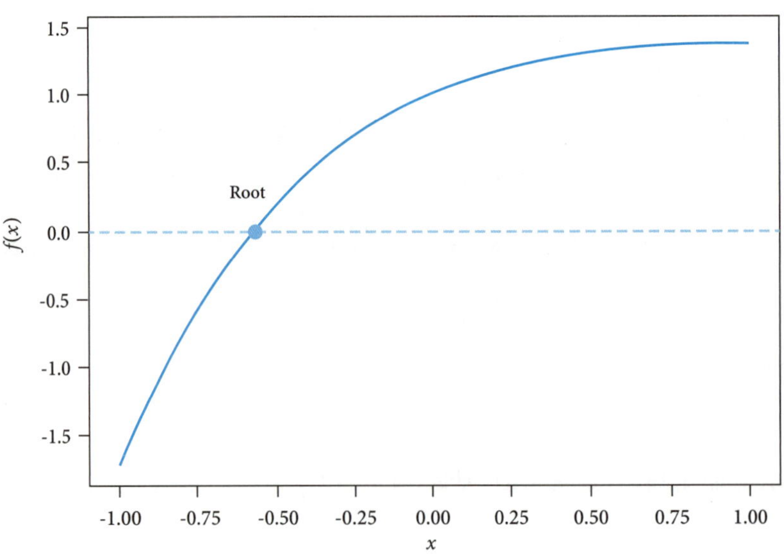

그림 11.2 $f(x) = xe^{-x} + 1 = 0$의 해

$= (-0.5878) \times 0.1756 < 0$이 된다.

8. 따라서, 새로운 구간은 $[-0.75, -0.5]$ 가 된다.

여기서 $f(-1) = -1.7183$, $f(0) = 1.0000$, $f(-0.5) = 0.1756$, $f(-0.75) = -0.5878$이다. 이러한 과정을 계속하면 중간값인 c는 방정식의 근에 가까워진다. 이 방정식의 엄밀해는 $x = -0.5671$이며, 그림 11.2에서 방정식의 근을 보여주고 있다.

그림 11.3에서는 앞에서 설명한 이분법에서의 구간 축소과정을 그림으로 나타낸 것이다. 과정이 수행될 때마다 구간이 절반으로 되며 궁극적으로는 방정식의 근에 다가가게 된다.

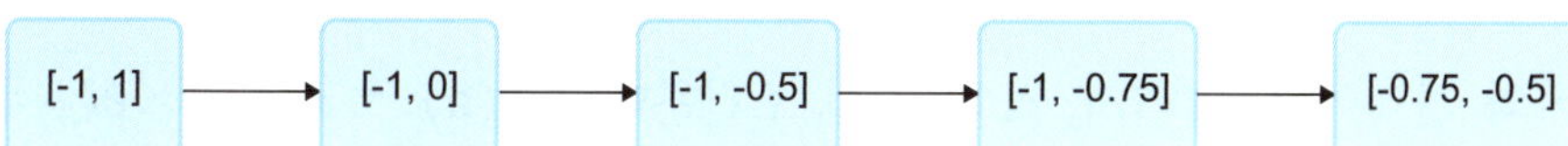

그림 11.3 이분법에서의 구간 축소 과정

다음은 예제를 해석하는 과정을 이분법을 적용하여 프로그래밍한 것이다.

```
import numpy as np

def f(x):
    return x*np.exp(-x) + 1.0

N = 15
a = -1.0
b = 1.0
c = (a + b)/2.0

for i in range(N):
    if f(a) * f(c) < 0:
        b = c
    elif f(c) * f(b) < 0:
```

```
15            a = c
16        else:
17            print('No sign change.')
18        c = (a + b)/2.0
19        print(f'c = {c:0.4f}')
```

이 프로그램의 라인 3-4에서 근을 구하고자 하는 방정식을 정의한다. 라인 6-9에서는 반복 회수와 구간을 결정하고 최초의 중간값 `c`를 계산한다. 라인 11-18은 이분법 알고리즘을 실체화 한 것이다. `if-elif`의 조건문을 통해서 근이 존재할 가능성이 있는 부분을 계속적으로 선택하고 구간을 생신한다. 제대로 작동한다면 구간의 크기는 계속적으로 줄어들 것이다. 그리고 `c`는 방정식의 실제 근에 가까와 질것이다. 여기서, 라인 12의 조건문에서 `f(a) * f(c) < 0`은 두 함수값의 부호가 다르다는 것을 함축해서 나타낸 것이다. 이것은 라인 14에서의 `f(c) * f(b) < 0`도 같은 의미를 지닌다. 만일 두 함수 값의 부호가 같으면, 두 함수의 곱은 양수가 될 것이다. 라인 11-19의 과정을 15회를 반복하였을 때 결과는 다음과 같다.

```
c = -0.5000
c = -0.7500
c = -0.6250
c = -0.5625
c = -0.5938
c = -0.5781
c = -0.5703
c = -0.5664
c = -0.5684
c = -0.5674
c = -0.5669
c = -0.5671
```

```
c = -0.5673
c = -0.5672
c = -0.5672
```

11.3 가위치법

가위치법false position method은 이분법의 단점을 보완한 것으로 일반적으로 수렴이 빠르고 발산을 억제하는 효과가 있다. 이분법과 동일하게 선택한 구간 $[a, b]$에서의 부호가 다른 함수값 $f(a)$와 $f(b)$이 만드는 두 점, $(a, f(a))$, $(b, f(b))$을 잇는 직선을 가정한다. 다음 식은 두 점을 잇는 직선의 방정식이다.

$$y - f(b) = \frac{f(b) - f(a)}{b - a}(x - b)$$

이때, 이 직선은 x축과 교차하게 된다. 직선이 x축과 교차하는 점을 c로 하여 이에 대한 방정식을 유노하면 다음과 같다.

$$0 - f(b) = \frac{f(b) - f(a)}{b - a}(c - b)$$

이 방정식을 c에 대해서 풀면 다음과 같다.

$$c = \frac{af(b) - bf(a)}{f(b) - f(a)} \tag{11.1}$$

이때 $f(a)$와 $f(c)$가 같은 부호가 아닌 경우에는, 즉, $f(a)f(c) < 0$일 때는 새로운 구간을 $[a, c]$로 하고, 만일 같은 부호를 가지면, 즉, $f(a)f(c) > 0$이 되면 새로운 구간은 $[c, b]$로 설정한다. 같은 과정을 반복하면 c는 방정식의 근에 근접할 것으로 기대된다.

예제

구간 [−1, 1]에서 다음 방정식의 해를 가위치법으로 구하시오. 단, 해석적인 해는 $x = -0.5671$이다.

$$f(x) = xe^{-x} + 1 = 0$$

1. 첫 번째 단계에서는 주어진 구간 [−1, 1]에서 식 (11.1) 사용하여 c를 다음과 같이 계산한다. 여기서 $a = -1$, $b = 1$이다.

$$c = \frac{(-1) \times f(1) - 1 \times f(-1)}{f(1) - f(-1)} = \frac{(-1) \times 1.3679 - 1 \times (-1.7183)}{1.3679 - (-1.7183)} = 0.1135$$

2. 새로운 구간을 정하기 위해서 [−1, 0.1135]에서의 방정식의 부호를 확인하면 $f(a)f(c) = f(-1) \times f(0.1135) = (-1.7183) \times 1.1014 < 0$이 된다.

3. 따라서 새로운 구간은 $[a, b] = [-1, 0.1135]$가 된다.

4. 이 구간에서 식 (11.1) 사용하여 c를 다음과 같이 계산한다.

$$c = \frac{(-1) \times 1.1014 - 0.1135 \times (-1.7183)}{1.1014 - (-1.7183)} = -0.3214$$

5. 새로운 구간을 정하기 위해서 [−1, −0.3214]에서의 방정식의 부호를 확인하면 $f(a)f(c) = f(-1) \times f(-0.3214) = (-1.7183) \times 0.5568 < 0$이 되므로, 새로운 구간은 [−1, −0.3214]가 된다.

여기서 $f(-1) = -1.7183$, $f(1) = 1.3679$, $f(0.1135) = 1.1014$, $f(-0.3214) = 0.5568$이다. 이러한 과정을 계속하면 c는 방정식의 근에 가까워진다.

다음은 가위치법을 프로그래밍한 것이다.

```
import numpy as np

```

```
3  def f(x):
4      return x*np.exp(-x) + 1.0
5
6  N = 10
7  a = -1.0
8  b = 1.0
9  c = (a*f(b) - b*f(a))/(f(b) - f(a))
10
11 for i in range(N):
12     if f(a) * f(c) < 0:
13         b = c
14     else:
15         a = c
16     c = (a*f(b) - b*f(a))/(f(b) - f(a))
17     print(f'c = {c:0.4f}')
```

이 프로그램에서 라인 3-4에서는 방정식을 정의한다. 라인 6-9에서 반복 회수와 구간을 결정하고 최초의 직선과 x 축과의 교점 c를 계산한다. 라인 11-16은 가위치법 알고리즘을 실체화 한 것이다. **if-else**의 조건문을 통해서 근이 존재할 가능성이 있는 부분을 계속적으로 선택하고 구간을 생신한다. 제대로 작동한다면 c 점은 방정식의 실제 근에 가까이 갈 것이다. 여기서, 조건문에서 `f(a) * f(c) < 0`은 두 함수값의 부호가 다르다는 것을 함축해서 나타낸 것이다. 두 함수 값의 부호가 같으면, 두 함수의 곱은 양수가 될 것이다. 이 과정을 10회 반복하였을 때 결과는 다음과 같다.

```
c = -0.3214
c = -0.4875
c = -0.5424
c = -0.5596
c = -0.5648
```

```
c = -0.5664
c = -0.5669
c = -0.5671
c = -0.5671
c = -0.5671
```

앞에서 학습한 이분법과 가위치법은 모두 주어진 방정식의 근을 찾는데 성공하였다. 단지, 이분법에서는 약 15회 정도의 과정이 필요하였고, 가위치법에서는 10회 정도가 요구되었다. 물론, 하나의 예제만으로 두 방법의 우위를 말하는 것은 어렵지만, 일반적으로는 가위치법이 수렴이 빠르다고 알려져 있다. 그러나, 근의 존재 구간을 정확하게 안다면, 이분법은 수렴속도는 느리지만 확실하게 방정식의 근을 찾아준다.

11.4 Newton 방법

Newton 방법Newton's method은 방정식의 근을 찾는데 있어서 방정식을 이루고 있는 함수가 반드시 미분가능한 함수라야 한다는 전제 조건이 있다. 또한, 일반적으로 이분법에 비해서 빠른 수렴 속도를 보인다. Newton 방법은 이분법이나 가위치법과 달리 사전에 구간을 정하지 않는 대신 초기값을 설정하여 사용한다. 그러나, 방정식의 형태에 따라서는 실제 근과 너무 벗어나 있는 초기값을 사용하면, 근을 구하는 과정이 발산할 수도 있다. 또한, Newton 방법을 확장하여 다변수 방정식 또는 비선형 방정식으로 표시된 방정식의 근을 찾는 것도 가능하다.

Newton 방법에 대한 설명은 다음과 같다. 근을 구하고자 하는 방정식을 $f(x) = 0$이라 하자. 초기값을 $x^{(0)}$라고 놓으면, 이에 대한 방정식의 값은 $f(x^{(0)})$가 되므로 좌표로 표시하면 $(x^{(0)}, f(x^{(0)}))$가 된다. 한편 $x^{(0)}$에서의 함수의 기울기를 $f'(x^{(0)})$라고 놓는다. 여기서 초기값 $x^{(0)}$은 알고리즘의 시작점으로 생각할 수 있으며, 여기서, 직선의 방정식을 고려하고, 그 기울기는 $f'(x^{(0)})$이며 한 점 $(x^{(0)}, f(x^{(0)}))$를 지난다고 하면, 직선의 방정식은 다음과 같이 쓸 수 있다.

$$y - f(x^{(0)}) = f'(x^{(0)})(x - x^{(0)})$$

이 식을 y에 대해서 다시 쓰면 다음과 같다.

$$y = f(x^{(0)}) + f'(x^{(0)})(x - x^{(0)})$$

그런데, 방정식의 근을 구하는 문제는 이 직선이 x 축과 만나는 점, 즉, $y = 0$으로 되는 x의 값을 찾는 것과 동일하므로, 식의 좌변을 0으로 놓으면 다음과 같다.

$$0 = f(x^{(0)}) + f'(x^{(0)})(x - x^{(0)})$$

최종적으로 위 식을 x에 대해서 정리하면 다음과 같은 식을 얻는다.

$$x = x^{(0)} - \frac{f(x^{(0)})}{f'(x^{(0)})}$$

여기서 좌변의 x는 알고리즘에 의해 새롭게 얻은 갱신된 근사값이므로 지수를 하나 증가시켜서 다음과 같이 쓸 수 있다.

$$x^{(1)} = x^{(0)} - \frac{f(x^{(0)})}{f'(x^{(0)})}$$

이 식에서 지수를 k로 하여 일반화시키면 Newton 방법은 다음 식으로 쓸 수 있다.

$$x^{(k+1)} = x^{(k)} - \frac{f(x^{(k)})}{f'(x^{(k)})} \tag{11.2}$$

초기값을 정하고 식 (11.2)에서의 과정을 반복하면 방정식의 근을 찾게된다. Newton 방법에서는 이분법 등과 달리 별도로 구간을 정할 필요가 없다.

예제

다음에 주어진 방정식의 해를 Newton 방법으로 구하시오.

$$f(x) = xe^{-x} + 1 = 0$$

앞에서 학습하였던 이분법 등의 구간법과 달리 반복법에서는 특정한 구간을 설정하는 대신, 실제 근과 가까울 것으로 생각되는 초기값을 사용하여 반복을 진행하게 된다. 또한, 함수 $f(x)$에 대한 미분 $f'(x)$도 미리 준비해야 한다. 주어진 함수에 대한 미분은 $f'(x) = e^{-x} - xe^{-x}$이다. Newton 방법은 다음과 같은 순서로 진행된다.

1. 초기값을 $x^{(0)} = 0.0$로 놓는다.

2. 식 (11.2)에서 지수를 $k = 0$로 하면 다음과 같다

$$\begin{aligned} x^{(1)} &= x^{(0)} - \frac{f(x^{(0)})}{f'(x^{(0)})} \\ &= x^{(0)} - \frac{x^{(0)}e^{-x^{(0)}} + 1}{e^{-x^{(0)}} - x^{(0)}e^{-x^{(0)}}} \\ &= 0.0 - \frac{0.0 \times e^{-0.0} + 1}{e^{-0.0} - 0.0 \times e^{-0.0}} \\ &= -1.0 \end{aligned}$$

3. 이번에는 지수를 $k = 1$로 하여 다음과 같이 x 값에 대한 갱신을 수행한다.

$$\begin{aligned} x^{(2)} &= x^{(1)} - \frac{f(x^{(1)})}{f'(x^{(1)})} \\ &= x^{(1)} - \frac{x^{(1)}e^{-x^{(1)}} + 1}{e^{-x^{(1)}} - x^{(1)}e^{-x^{(1)}}} \end{aligned}$$

$$= -1.0 - \frac{-1.0 \times e^{1.0} + 1}{e^{1.0} - (-1.0) \times e^{1.0}}$$

$$= -0.6839$$

이와 같이 반복을 통해서 $x^{(k)}$의 값을 갱신하게 되며, 방정식의 엄밀해에 근접하게 된다. 즉, 반복과정이 진행되며, 근사해는 갱신이 되는데 그 정도를 수치적으로 표현하기 위해서 다음과 같은 상대오차를 계산하는 방법이 주로 사용된다.

$$\varepsilon^{(k+1)} = \left| \frac{x^{(k+1)} - x^{(k)}}{x^{(k+1)}} \right| \times 100$$

다음 표에서는 예제에서 계산한 결과에 대한 상대오차를 보여주고 있다. 초기에는 상당한 크기의 오차가 발생하나, 반복과정을 통해서 근사해에 대한 갱신이 진행될수록 상대오차는 급격하게 줄어들고 있음을 볼 수 있다.

N	1	2	3	4	5
ε (%)	100.0	46.211	18.445	1.802	0.015

다음 프로그램은 예제에서 주어진 문제를 Newton 방법으로 근을 구하는 과정을 코딩한 것이다.

```
import numpy as np

def f(x):
    return x*np.exp(-x) + 1.0

def df(x):
    return np.exp(-x) - x*np.exp(-x)

N = 5
xold = 0.0
```

```
11
12 for k in range(N):
13     xnew = xold - f(xold)/df(xold)
14     print(f'{k+1}, x = {xnew:0.4f}')
15     xold = xnew
```

이 프로그램에서 라인 3-4는 근을 구하고자 하는 방정식을 함수로 정의한 것이다. 라인 6-7에서는 Newton 방법에서 필요한 방정식의 도함수를 함수로 정의한 것이다. 이 부분은 방정식을 해석적으로 미분한 결과를 적어야 한다. 라인 9-10에서는 반복의 횟수와 초기값을 설정한다. 라인 12-15에서는 Newton 방법을 구현하고 있다. 여기서 `xold`와 `xnew`는 식 (11.2)에서 각각 $x^{(k)}$와 $x^{(k+1)}$에 해당한다. 라인 15는 근사해를 갱신하는 과정이므로 코딩시에 누락되지 않도록 유의한다. 이 프로그램을 수행한 결과는 다음과 같다. 반복이 진행됨에 따라서 근사값이 실제 근의 값으로 가까이 가는 것을 볼 수 있다.

```
1, x = -1.0000
2, x = -0.6839
3, x = -0.5775
4, x = -0.5672
5, x = -0.5671
```

11.5 Secant 방법

Newton 방법은 매우 빠르게 수렴한다는 장점이 있지만, 단점은 함수의 미분을 계산해야 한다는 점이다. Secant 방법에서는 이러한 도함수 대신에 근사식으로 대치하여 사용한다. 이러한 이유때문에 Newton 방법에 비해서 수렴 속도가 다소 낮아진다는 단점도 있다.

Secant 방법에 대한 내용은 다음과 같다. 앞에서 유도한 Newton 방법에서 사용하는 식은 다음과 같다.

$$x^{(k+1)} = x^{(k)} - \frac{f(x^{(k)})}{f'(x^{(k)})} \tag{11.3}$$

Secant 방법에서는 방정식에 대한 미분을 다음과 같이 수치미분을 적용한 식으로 근사화 시킨다.

$$f'(x^{(k)}) = \frac{f'(x^{(k)}) - f'(x^{(k-1)})}{x^{(k)} - x^{(k-1)}} \tag{11.4}$$

식 (11.4)를 식 (11.3)에 대입하고 간략히 하면 다음과 같이 Secant 방법에 대한 식을 얻을 수 있다.

$$x^{(k+1)} = x^{(k)} - \frac{f(x^{(k)})(x^{(k)} - x^{(k-1)})}{f(x^{(k)}) - f(x^{(k-1)})} \tag{11.5}$$

Secant 방법에서 사용하는 식은 Newton 방법의 식과 유사하나, 함수의 미분을 해석적인 미분이 아닌, 수치미분 식을 사용하였다는 점이 다르다.

예제

Secant 방법을 사용하여 다음 방정식의 해를 구하시오.

$$f(x) = xe^{-x} + 1 = 0$$

방정식의 근을 구하기 위해서 두 개의 초기값을 선정한다. 여기서는 식 (11.5)의 우변에서 필요한 두 값을 각각 $x^{(0)} = 0.0$, $x^{(1)} = 0.3$으로 놓고 시작한다. 이 값을 식 (11.5)에 대입하여 $x^{(2)}$를 다음과 같이 계산한다.

$$
\begin{aligned}
x^{(2)} &= x^{(1)} - \frac{f(x^{(1)})(x^{(1)} - x^{(0)})}{f(x^{(1)}) - f(x^{(0)})} \\
&= x^{(1)} - \frac{(x^{(1)}e^{-x^{(1)}} + 1)(x^{(1)} - x^{(0)})}{(x^{(1)}e^{-x^{(1)}} + 1) - (x^{(0)}e^{-x^{(0)}} + 1)} \\
&= 0.3 - \frac{(0.3e^{-0.3} + 1)(0.3 - 0.0)}{(0.3e^{-0.3} + 1) - (0.0 \times e^{-(0.0)} + 1)} \\
&= -1.3499
\end{aligned}
$$

근사값 $x^{(3)}$은 다음의 식으로 결정된다.

$$
\begin{aligned}
x^{(3)} &= x^{(2)} - \frac{f(x^{(2)})(x^{(2)} - x^{(1)})}{f(x^{(2)}) - f(x^{(1)})} \\
&= -0.0715
\end{aligned}
$$

다음은 Secant 방법을 프로그래밍한 것이다.

```
import numpy as np

def f(x):
    return x*np.exp(-x) + 1.0

N = 8
xold = 0.0
xmid = 0.3

for k in range(N):
    xnew = xmid - (f(xmid) * (xmid - xold))/(f(xmid) - f(xold))
    xold = xmid
    xmid = xnew
    print(f'{k+1}, x = {xnew:0.4f}')
```

이 프로그램에서 라인 3-4는 근을 구하고자 하는 방정식을 함수로 정의한 것이다. 라인 6-8에서는 반복의 횟수와 두 개의 초기값을 각각 설정한다. 라인 10-14에서는 Secant 방법을 구현하고 있다. 여기서 `xold`와 `xmid`는 식 (11.5)의 우변에 있는 두 변수 $x^{(k-1)}$ 와 $x^{(k)}$에 해당한다. 식 (11.5)의 좌변에 있는 갱신된 값은 식 `xnew`로 표현하였다. 라인 12-13는 근사해를 갱신하는 과정이므로 코딩 시에 누락되지 않도록 유의한다. 이 프로그램을 수행한 결과는 다음과 같다. 반복이 진행됨에 따라서 근사값이 실제 근의 값으로 가까이 가는 것을 볼 수 있다. Newton 방법과 비교해보면 Secant 방법의 수렴속도가 조금 늦어진 것으로 보인다. 이러한 현상은, 일단은 해석적으로 구한 도함수 대신에 근사적인 값인 수치미분을 사용한 것 때문이라고 생각된다.

```
1, x = -1.3499
2, x = -0.0715
3, x = -0.3016
4, x = -0.7134
5, x = -0.5343
6, x = -0.5634
7, x = -0.5672
8, x = -0.5671
```

Secant 방법은 Newton-Raphson 방법과는 달리 함수의 도함수를 필요로하지 않는다. 또한, Secant 방법에서 필요로 하는 두 개의 초기값은 임의로 선택할 수 있다. 즉, 이분법에서와 같이 구간을 정하기 위해서 주어진 함수의 부호를 고려하지 않아도 된다.

11.6 근 구하기 알고리즘의 비교

앞에서 학습한 방정식의 근을 구하는 네 가지의 기본 알고리즘외에도 많은 알고리즘이 존재한다. 그러나, 유사한 형태를 지니고 있으므로, 특별히 이해하기 어려운 점은 없을 것으로 본다. 구간을 반드시 정해주어야 하는 이분법과 가위치법은 사전에 방정식의 부호의 변화를 찾아야 한다는 어려움이 있다. 만일, 방정식의 부호의 변화가 없는 구간, 즉, 근이 없을 가능성이 높은 구간을 설정하면, 근을 구하는 데 실패할 수 있다. 그러나, 구간을 적절하게 설정해준다면, 수렴 속도는 늦을수는 있겠으나, 알고리즘적으로는 근을 찾는데 문제가 없다. 반면에 Newton 방법은 빠른 수렴속도와 구간 설정에 얽매이지 않는다는 장점으로 인해서 가장 널리 사용되고 있다.

반면에 방정식에 대한 미분을 수행해야 한다는 점이 단점이며, 또한, 방정식의 형태에 따라, 적절치 못한 초기값으로 시작하게 되면, 수렴이 매우 느리거나, 심지어는 발산하는 경우도 어렵지 않게 경험하게 된다. 그럼에도 불구하고 다변수 및 비선형 문제에까지 확장할 수 있으므로 다양하게 응용되고 있다. Secant 방법은 Newton 방법과 거의 동일하나, 미분의 근사식을 사용한다는 점이 다르며, 대체적으로 좋은 수렴속도를 보인다. 그러나, 방정식의 형태에 따라서는, 두 개의 초기값에 따라 민감하게 반응하는 측면도 있다.

따라서, 모든 경우에 있어서 어떤 방법이 최고의 성능을 가지는 가를 가늠하는 것보다는 방정식의 형태에 따라서 적절한 방법을 적용하는 것을 경험하는 것이 더 중요하다고 본다.

11.7 연습문제

1. 이분법을 사용하여 $1 \le x \le 5$에서 방정식 $f(x) = x^4 - 8$의 근을 구하시오.

2. 이분법을 사용하여 $0 \le x \le 10$에서 방정식 $f(x) = x^2 + \sin(x) - 0.1 = 0$의 근을 구하시오.

3. 이분법을 사용하여 $-3 \le x \le 5$에서 방정식 $f(x) = \cos(x) + x - 3 = 0$의 근을 구하시오.

4. 가위치법을 사용하여 $1 \le x \le 5$ 에서 방정식 $f(x) = x^4 - 8 = 0$의 근을 구하시오.

5. 가위치법을 사용하여 $0 \le x \le 10$에서 방정식 $f(x) = x^2 + \sin(x) - 0.1 = 0$의 근을 구하시오.

6. 가위치법을 사용하여 $-3 \le x \le 5$에서 방정식 $f(x) = \cos(x) + x - 3 = 0$의 근을 구하시오.

7. Newton 법을 사용하여 $1 \le x \le 5$에서 방정식 $f(x) = x^4 - 8 = 0$의 근을 구하시오. 단, 초기값은 1 로 하시오.

8. Newton 법을 사용하여 $0 \le x \le 10$에서 방정식 $f(x) = x^2 + \sin(x) - 0.1 = 0$의 근을 구하시오. 단, 초기값은 0 으로 하시오.

9. Newton 법을 사용하여 $-3 \le x \le 5$에서 방정시 $f(x) = \cos(x) + x - 3 = 0$의 근을 구하시오. 단, 초기값은 −3으로 하시오.

10. Secant 법을 사용하여 $1 \le x \le 5$에서 방정식 $f(x) = x^4 - 8 = 0$의 근을 구하시오. 단, 초기값은 구간값을 이용하시오.

11. Secant 법을 사용하여 $0 \le x \le 10$에서 방정식 $f(x) = x^2 + \sin(x) - 0.1 = 0$의 근을 구하시오. 단, 초기값은 구간값을 이용하시오.

12. Secant 법을 사용하여 $-3 \le x \le 5$에서 방정식 $f(x) = \cos(x) + x - 3 = 0$의 근을 구하시오. 단, 초기값은 구간값을 이용하시오.

CHAPTER 12

행렬과 연산

행렬과 그에 대한 연산은 수치해석에서 가장 중요한 수학적 배경이라고 할 수 있다. 수치해석에서 사용되는 거의 모든 연산은 어느 정도는 모두 행렬 연산과 관련이 있는데 그것은 컴퓨터에서 계산을 수행하는데 있어서 이러한 방식이 매우 효율적이기 때문이다. 따라서, 보다 상위 개념에서의 프로그램을 작성하기 위해서는 행렬 및 연산에 관한 기본적인 학습이 반드시 필요하다. 그럼에도 불구하고, 행렬 및 연산에 대한 내용은 어려운 측에 속한다. 흔히 선형대수라고 불리는 학문 분야는 매우 방대하고 추상적인 개념이 많이 등장하기 때문이다. 이번 장에서는 기본적인 행렬 및 연산에 더해서 코딩까지 해야 하는 어려운 작업을 입문자들이 가능하면 쉽게 접근할 수 있도록 필요한 배경지식을 중심으로 설명하고자 한다. 행렬 및 연산은 기본적으로 수치해석 전반에 걸쳐 관련이 있으므로 독자들의 특별한 관심이 요구된다.

이번 장에서는 다음과 같은 행렬과 관련된 내용을 학습한다.

- 행렬의 전치transpose
- 행벡터row vector와 열벡터column vector

- 행렬의 연산
- 행렬식determinant
- 역행렬inverse matrix

12.1 벡터와 행렬의 전치

전치transpose는 행렬 연산에서 많이 사용되는 개념이며 각 요소에 대하여 열과 행의 위치를 바꾸어 놓는 것이다. 예를 들어, 행렬 **A**가 다음과 같을 때 이의 전치행렬 $\mathbf{A}^T$는 다음과 같이 주어진다.

$$\mathbf{A} = \begin{bmatrix} a_{11} & a_{12} & a_{13} \\ a_{21} & a_{22} & a_{23} \\ a_{31} & a_{32} & a_{33} \end{bmatrix}, \qquad \mathbf{A}^T = \begin{bmatrix} a_{11} & a_{21} & a_{31} \\ a_{12} & a_{22} & a_{32} \\ a_{13} & a_{23} & a_{33} \end{bmatrix},$$

흔히 벡터라고 하는 수학적 개념은 프로그래밍 분야에서는 1차원 배열array라는 말과 혼용되어 사용된다. 물론 엄격한 수학적 개념으로는 동일하지 않다고 하더라도, 프로그래밍 분야에서는 크게 구별을 하지 않고 사용하고 있다. 벡터는 기본적으로 행벡터row vector와 열벡터column vector로 구분되며 행벡터는 다음과 같이 표기한다.

$$\mathbf{a} = [a_1, a_2, \ldots, a_n]$$

이것은 n개의 요소를 가지고 있는 크기가 $1 \times n$인 행벡터 **a**를 의미한다. 한편, 열벡터는 다음과 같이 표기하며 행벡터와 전치transpose의 관계를 갖는다. 열벡터는 $n \times 1$의 크기를 갖는다.

$$\mathbf{b} = \begin{Bmatrix} b_1 \\ b_2 \\ \vdots \\ b_n \end{Bmatrix} = [b_1, b_2, \cdots, b_n]^T$$

이 식에서 행벡터의 전치행렬은 열벡터임을 알 수 있다.

한편, 행벡터나 열벡터는 서로에 대하여 전치의 성질을 가지고 있다고 볼 수 있으며, 특별히 표기상에 있어서의 편리함 때문에 널리 사용되고 있다. 예를 들어, 열벡터 **b**가 다음과 같이 주어진다.

$$\mathbf{b} = \begin{Bmatrix} b_1 \\ b_2 \\ b_3 \end{Bmatrix}$$

이때 이 벡터를 다음과 같이 행벡터로 표기할 수 있으며, 여기서 윗첨자 T는 해당 행렬에 대한 전치를 의미한다.

$$\mathbf{b}^T = \begin{bmatrix} b_1 & b_2 & b_3 \end{bmatrix}$$

다음은 열벡터를 행벡터로 변환하는 전치 과정을 프로그램으로 만든 것이다. 여기서 열벡터 **b**의 전치 $\mathbf{b}^T$는 프로그램에서 `b.T`로 표기하였다.

```
import numpy as np

b = np.array([1,2,3])
print(f'bT = {b.T}')
```

이 프로그램을 수행하면 `bT = [1 2 3]`의 결과를 얻는데, 앞에서도 언급한 바와 같이 파이썬 프로그램 상에서는 행벡터와 열벡터의 구분이 없는 것처럼 보인다. 그러나, 수식을 만들고, 과정을 진행하는 데 있어서는 수학적 엄밀성을 유지하기 위하여 반드시 구분을 두어야 함을 유의한다.

행렬곱matrix multiplication 은 행벡터와 열벡터의 곱으로 정의되며, 내적dot product은 행렬곱의 일종으로 다음과 같이 정의한다.

$$\mathbf{a} \cdot \mathbf{b} = [a_1, a_2, \cdots, a_n] \begin{pmatrix} b_1 \\ b_2 \\ \vdots \\ b_n \end{pmatrix} = a_1 b_1 + \cdots + a_n b_n$$

이 연산에서 행벡터는 $1 \times n$, 열벡터는 $n \times 1$의 크기를 가지므로 최종 결과는 1×1의 크기를 갖는 스칼라가 됨을 알 수 있다. 파이썬에서는 행벡터와 열벡터를 동일한 1차원 배열로 취급하므로 이에 대한 구별을 특별히 하지는 않는다. 다음의 예는 두 벡터의 내적을 수행하는 것이다.

```
import numpy as np

a = np.array([1,2,3])
b = np.array([4,5,6])
c = a @ b
print(c)
```

이 프로그램을 수행하면 다음과 같은 결과를 얻는다.

```
32
```

이 결과는 $1 \times 4 + 2 \times 5 + 3 \times 6$으로 진행된 두 벡터(1차원 행렬)의 내적을 계산한 것으로서 이해될 수 있다. 여기에 사용된 연산자 @는 파이썬에서 배열 (행렬) 의 곱과 관련된 연산자로 편리하게 사용할 수 있다.

다음 프로그램은 정사각형 행렬 $\mathbf{C}$에 대한 전치행렬 $\mathbf{C}^T$를 계산하는 내용이다. 여기서 전치행렬은 `C.T` 로 표기하였으며,

$$\mathbf{C} = \begin{bmatrix} 1 & 9 & 99 \\ 2 & 8 & 88 \\ 3 & 7 & 77 \end{bmatrix}$$

```
import numpy as np

C = np.array([[1,9,99],[2,8,88],[3,7,77]])
print(f'C^T = {C.T}')
```

이 프로그램을 수행하면 결과는 다음과 같다.

```
C^T = [[ 1 2 3]
      [ 9 8 7]
      [99 88 77]]
```

따라서, 행렬 연산에 대한 문헌을 참고할 때는 이러한 표기 규약에 대해서 잘 알고 있어야 할 필요가 있다.

12.2 행렬의 덧셈과 뺄셈

행과 열의 크기가 같은 행렬을 정사각형 행렬square matrix라고 하며, 다음은 3×3의 크기를 가지는 정사각형 행렬이다. 정사각형 행렬은 연립 방정식을 해석할 때 매우 중요한 역할을 한다. 즉, 행과 열의 크기가 같다는 것은 연립 방정식의 근의 개수와 방정식의 수가 동일하다는 것을 의미한다. 만일, 미지수의 수가 방정식보다 많거나, 미지수의 수보다 방정식의 개수가 더 많은 경우에는 일반적인 방법으로 연립 방정식의 해를 구할 수 없다.

다음은 행렬의 덧셈과 뺄셈 등에 대해서 프로그램에서는 어떠한 방법으로 구현하는지에 대해서 설명하기로 한다. 크기가 3×3인 행렬 **A**와 2×2인 행렬 **B**를 다음과 같이 설정한다.

$$\mathbf{A} = \begin{bmatrix} 1 & 3 & 2 \\ 3 & 5 & 1 \\ 2 & 1 & 7 \end{bmatrix}, \qquad \mathbf{B} = \begin{bmatrix} 3 & 2 \\ 3 & 5 \end{bmatrix}$$

행렬의 덧셈과 뺄셈은 기본적으로 같은 크기를 가진 행렬끼리만 가능하다. 예를 들어, 행렬 연산 $\mathbf{A} + \mathbf{B}$는 성립되지 않는다. 그 이유는 각각 3×3 크기와 2×2의 크기를 가지는 두 행렬의 덧셈 연산은 정의되지 않기 때문이다.

예를 들어, 다음과 같은 경우에는 두 행렬의 크기가 같으므로 $\mathbf{A} + \mathbf{C}$ 연산이 수행되어 결과를 얻을 수 있다.

$$\mathbf{D} = \mathbf{A} + \mathbf{C} = \begin{bmatrix} 1 & 3 & 2 \\ 3 & 5 & 1 \\ 2 & 1 & 7 \end{bmatrix} + \begin{bmatrix} 100 & 100 & 100 \\ 100 & 100 & 100 \\ 100 & 100 & 100 \end{bmatrix}$$

$$= \begin{bmatrix} 101 & 103 & 102 \\ 103 & 105 & 101 \\ 102 & 101 & 107 \end{bmatrix}$$

여기서

$$\mathbf{C} = \begin{bmatrix} 100 & 100 & 100 \\ 100 & 100 & 100 \\ 100 & 100 & 100 \end{bmatrix}$$

다음은 두 행렬의 덧셈 **A** + **C**을 프로그램으로 작성한 것이다.

```
1 import numpy as np
2
3 A = np.array([[1,3,2],[3,5,1],[2,1,7]])
4 C = np.array([[100,100,100],[100,100,100],[100,100,100]])
5
6 D = A + C
7 print(f'D = {D}')
```

이 프로그램에서 라인 3-4에서는 두 행렬 **A**와 **C**의 덧셈을 수행하기 위해서 각각 Numpy 라이브러리의 `np.array()` 함수를 사용하여 배열로 설정하였다. 라인 6에서는 행렬의 덧셈을 수행하고 있으며, 행열을 단순한 숫자의 연산을 수행하는 것과 같이 표시할 수 있어서 편리하다. 즉, 행렬의 모든 요소를 하나 하나 더하는 과정을 표기할 필요없이, 행렬 단위로 덧셈을 수행할 수 있다. 이 프로그램을 수행하면 결과는 다음과 같다.

```
D = [[101 103 102]
 [103 105 101]
 [102 101 107]]
```

12.3 행렬의 곱

행렬에 상수를 곱하면 행렬의 모든 요소에 상수를 곱한 결과와 동일한 결과를 준다. 다음은 행렬 **C**에 상수 0.1을 곱하는 과정을 프로그램으로 만든 것이다. 여기서

$$\mathbf{C} = \begin{bmatrix} 100 & 100 & 100 \\ 100 & 100 & 100 \\ 100 & 100 & 100 \end{bmatrix}$$

```
1  import numpy as np
2
3  C = np.array([[100,100,100],[100,100,100],[100,100,100]])
4
5  G = 0.1 * C
6  print(f'G = {G}')
```

이 프로그램의 라인 5에서 상수와 행렬의 곱을 구현하고 있다. 곱셈에서는 상수 0.1과 행렬 **C**의 요소가 각각 곱해진 값을 주게된다. 이 프로그램을 수행하면 결과는 다음과 같다.

```
G = [[10. 10. 10.]
     [10. 10. 10.]
     [10. 10. 10.]]
```

크기가 다른 행렬의 곱을 행할때는 특별히 조심해야 한다. 예를 들어, 크기가 3×3인 행렬 **A**와 크기가 2×2인 행렬 **B**의 곱을 수행하는 경우를 생각해보자. 이때, 두 행렬 **A**와 **B**의 곱은 성립되지 않는데 그 이유는 두 행렬의 안쪽 차원이 같지 않기 때문이다. 즉, **A**의 크기는 3×3이며 **B**의 크기는 2×2이므로 안쪽 차원이 다르다. 그러나, **H** = **AC**의 곱을 생각한다면, 3×3과 3×3의 곱셈이 되므로 안쪽 차원의 크기가 동일하기 때문에 곱셈이 가능하다. 이 곱셈에서 **H**의 첫 번째 행은 $h_{11} = a_{11}c_{11} + a_{12}c_{21} + a_{13}c_{31}$으로 결정된다. 숫자로 본다면 $h_{11} = 1\times100+3\times100+2\times100 = 600$이 된다. 같은 방식으로 행렬 **H**의 모든 요소를 모두 결정할 수 있다. 원리적으로는 이 과정을 프로그래밍할 때 행렬의 각 요소의 곱을 실행하는 과정을 일일이 적어주어야 한다. 그러나 파이썬에서는 이 과정을 한번에 해주는 연산자 @ 을 사용하면 매우 간결하게 표시할 수 있다. 다음은 **H** = **AC**을 수행하는 프로그램이다.

```
import numpy as np

A = np.array([[1,3,2],[3,5,1],[2,1,7]])
C = np.array([[100,100,100],[100,100,100],[100,100,100]])

H = A @ C
print(f'H = {H}')
```

이 프로그램을 실행하면 다음과 같은 결과를 얻는다.

```
H = [[ 600 600 600]
     [ 900 900 900]
     [1000 1000 1000]]
```

행렬의 곱에서 유의해야 할 점은 곱셈의 비대칭성이다. 일반적으로 곱셈 **AC**와 **CA**의 결과는 같지 않다, 즉, **AC**≠**CA**이다. 다음 프로그램에서는 이 두 곱셈의 차이를 명확하게 보여주고 있다.

```
import numpy as np

A = np.array([[1,3,2],[3,5,1],[2,1,7]])
C = np.array([[100,100,100],[100,100,100],[100,100,100]])

P = A @ C
Q = C @ A
print(f'P = {P}')
print(f'Q = {Q}')
```

이 프로그램을 수행하면 결과는 다음과 같다. 그러므로 행렬의 곱셈에서는 순서가 매우 중요하다는 것을 유의해야 한다.

```
P = [[ 600 600 600]
     [ 900 900 900]
     [1000 1000 1000]]
Q = [[ 600 900 1000]
     [ 600 900 1000]
     [ 600 900 1000]]
```

파이썬 프로그램상에서는, 행렬의 곱을 주의해서 표시해야 한다. 예를 들어, 두 행렬의 곱 A @ C와 A * C는 전혀 다른 결과를 내는 것을 유의해야 한다. 즉, * 은 각 행렬의 각 요소끼리의 단순곱을 의미한다. 다음 프로그램은 두 개의 다른 곱을 계산하는 것이다.

```
import numpy as np

A = np.array([[1,3,2],[3,5,1],[2,1,7]])
C = np.array([[100,100,100],[100,100,100],[100,100,100]])

P = A @ C
R = A * C
print(f'P = {P}')
print(f'R = {R}')
```

이 프로그램을 수행하면 결과는 다음과 같다.

```
P = [[ 600 600 600]
    [ 900 900 900]
    [1000 1000 1000]]
R = [[100 300 200]
    [300 500 100]
    [200 100 700]]
```

위의 결과에서 볼 수 있듯이 두 곱셈의 결과는 상이하다. 수치해석에서 사용하는 행렬의 곱은 일반적으로 @ 곱을 의미하나, 프로그램 작성 시 정확한 의미를 선택하여 유의해서 사용하여야 한다.

수치해석에서 사용되는 행렬관련 연산중에는 벡터와 행렬이 관계하는 경우도 많다. 예를 들어, 벡터 **x**와 행렬 **A** 등의 곱을 생각할 수 있다. 여기서,

$$\mathbf{A} = \begin{bmatrix} 30 & 40 \\ 50 & 60 \end{bmatrix}, \qquad \mathbf{x} = \begin{Bmatrix} 1 \\ 2 \end{Bmatrix}$$

행렬과 벡터의 곱

수식을 프로그래밍하다 보면 적지않은 경우에 적절한 곱의 내용을 프로그램으로 구현하는데 있어서 실수하거나 어려움을 겪는 경우가 많은데 이는 행렬의 곱에 대한 내용을 정확하게 이해하지 못하고 있기 때문이다. 행렬과 벡터가 혼재한 연산인 경우 가장 많이 사용되는 형태는 다음의 두 가지이다.

- $\mathbf{Ax}$
- $\mathbf{x}^T\mathbf{A}$

여기서 A는 크기가 2×2인 행렬이며, $\mathbf{x}$는 크기가 2×1인 열벡터라고 하자. 이때, 두 연산의 결과는 같지 않다. 이때 첫 번째 연산은 2×2와 2×1이 되므로 그 결과는 2×1의 열벡터가 된다. 두 번째 연산에서는 1×2와 2×2의 곱이 되어서 결과는 1×2의 행벡터가 된다. 그러나, 파이썬에서는 앞에서 언급한 바와 같이 1차원 배열(벡터)에 대해서는 행벡터와 열벡터의 구분을 뚜렷하게 하지 않기 때문에 결과물만 보아서는 분간하기 어렵다는 문제가 있다. 따라서 연산을 수행하기 전에 반드시 어떤 결과가 나올지를 미리 알고 있어야 한다.

이 문제를 다루기 위하여 프로그램을 만들면 다음과 같다.

```
import numpy as np

x = np.array([1,2])
A = np.array([[30,40],[50,60]])

# case 1: Ax
```

```
7   ax = A @ x
8   print(f'Ax = {ax}')
9
10  # case 2: xTA
11  xa = x.T @ A
12  print(f'xTA = {xa}')
```

이 프로그램에서 라인 3-4에서는 곱을 수행할 행렬을 정의하고 있다. 라인 7-8에서는 행렬과 벡터의 곱 `A @ x`을 계산하는 내용이다. 한편, 라인 11에서는 벡터와 행렬의 곱 `x @ A`을 계산한다. 곱의 표기는 유사하게 보일지 모르나 두 곱의 결과는 달라짐을 유의해야 한다. 이 프로그램을 수행하면 `Ax = [110 170]`, `xTA = [130 160]`과 같이 출력된다.

그러므로, 두 연산을 통해서 어떻게 이런 결과가 각각 도출되었는지를 아는 것이 매우 중요하다. 첫 번째 연산은 다음과 같이 수행되었다.

$$\begin{bmatrix} 30 & 40 \\ 50 & 60 \end{bmatrix} \begin{Bmatrix} 1 \\ 2 \end{Bmatrix} = \begin{bmatrix} 30 + 40 \times 2 \\ 50 + 60 \times 2 \end{bmatrix} = \begin{Bmatrix} 110 \\ 170 \end{Bmatrix}$$

두 번째 연산은 다음과 같이 수행되었다.

$$\begin{bmatrix} 1 & 2 \end{bmatrix} \begin{bmatrix} 30 & 40 \\ 50 & 60 \end{bmatrix} = \begin{bmatrix} 1 \times 30 + 2 \times 50 & 1 \times 40 + 2 \times 60 \end{bmatrix} = \begin{bmatrix} 130 & 160 \end{bmatrix}$$

여기서 유의해야 할 점은 첫 번째 연산의 결과는 열벡터이며, 두 번째 연산의 결과는 행벡터임에도 불구하고 파이썬에서는 이에 대한 특별한 구분이 없으므로 프로그램을 수행한 결과는 둘 다 행벡터 같은 형태를 가지고 있다는 점이다. 파이썬 프로그램 자체에서는 이에 대한 검증 기능이 없기 때문에 행렬에 관한 연산을 수행하고자 하는 경우에는 먼저 꼼꼼하게 결과를 검증해야 할 필요가 있다. 그렇지 않으면, 복잡한 연산을 수행하는 프로그램의 경우에 오류를 찾아내어 디버깅하기가 매우 어렵게 된다.곱

행렬의 곱의 응용

또 한가지의 많이 사용되는 예로서 선형 방정식을 행렬의 곱으로 표기하는 경우가 많은데 이는 프로그래밍의 관점에서 볼 때 매우 편리하고 효율적이기 때문에 그렇다. 예를 들어, 두 개의 계수 β_0, β_1과 독립변수 x로 이루어져 있는 다음에 주어진 방정식을 표시하는 방법에 대해서 알아보기로 한다.

$$y = \beta_0 + \beta_1 x$$

이 방정식은 다음과 같이 행렬의 곱의 형태로 표시할 수 있다.

$$y = \mathbf{x}^T \beta$$

여기서

$$\mathbf{x}^T = \begin{bmatrix} 1 & x \end{bmatrix}, \quad \boldsymbol{\beta} = \begin{Bmatrix} \beta_0 \\ \beta_1 \end{Bmatrix}$$

앞에서 언급하였듯이 파이썬 연산에서는 행벡터와 열벡터의 구분을 하지 않는다. 따라서, 다음 프로그램에서 보는 **y1** 과 **y2**의 두 가지의 연산은 같은 결과를 출력한다.

```
import numpy as np

x = np.array([1, 2])
beta = np.array([-1, 3])

```

```
6   y1 = x @ beta
7   y2 = beta @ x
8
9   print(f'y1 = {y1}')
10  print(f'y2 = {y2}')
```

이 프로그램에서는 라인 3-4에서 두 개의 벡터를 정의하고 있다. 라인 6-7에서는 두 종류의 곱 `x @ beta`와 `beta @ x`를 구현하고 있다. 이 프로그램을 수행하면 결과는 다음과 같다.

```
y1 = 5
y2 = 5
```

엄밀한 수학규정에 따르기 위해서는, 위 프로그램의 라인 6는 `y1 = x.T @ beta`로 표기하여 제대로 구분하는 것이 바람직하지만, 프로그램상에서 구현하기 위해서 이러한 표기법에서 흔히 혼용되어 사용되므로 그 내용을 꼼꼼하게 살펴보아야 한다.

12.4 행렬식

행렬의 연산 중에서 행렬식determinant 계산과 역행렬inverse matrix 은 가장 많이 사용되는 요소이다. 예를 들어, 크기가 2×2인 행렬 **A**의 행렬식은 다음과 같이 계산한다.

$$det(\mathbf{A}) = a_{11}a_{22} - a_{12}a_{21}$$

여기서

$$\mathbf{A} = \begin{bmatrix} a_{11} & a_{12} \\ a_{21} & a_{22} \end{bmatrix}$$

행렬식은 위의 과정을 하나 하나 코딩해서 직접 계산해도 되지만 Numpy 라이브러리에서는 행렬식 계산을 위한 **linalg.det()** 함수를 제공하고 있다. 다음 프로그램에서는 라이브러리하 함수를 사용하여 행렬식을 계산하고 있다.

```
1  import numpy as np
2
3  A = np.array([[6,3,2],[3,5,1],[2,1,7]])
4  detA = np.linalg.det(A)
5
6  print(f'detA = {detA:0.4f}')
```

여기서

$$\mathbf{A} = \begin{bmatrix} 6 & 3 & 2 \\ 3 & 5 & 1 \\ 2 & 1 & 7 \end{bmatrix}$$

이 프로그램에서 라인 4에서는 Numpy 함수인 **np.linalg.det()**를 사용하여 행렬식을 계산하고 있다. 물론, 소규모 크기의 행렬에 대해서는 행렬 요소의 곱으로 행렬식을 계산하는 것이 가능하지만, 큰 규모의 행렬식인 경우에는 비효율적이 되므로 개선된 알고리즘으로 구현된 라이브러리 함수를 차용하여 쓰는 것이 더 좋다. 이 프로그램을 수행하면 결과는 다음과 같다.

```
detA = 133.0000
```

12.5 역행렬

행렬의 연산에서 곱셈은 의미가 확실하게 정의되지만, 나눗셈은 정의되지 않는다. 그러나, 특별한 경우에는 나눗셈의 의미를 역행렬로 표시하는 것이 가능하다. 즉, 행렬이 정사각형 행렬이며, 행렬식이 0이 아닌 경우는 나눗셈의 개념을 구현할 수 있다. 이를 위해서는 다음과 같은 연산을 정의한다. 즉, 행렬 **A**의 역행렬 $\mathbf{A}^{-1}$은 다음과 같이 정의한다.

$$\mathbf{A}\mathbf{A}^{-1} = \mathbf{A}^{-1}\mathbf{A} = \mathbf{I}$$

위의 결과에서 볼 때 어떤 행렬에 자신의 역행렬을 곱한다는 것은 나눗셈을 수행하는 것으로 이해될 수 있다. 즉, 임의 수를 자신의 값으로 나누면 1이 된다고 생각할 수 있다. 여기서 **I**는 대각선 요소가 1인 단위행렬이다. 위의 결과에서 볼 때 어떤 행렬에 자신의 역행렬을 곱하면 단위행렬이 된다. 만일 행렬 **A**의 크기가 2×2인 경우는 역행렬은 다음과 같이 계산할 수 있다.

$$\mathbf{A}^{-1} = \frac{1}{det(\mathbf{A})}\begin{bmatrix} a_{22} & -a_{12} \\ -a_{21} & a_{11} \end{bmatrix} = \frac{1}{a_{11}a_{22} - a_{12}a_{21}}\begin{bmatrix} a_{22} & -a_{12} \\ -a_{21} & a_{11} \end{bmatrix}$$

그러나 행렬의 크기가 커지면 이러한 방식으로 역행렬을 구하는 것은 매우 비효율적이 된다. 역행렬을 계산하기 위한 다양한 알고리즘이 존재하나, 이 책에서는 Numpy 라이브러리로 계산하는 방법만 설명하기로 한다. 다음은 행렬 **A**의 역행렬을 계산하기 위한 프로그램이다.

$$\mathbf{A} = \begin{bmatrix} 6 & 3 & 2 \\ 3 & 5 & 1 \\ 2 & 1 & 7 \end{bmatrix}$$

```
1  import numpy as np
2
3  A = np.array([[6,3,2],[3,5,1],[2,1,7]])
4
5  invA = np.linalg.inv(A)
6  print(f'invA = {invA}')
7
8  # Verification
9  print()
10 print('A A^{-1} = ', A @ invA)
11 print()
12 print('A^{-1} A = ', invA @ A)
```

이 프로그램의 라인 5에서는 역행렬을 계산하기 위한 Numpy 라이브러리에 속한 np.linalg.inv() 함수를 사용하고 있다. 또한, 라인 10과 12에서는 계산의 결과를 검증하기 위해서 두 개의 곱을 수행하였다. 즉, 어떤 행렬과 그 역행렬의 곱은 반드시 단위행렬이 되어야 하며, 이는 대각선 요소가 1인 것으로 확인할 수 있다. 대각선이 아닌 요소는 모두 0이 되어야 하나, 수치해석 상의 오차로 인해서 아주 작은 값이나마 표시되었으나, 이는 0으로 간주해도 무방한 수준이다. 이 프로그램을 실행하면 결과는 다음과 같다.

```
invA = [[ 0.2556391 -0.14285714 -0.05263158]
 [-0.14285714 0.28571429 0. ]
 [-0.05263158 0. 0.15789474]]

A A^{-1} = [[1.00000000e+00 0.00000000e+00 0.00000000e+00]
 [5.55111512e-17 1.00000000e+00 0.00000000e+00]
 [0.00000000e+00 0.00000000e+00 1.00000000e+00]]
```

```
A^{-1} A = [[ 1.00000000e+00 4.85722573e-17 -5.55111512e-17]
 [ 0.00000000e+00 1.00000000e+00 0.00000000e+00]
 [ 5.55111512e-17 2.77555756e-17 1.00000000e+00]]
```

12.6 연습문제

1. $\mathbf{bx}$의 연산을 수행하고, 파이썬으로 프로그램을 작성하여 결과를 확인하시오.

2. $\mathbf{A} + \mathbf{C}$의 연산을 수행하고, 파이썬으로 프로그램을 작성하여 결과를 확인하시오.

3. $\mathbf{AB}$와 $\mathbf{BA}$의 연산을 각각 수행하고, 파이썬으로 프로그램을 작성하여 결과를 확인하시오.

4. $\mathbf{AA}^T$의 연산을 수행하고, 파이썬으로 프로그램을 작성하여 결과를 확인하시오.

5. $\mathbf{AA}^{-1}$의 연산을 수행하고, 파이썬으로 프로그램을 작성하여 결과를 확인하시오.

6. $\mathbf{A}^{-1}\mathbf{A}$의 연산을 수행하고, 파이썬으로 프로그램을 작성하여 결과를 확인하시오.

7. $\mathbf{A}^{-1}\mathbf{b}$의 연산을 수행하고, 파이썬으로 프로그램을 작성하여 결과를 확인하시오.

8. $\mathbf{A}-\mathbf{B}$의 연산을 수행하고, 파이썬으로 프로그램을 작성하여 결과를 확인하시오.

9. $\mathbf{A}^{-1}\mathbf{B}\mathbf{A}$의 연산을 수행하고, 파이썬으로 프로그램을 작성하여 결과를 확인하시오.

10. $\mathbf{A}\mathbf{B}\mathbf{A}^{-1}$의 연산을 수행하고, 파이썬으로 프로그램을 작성하여 결과를 확인하시오.

11. det $\mathbf{A}$의 연산을 수행하고, 파이썬으로 프로그램을 작성하여 결과를 확인하시오.

12. $\mathbf{B}/\det \mathbf{A}$의 연산을 수행하고, 파이썬으로 프로그램을 작성하여 결과를 확인하시오.

13. $\mathbf{A}\mathbf{C}^{T}$의 연산을 수행하고, 파이썬으로 프로그램을 작성하여 결과를 확인하시오.

14. $\mathbf{A}/\det \mathbf{A}$의 연산을 수행하고, 파이썬으로 프로그램을 작성하여 결과를 확인하시오.

15. $\mathbf{B}^{T}\mathbf{B}$의 연산을 수행하고, 파이썬으로 프로그램을 작성하여 결과를 확인하시오.

여기서

$$A = \begin{bmatrix} 1 & 2 & 3 & 4 \\ 2 & 6 & 7 & 8 \\ 3 & 7 & 15 & 12 \\ 4 & 8 & 12 & 19 \end{bmatrix}, \quad B = \begin{bmatrix} 31 & 32 & 33 & 34 \\ 35 & 36 & 37 & 38 \\ 39 & 40 & 41 & 42 \\ 43 & 44 & 45 & 46 \end{bmatrix}, \quad C = \begin{bmatrix} 51 & 52 & 53 & 54 \\ 55 & 56 & 57 & 58 \\ 59 & 60 & 61 & 62 \\ 63 & 64 & 65 & 66 \end{bmatrix}$$

$$b = \begin{Bmatrix} 99 \\ 98 \\ 97 \\ 96 \end{Bmatrix}, \quad x = \begin{Bmatrix} -1 \\ 3 \\ 1 \\ 2 \end{Bmatrix}$$

13 CHAPTER

선형 연립방정식(직접법)

수치해석에서 해석하고자 하는 문제들의 많은 부분은 선형 연립 방정식의 형태로 귀결된다. 따라서, 이러한 방정식을 효율적으로 풀 수 있도록 하는 다양한 알고리즘이 존재한다. 선형 연립방정식은 다음과 같이 표시할 수 있다.

$$
\begin{aligned}
a_{11}x_1 + a_{12}x_2 + \cdots + a_{1n}x_n &= b_1 \\
a_{21}x_1 + a_{22}x_2 + \cdots + a_{2n}x_n &= b_2 \\
&\vdots \\
a_{n1}x_1 + a_{n2}x_2 + \cdots + a_{nn}x_n &= b_n
\end{aligned}
$$

행렬로 표시하면 다음과 같다.

$$
\mathbf{Ax} = \mathbf{b} \tag{13.1}
$$

여기서

$$\mathbf{A} = \begin{bmatrix} a_{11} & a_{12} & \cdots & a_{1n} \\ a_{21} & a_{22} & \cdots & a_{2n} \\ \vdots & \vdots & \ddots & \vdots \\ a_{n1} & a_{n2} & \cdots & a_{nn} \end{bmatrix}, \quad \mathbf{x} = \begin{bmatrix} x_1 \\ x_2 \\ \vdots \\ x_n \end{bmatrix}, \quad \mathbf{b} = \begin{bmatrix} b_1 \\ b_2 \\ \vdots \\ b_n \end{bmatrix}$$

연립방정식의 해 **x**를 구하는 방법은 크게 보아서 직접법direct methods과 반복법iterative methods으로 나누어 질 수 있다. 일반적으로 직접법은 풀고자 하는 문제의 크기가 작을 때 사용되며, 반복법은 대용량의 문제를 다루는데에 더 적합하다. 이번 장에서는 선형 연립방정식의 해를 구하는 방법 중에서 직접법과 부수적인 내용을 다음과 같은 순서로 설명하고자 한다.

- 역행렬에 의한 해법
- 대각우세 행렬
- 파이썬 라이브러리 Scipy
- LU 분해법
- 피봇팅
- Cholesky 분해법
- Gauss 소거법

13.1 역행렬에 의한 해법

이번 장에서는 직접법에 관련된 많은 알고리즘 중에서 다음과 같은 네 가지의 방법에 대해서 소개한다.

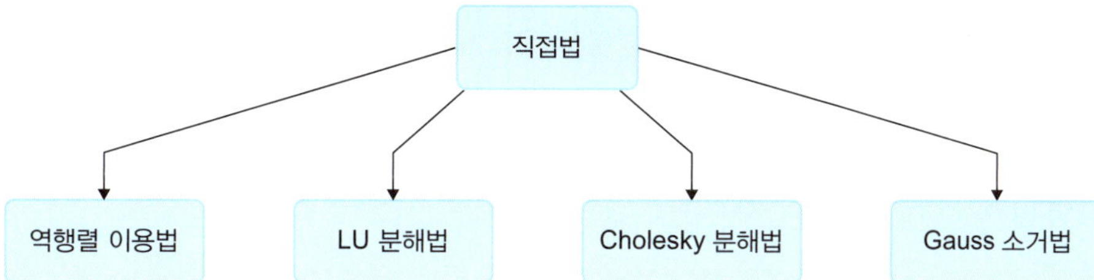

그림 13.1 선형 연립방정식의 해를 구하기 위한 직접법의 종류

선형 연립방정식의 해를 구하는 가장 직관적인 방법은 역행렬을 사용하는 것이다. 식 (13.1)에서 미지수 **x**는 역행렬을 사용하여 다음과 같이 구할 수 있다.

$$\mathbf{x} = \mathbf{A}^{-1}\mathbf{b} \tag{13.2}$$

다음의 예에서 2×2의 크기를 가지는 행렬에서 이 방식을 따라 미지수 **x**를 구하는 방법을 설명하고 있다.

$$2x_1 - x_2 = 1$$

$$-x + x_2 = -1$$

여기서

$$\mathbf{A} = \begin{bmatrix} 2 & -1 \\ -1 & 1 \end{bmatrix}, \quad b = \begin{Bmatrix} 1 \\ 1 \end{Bmatrix}$$

역행렬 $\mathbf{A}^{-1}$은 다음과 같이 계산하게 되며, $|\mathbf{A}|$는 행렬식이다.

$$\mathbf{A}^{-1} = \frac{1}{|\mathbf{A}|}\begin{bmatrix} 1 & 1 \\ 1 & 2 \end{bmatrix} = \begin{bmatrix} 1 & 1 \\ 1 & 2 \end{bmatrix}, \quad |\mathbf{A}| = 2 \times 1 - (-1) \times (-1) = 1$$

주어진 연립 방정식의 해는 다음과 같다.

$$\mathbf{x} = \mathbf{A}^{-1}\mathbf{b} = \begin{bmatrix} 1 & 1 \\ 1 & 2 \end{bmatrix} \begin{Bmatrix} 1 \\ 1 \end{Bmatrix} = \begin{Bmatrix} 2 \\ 3 \end{Bmatrix}$$

이 과정을 프로그램으로 작성해 보면 다음과 같다.

```
1   import numpy as np
2
3   A = np.array([[2,-1],[-1,1]])
4   b = np.array([1,1])
5
6   Ap = np.array([[1,1],[1,2]])
7   detA = np.linalg.det(A)
8   invA = Ap/detA
9
10  x = invA @ b
11  print(f'x = {x}')
```

이 프로그램에서 라인 3-4에서는 Numpy의 `array()` 함수를 사용하여 **A**와 **b**를 표시하고 있다. 라인 7에서는 Numpy에서 선형대수 연산을 위한 하위 라이브러리 linalg에 있는 행렬식 계산 함수인 `np.linalg.det()`를 사용하였다. 라인 8에서는 해석적인 방법으로 역행렬을 계산한다. 라인 10에서는 식 (13.2)에서의 연산을 수행하였으며, 파이썬에서는 행렬의 곱을 위한 @ 연산자를 지원하고 있으므로 편리하다. 이 프로그램을 수행하면 결과는 다음과 같다.

```
x = [2. 3.]
```

즉, 방정식의 해는 $x_1 = 2$, $x_2 = 3$이다. Numpy에서는 위와 같은 과정을 하나로 묶어 역행렬을 계산하는 `inv()` 함수를 제공하고 있으며 다음은 역행렬 함수를 사용하여 동일한 과정을 수행한 것이다.

```
1  import numpy as np
2
3  A = np.array([[2,-1],[-1,1]])
4  b = np.array([1,1])
5
6  invA = np.linalg.inv(A)
7
8  x = invA @ b
9  print(f'x = {x}')
```

이 프로그램에서 라인 6에서는 `np.linalg.inv()` 함수를 사용하여 역행렬을 계산한다. 라인 8에서는 식 (13.2)에서의 연산을 사용하여 선형 연립방정식의 해인 **x**를 계산한다. 이 프로그램 수행 결과는 다음과 같다.

```
x = [2. 3.]
```

직접적으로 역행렬을 구하는 것은 시간이 많이 소요된다. 또한, 행렬식 $|\mathbf{A}| = 0$인 경우는 아예 역행렬 자체를 구할 수 없는 경우도 발생한다. 그러므로 다루는 문제가 소규모 크기의 행렬을 넘어서는 경우에는 여러 가지 상황을 고려할 수 있는 보다 효율적인 알고리즘이 필요하다.

교육적인 차원을 떠나서, 실제로 컴퓨터에서 해결해야 하는 문제들은 행렬의 크기가 매우 크고, 행렬의 요소 중에는 다량의 0이 포함되어 있는 경우가 많다. 이러한 큰 크기의 행렬에 대한 연산을 수행할 때는 일반적으로 직접법은 계산 효율이 낮아지는 것으로 알려져 있다. 즉, 요구되는 정확도를 가지는 해를 구하기 위해서 수행되어야만 하는 연산의 횟수가 증가한다는 것을 의미한다. 또한, 0이 많이 포함되어 있는 행렬의 요소에 대한 연산을 모두 수행하는 것은 계산상으로 낭비적인 요소가 있다. 예를 들어, 대각선 근방의 성분이 0이 되는 삼각대각행렬tridiagonal matrix 등의 형태도 실제적으로는 많이 만나게 된다. 따라서, 이러한 현실적인 문제를 컴퓨터를 사용하여 효과적으로 대처하기 위하여 직접법보다는 다양한 종류의 반복법 알고리즘이 선호되고 있다.

13.2 대각우세 행렬

선형 연립방정식의 해를 구한는 데 있어서 행렬을 사용하는 것은 수치해석적 측면에서 볼 때 상당히 효율적이지만, 이에 대한 문제점도 존재한다. 예를 들어, 행렬 요소의 특성에 따라서, 해를 구하는 데 있어서, 수렴의 속도에서 차이가 날 수 있고, 심한 경우에는 발산하여 해를 구하지 못할 경우도 있다. 즉, 행렬을 사용하여 연립방정식에 관한 문제를 다룰 때에는 수치해석 결과가 요소의 특성에 민감하게 반응한다. 그중에서 가장 중요한 특징은 대각요소이다. 여기서는 정방행렬square matrix에서의 대각요소에 관한 내용을 설명하기로 한다. 정방행렬에서 모든 행에서의 대각선 위치에 있는 요소가 다른 위치에 있는 요소의 합보다 크거나 같을 때 이를 대각우세 행렬이라고 한다. 수식으로 표시하면 다음과 같다.

$$|a_{ii}| \geq \sum_{j \neq i} |a_{ij}|. \tag{13.3}$$

만일 다음과 같이 더 엄격한 조건이 적용되는 경우를 강한 대각우세 행렬strictly diagoally dominant matrix이라고 한다.

$$|a_{ii}| > \sum_{j \neq i} |a_{ij}|. \tag{13.4}$$

강한 대각우세 행렬은 정칙행렬nonsingular matrix이 되어 역행렬이 존재한다. 그러므로 정칙행렬은 0이 아닌 행렬식을 갖는다.

예제 1

다음의 행렬이 대각우세 조건을 만족하는지를 보이시오.

$$\mathbf{A} = \begin{bmatrix} 2 & 1 & 0 \\ 1 & 4 & -1 \\ 0 & -1 & 7 \end{bmatrix}$$

첫 번째 행에서 $|a_{11}| > |a_{12}| + |a_{13}|$, $2 > 1 + 0$이므로 조건을 만족한다. 두 번째 행에서는 $|a_{22}| > |a_{21}| + |a_{23}|$, $4 > 1 + 1$이므로 조건을 만족한다. 세 번째 행에서는 $|a_{33}| > |a_{31}| + |a_{32}|$, $|a_{22}| > |a_{21}| + |a_{23}|$, $7 > 0 + 1$이 된다. 따라서 모든 행에서 모두 부동조건을 만족함으로 행렬 **A**는 식 (13.4)의 정의에 따르면 강한 대각우세 행렬이다.

다음과 같이 주어진 두 번째 행렬 **B**에 대하여 대각우세 행렬의 조건을 적용하고 결과를 보기로 한다.

$$\mathbf{B} = \begin{bmatrix} 1 & 4 & -1 \\ 2 & 1 & 0 \\ 0 & -1 & 7 \end{bmatrix}$$

앞에서와 동일한 방식으로 판별하기로 한다. 첫 번째 행에서 $|a_{11}| > |a_{12}| + |a_{13}|$, $1 > 4 + 1$이므로 조건을 만족하지 않는다. 두 번째 행에서는 $|a_{22}| > |a_{21}| + |a_{23}|$, $1 > 2 + 0$이므로 역시 조건을 만족하지 않는다. 세 번째 행에서는 $|a_{33}| > |a_{31}| + |a_{32}|$, $7 > 0 + 1$이 되어 조건을 만족한다. 따라서 두 개의 행에서 조건을 위반하고 있으므로 행렬 **B**는 대각우세 행렬이 아니다. 만일 행렬 **B**에서 첫 번째 행과 두 번째 행의 위치를 바꾸어 준다면 행렬 **A**와 같이 되어 식 (13.4) 또는 식 (13.3)의 정의에 따라서 대각우세 행렬이 된다. 이러한 작업을 피봇팅pivoting 이라고 한다. 그러므로, 다루고자 하는 행렬의 대각우세에 대한 판정

을 사전에 진행하는 것은 매우 중요하다. 행렬과 관련 알고리즘에서는 대각우세 조건에의해서 정확도 또는 수렴정도 등에서 영향을 받는 경우가 많기 때문이다.

13.3 두 가지의 삼각행렬

선형 연립방정식 $\mathbf{Ax} = \mathbf{b}$에서 $\mathbf{A}$ 행렬의 모든 요소가 0이 아닌 경우는 해를 구하기가 가장 어려운 경우에 속한다. 만일 보다 다루기 쉬운 행렬로 분리할 수 있다면, 수행하여야 할 연산의 무게가 다소 가벼워 질 수 있을 것이다. $\mathbf{A}$ 행렬을 두 개의 삼각형 형태의 행렬 $\hat{\mathbf{L}}$ 과 $\hat{\mathbf{U}}$의 곱으로 다음과 같이 나눌 수 있다고 생각해보자.

$$\mathbf{A} = \hat{\mathbf{L}}\hat{\mathbf{U}} \tag{13.5}$$

여기서

$$\hat{\mathbf{L}} = \begin{bmatrix} 1 & 0 & \cdots & 0 \\ l_{21} & 1 & \cdots & 0 \\ \vdots & \vdots & \ddots & \vdots \\ l_{n1} & l_{n2} & \cdots & 1 \end{bmatrix}, \quad \hat{\mathbf{U}} = \begin{bmatrix} u_{11} & u_{12} & \cdots & u_{1n} \\ 0 & u_{22} & \cdots & u_{2n} \\ \vdots & \vdots & \ddots & \vdots \\ 0 & 0 & \cdots & u_{nn} \end{bmatrix} \tag{13.6}$$

식 (13.5)의 행렬은 두 개의 삼각 행렬 $\hat{\mathbf{L}}$과 $\hat{\mathbf{U}}$의 곱으로 표시될 수 있다. 여기서, $\hat{\mathbf{L}}$은 아랫삼각행렬lower triangular matrix로, $\hat{\mathbf{U}}$는 윗삼각행렬upper triangular matrix로 부르기로 한다. 이렇게 행렬을 분리하는 이유는 앞에서 설명한 바대로 계산의 효율성을 위해서이다. 그 다음 문제로는 실제로 두 개의 삼각 행렬을 어떻게 구하는 가에 대한 것이 될 것이다. 이를 위해서는 행렬 $\mathbf{A}$에서의 각 요소가 두 개의 행렬의 곱으로 표시된 결과의 요소와 일대일로 대응한다는 것으로 계산할 수 있다. 그러나, 여기서는 이러한 요소단위에서의 계산은 지양하고, 큰 그림에서 행렬의 분리가 문제를 해석하는데 어떠한 도움이 될 수 있는 가에 대하여 집중하기로 한다.

그림 13.2 과학기술용 라이브러리 Scipy 접속화면

예제

다음에 주어진 행렬에서 아랫삼각행렬과 윗삼각행렬을 구하시오.

$$\mathbf{A} = \begin{bmatrix} 2 & 1 & 0 \\ 1 & 4 & -1 \\ 0 & -1 & 7 \end{bmatrix}$$

여기서, 행렬을 두 개의 삼각행렬로 분리하기 위해서 파이썬의 과학기술용 라이브러인 Scipy 를 사용하기로 한다. Scipy는 과학 및 공학에서 사용되는 거의 모든 기능들을 모아 놓은 방대한 라이브러리이며 그림 13.2에서 사이트 접속 화면을 보여주고 있다. 두 개의 삼각행렬을 계산하기 위해서 Scipy의 하부 라이브러리인 linalg에 있는 `lu()` 함수를 사용하기로 한다.

```
1  import numpy as np
2  import scipy.linalg
3
4  A = np.array([[2,1,0],[1,4,-1],[0,-1,7]])
5
6  P, L, U = scipy.linalg.lu(A)
7
8  print(f'A = {A} \n')
9  print(f'L = {L} \n')
10 print(f'U = {U} \n')
11
12 print(f'P = {P}')
```

이 프로그램에서 라인 1-2에서는 필요한 라이브러리를 등재하고 있다. 특별히 라인 2에서는 선형대수 하부 라이브러리인 `scipy.linalg`를 불러오고 있다. 라인 6에서는 `scipy.linalg.lu()` 함수에서는 세 개의 결과물을 반환하게 되는데 그것은 각각 P, L, U이다. 여기서 P는 앞에서 설명한 피봇팅에 관한 것이며, L과 U는 각각 아랫삼각과 윗삼각행렬을 의미한다. 이 프로그램을 실행하면, 다음과 같이 두 개의 삼각행렬을 얻을 수 있다.

```
A = [[ 2 1 0]
    [ 1 4 -1]
    [ 0 -1 7]]

L = [[ 1. 0. 0. ]
     [ 0.5 1. 0. ]
     [ 0. -0.28571429 1. ]]

U = [[ 2. 1. 0. ]
     [ 0. 3.5 -1. ]
     [ 0. 0. 6.71428571]]
```

```
P = [[1. 0. 0.]
     [0. 1. 0.]
     [0. 0. 1.]]
```

다음은 계산 결과를 확인하기 위해서 $\hat{\mathbf{L}}\hat{\mathbf{U}} = \mathbf{A}$를 수행한 것이며, 계산에 의해서 두 개의 행렬로 제대로 분리가 되었음을 보여주고 있다.

$$\begin{bmatrix} 1. & 0. & 0. \\ 0.5 & 1. & 0. \\ 0. & -0.2857 & 1. \end{bmatrix} \begin{bmatrix} 2. & 1. & 0. \\ 0. & 3.5 & -1. \\ 0. & 0. & 6.7142 \end{bmatrix} = \begin{bmatrix} 2.0 & 1.0 & 0.0 \\ 1.0 & 4.0 & -1.0 \\ 0.0 & -1.0 & 7.0 \end{bmatrix}$$

두 개의 행렬의 곱 $\hat{\mathbf{L}}\hat{\mathbf{U}}$을 프로그램에서는 다음과 같이 수행한다.

```
import numpy as np
import scipy.linalg

A = np.array([[2,1,0],[1,4,-1],[0,-1,7]])
b = np.array([4,6,19])

P, L, U = scipy.linalg.lu(A)

print(L @ U)
```

이 프로그램의 수행 결과는 나음과 같다. 따라서 $\hat{\mathbf{L}}\hat{\mathbf{U}} = \mathbf{A}$가 성립될 수 있음을 확인할 수 있었다.

```
[[2. 1. 0.]
 [ 1. 4. -1.]
 [ 0. -1. 7.]]
```

13.4 피봇팅(pivoting)이란?

위의 프로그램에서 P 는 피봇팅pivoting을 위한 행렬이며, 행렬 **A**에서 대각선 성분이 각 열에서 최대값이 될 수 있도록 행의 순서를 바꾸어주는 역할을 한다. 피봇팅은 행렬 연산에서의 오차를 줄이기 위한 중요한 과정이다.

$$\mathbf{A} = \begin{bmatrix} 2 & 1 & 0 \\ 1 & 4 & -1 \\ 0 & -1 & 7 \end{bmatrix}$$

행렬 **A**에서 첫 번째 행을 보면 가장 큰 값이 2이며 첫 번째 열에 자리하고 있다. 두 번째 행을 보면 가장 큰 수는 4이며, 두 번째 열에 속해있다. 마지막으로 세 번째 행에서는 7이 가장 큰 값이며 세 번째 열에 자리하고 있다. 이와 같이 각 행에서 가장 큰 값을 가지는 요소가 동일한 열에 속하는 경우를 대각우세 행렬diagonally dominant matrix이라고 한다. 대각우세 행렬은 연산의 정확도를 유지할 수 있기 때문에 가장 선호되는 형태이다. 따라서, 인정되는 행렬 관련 라이브러리에서는 주어진 행렬이 가능하면 대각우세 행렬의 형태로 변환시키는 사전 작업을 수행하는데 이를 피봇팅이라고 한다. 위의 예제에서는 설명한 바와 같이 이미 대각우세 행렬이 되어 있으므로 별도의 피봇팅 작업이 필요하지 않다. 이때의 피봇팅 행렬 **P**는 다음과 같이 주어진다.

```
P = [[1. 0. 0.]
     [0. 1. 0.]
     [0. 0. 1.]]
```

즉, 첫 번째 행에서는 첫 번째 열에 있는 값이 최대이며, 두 번째 행에서는 두 번째 열에 있는 값이, 그리고 세 번째 행에서는 세 번째 열에 있는 값이 최대임을 알려주고 있다. 즉, 별다른 사전 작업이 필요하지 않다는 것을 알 수 있다. 따라서, 피봇팅 행렬과 행렬을 곱하면 피봇팅이 반영된 순서가 출력된다.

```
import numpy as np
import scipy.linalg

A = np.array([[2,1,0],[1,4,-1],[0,-1,7]])
P, L, U = scipy.linalg.lu(A)

print(P @ A)
```

이 프로그램을 수행하면 결과는 다음과 같으며, 두 행렬의 곱은 원래 행렬 **A**와 동일하므로 이 경우에는 별도의 피봇팅에 대한 사전 작업이 필요하지 않음을 알 수 있다.

```
0.25,0.63,0.442. 1. 0.]
 [ 1. 4. -1.]
 [ 0. -1. 7.]]
```

이번에는 행렬 **A**가 다음과 같이 주어지는 경우를 고려해 보기로 하자.

$$\mathbf{A} = \begin{bmatrix} 1 & 4 & -1 \\ 2 & 1 & 0 \\ 0 & -1 & 7 \end{bmatrix}$$

이 행렬에서는 첫 번째 행에서 가장 큰 값은 두 번째 열에 있고, 두 번째 행에서 가장 큰 값은 첫 번째 열에 있다. 따라서, 대각우세 행렬이 아니므로 피봇팅을 수행하여 수정하기로 한다. 즉, 첫 번째 행과 두 번째 행의 위치를 서로 교환하면 대각우세 행렬의 조건을 만족할 수 있게 된다. Scipy에서는 이러한 과정을 자체적으로 처리해 주기 때문에 편리하다. 다음 프로그램에서는 Scipy에서 피봇팅을 자체적으로 수행한 과정을 보여주고 있다.

```
import numpy as np
import scipy.linalg

A = np.array([[1,4,-1],[2,1,0],[0,-1,7]])
b = np.array([4,6,19])

P, L, U = scipy.linalg.lu(A)

print(f'A = {A} \n')
print(f'L = {L} \n')
print(f'U = {U} \n')

print(f'P = {P}')

print(f'{P @ A}')
```

이 프로그램을 수행한 결과는 다음과 같다.

```
A = [[ 1 4 -1]
     [ 2 1 0]
     [ 0 -1 7]]

L = [[ 1. 0. 0. ]
     [ 0.5 1. 0. ]
     [ 0. -0.28571429 1. ]]

U = [[ 2. 1. 0. ]
```

```
     [ 0. 3.5 -1. ]
     [ 0. 0. 6.71428571]]

P = [[0. 1. 0.]
     [1. 0. 0.]
     [0. 0. 1.]]
```

여기서 피봇팅 행렬 **P**의 결과를 보면 대각우세 행렬이 아님을 알 수 있다. 따라서, Scipy에서는 이를 감안하여 자체적으로 피봇팅을 수행한 후 두 개의 삼각 행렬을 계산하였음을 알려주고 있다. 즉, 피봇팅 행렬 **P**와 행렬 **A**의 곱은 다음과 같다.

```
[2. 1. 0.]
 [ 1. 4. -1.]
 [ 0. -1. 7.]]
```

즉, 처음에 주어진 행렬 **A**와 비교해보면, 자체적으로 피봇팅을 한 후 계산이 수행되었음을 알 수 있다. 이와 같이 신뢰성 있는 Scipy 라이브러리 같은 경우는 이러한 수치해석상의 정확도를 높이기 위한 내용들이 고려되어 있다. 일반적으로 피봇팅을 고려하지 않은 연산은 계산이 진행될수록 오차가 상당하게 누적되는 것으로 알려져 있다.

13.5 LU 분해법

이번 절에서는 LU 분해법을 사용하여 다음과 같이 주어진 선형 연립방정식의 해를 구하는 과정을 설명하기로 한다.

$$\mathbf{Ax} = \mathbf{b}$$

이 방정식을 LU 분해법으로 표기하면 다음과 같다.

$$\hat{\mathbf{L}}\hat{\mathbf{U}}\ \mathrm{x} = \mathrm{b} \tag{13.7}$$

여기서, $\hat{\mathbf{L}}$은 아랫삼각행렬lower triangular matrix로, $\hat{\mathbf{U}}$는 윗삼각행렬upper triangular matrix이다. $\hat{\mathbf{U}}\mathbf{x}$를 다음과 같이 $\mathbf{y}$로 등치시킨다.

$$\hat{\mathbf{U}}\mathrm{x} \equiv \mathbf{y} \tag{13.8}$$

식 (13.8) 을 식 (13.7)에 적용하면 다음과 같다.

$$\hat{\mathbf{L}}\mathrm{y} = \mathbf{b} \tag{13.9}$$

식 (13.9) 에서 $\mathbf{y}$에 대해서 정리하면 다음과 같다.

$$\mathbf{y} = \hat{\mathbf{L}}^{-1}\mathbf{b} \tag{13.10}$$

식 (13.10) 을 식 (13.8)에 대입하면 다음과 같다.

$$\hat{\mathbf{U}}\mathrm{x} = \mathrm{y} = \hat{\mathbf{L}}^{-1}\mathbf{b} \tag{13.11}$$

최종적으로 이 식을 $\mathbf{x}$에 대하여 풀면 다음과 같다.

$$\mathrm{x} = \hat{\mathbf{U}}^{-1}(\hat{\mathbf{L}}^{-1}\mathbf{b}) \tag{13.12}$$

식 (13.12)는 식 (13.7)에서 중간 과정을 거치지 않고 한번에 유도할 수도 있다. 이 방법의 주안점은 행렬 $\mathbf{A}$에 대한 역행렬을 직접적으로 계산하지 않고, 나누어서 단계적으로 구한다는 것이다. 이 과정이 한번에 구하는 것보다 더 복잡하게 보일 수도 있겠으나, 앞에서도 언급하였듯이, 수치해석을 사용해야만 하는 큰 크기의 행렬 연산을 염두에 둔 경우에는 오히려 더 효율적일 수도 있다.

예제

다음에 주어진 선형 연립방정식의 해를 LU 분해법으로 구하시오.

$$\mathbf{Ax} = \mathbf{b}, \qquad \begin{bmatrix} 2 & 1 & 0 \\ 1 & 4 & -1 \\ 0 & -1 & 7 \end{bmatrix} \begin{Bmatrix} x_1 \\ x_2 \\ x_3 \end{Bmatrix} = \begin{Bmatrix} 4 \\ 6 \\ 19 \end{Bmatrix}$$

다음 프로그램은 LU 분해법으로 연립방정식의 해를 구하는 과정을 코딩한 것이다.

```
1   import numpy as np
2   import scipy.linalg
3
4   A = np.array([[2,1,0],[1,4,-1],[0,-1,7]])
5   b = np.array([4,6,19])
6
7   P, L, U = scipy.linalg.lu(A)
8   invL = np.linalg.inv(L)
9   invU = np.linalg.inv(U)
10
11  x = invU @ (invL @ b)
12  print(f'x = {x}')
```

이 프로그램에서 라인 7에서는 $\hat{\mathbf{L}}$과 $\hat{\mathbf{U}}$를 Scipy 함수 `scipy.linalg.lu()`로 계산한다. 라인 8과 9에서는 $\hat{\mathbf{L}}$과 $\hat{\mathbf{U}}$에 대한 역행렬을 Numpy 함수 `np.linalg.inv()`로 각각 구하고 있다. 라인 11에서는 식 (13.12)를 그대로 구현하고 있다. 이 프로그램을 실행하면 다음과 같이 $\mathbf{Ax} = \mathbf{b}$에서의 해를 구할 수 있다.

```
x = [1. 2. 3.]
```

13.6 Choleksy 분해법

Cholesky 분해법은 앞에서 학습한 LU 분해법과 유사하나, 계산 효율이 더 좋다고 알려져 있다. 다음에 주어진 연립방정식 **Ax** = **b**의 해를 구하는 문제를 생각해보기로 한다. Cholesky 분해법은 행렬 **A**를 두 개의 삼각행렬로 분해하는 것은 LU 분해법과 동일하나, 윗삼각행렬 **U** 대신에 다음과 같이 아랫삼각행렬의 전치행렬 $\mathbf{L}^T$을 사용한다는 점이 다르다.

$$\mathbf{A} = \mathbf{L}\mathbf{L}^T \tag{13.13}$$

여기서

$$\mathbf{L} = \begin{bmatrix} l_{11} & 0 & \cdots & 0 \\ l_{21} & l_{22} & \cdots & 0 \\ \vdots & \vdots & \ddots & \vdots \\ l_{n1} & l_{n2} & \cdots & l_{nn} \end{bmatrix}, \quad \mathbf{L}^T = \begin{bmatrix} l_{11} & l_{12} & \cdots & l_{1n} \\ 0 & l_{22} & \cdots & l_{2n} \\ \vdots & \vdots & \ddots & \vdots \\ 0 & 0 & \cdots & l_{nn} \end{bmatrix}$$

식 (13.13)을 **Ax** = **b**에 대입하면 다음과 같다.

$$\mathbf{L}\mathbf{L}^T\mathbf{x} = \mathbf{b} \tag{13.14}$$

여기서 $\mathbf{L}^T\mathbf{x}$를 다음과 같이 **y**로 등치시킨다.

$$\mathbf{L}^T\mathbf{x} = \mathbf{y} \tag{13.15}$$

식 (13.15)를 식 (13.14)에 대입하면 다음과 같다.

$$\mathbf{L}\mathbf{y} = \mathbf{b} \tag{13.16}$$

연립방정식의 해를 구하는 과정은 식 (13.16)으로부터 다음과 같이 시작된다.

$$\mathbf{y} = \mathbf{L}^{-1}\mathbf{b} \tag{13.17}$$

식 (13.17) 을 식 (13.15) 에 대입하면 다음과 같다.

$$\mathbf{L}^T\mathbf{x} = \mathbf{L}^{-1}\mathbf{b}$$

최종적으로 이 식을 $\mathbf{x}$에 대하여 풀면 다음과 같이 연립방정식의 해를 얻게 된다.

$$\mathbf{x} = (\mathbf{L}^T)^{-1}(\mathbf{L}^{-1}\mathbf{b}) \tag{13.18}$$

한편, Cholesky 분해법을 파이썬에서 구현하기 위해서는 `scipy.linalg` 라이브러리에 있는 `cholesky()` 함수를 사용하게 되는데, `lu()` 함수와 달리 자체적으로 피봇팅을 구현하지 않으므로, 사용시에 유의해야 한다.

예제

다음에 주어진 선형 연립방정식의 해를 Cholesky 분해법으로 구하시오.

$$\mathbf{Ax} = \mathbf{b}, \quad \begin{bmatrix} 2 & 1 & 0 \\ 1 & 4 & -1 \\ 0 & -1 & 7 \end{bmatrix} \begin{Bmatrix} x_1 \\ x_2 \\ x_3 \end{Bmatrix} = \begin{Bmatrix} 4 \\ 6 \\ 19 \end{Bmatrix}$$

```
import numpy as np
import scipy.linalg

A = np.array([[2,1,0],[1,4,-1],[0,-1,7]])
b = np.array([4,6,19])

L = scipy.linalg.cholesky(A, lower=True)
```

```
8  LT = L.T
9  invLT = np.linalg.inv(LT)
10 invL = np.linalg.inv(L)
11 
12 x = invLT @ (invL @ b)
13 print(f'x = {x}')
```

이 프로그램에서 라인 1-2에서는 필요한 라이브러리를 모두 등재하고 있다. 라인 7에서는 Scipy 라이브러리에 있는 `cholesky()` 함수를 사용하여 **L**을 구한다. 라인 8에서는 행렬 **L**의 전치transpose인 $\mathbf{L}^T$는 `L.T`와 같이 표시한다. 라인 9에서는 $(\mathbf{L}^T)^{-1}$을 나타내고 있으며, 라인 10에서는 $\mathbf{L}^{-1}$을 표시하고 있다. 최종적으로 라인 12에서는 식 (13.18)에서 정의된 연립방정식의 해 $\mathbf{x}$ 를 계산한다. 이 프로그램을 수행시키면 다음과 같은 결과를 얻는다. 즉, $x_1 = 1$, $x_2 = 2$, $x_3 = 3$이며, 이는 해석적인 해와 일치한다.

```
x = [1. 2. 3.]
```

13.7 Gauss 소거법

Gauss 소거법Gaussian elimination 은 직접법에 속한 가장 기본적인 방법이다. 다른 알고리즘에 비해서 효율성이 좋은 편은 아니지만 전반적인 내용은 학습할 가치가 충분히 있기 때문에 여기서 소개하기로 한다. 다음과 같은 선형 연립방정식의 해를 구하는 문제를 생각해보자.

$$a_{11}x_1 + a_{12}x_2 + a_{13}x_3 = b_1$$

$$a_{21}x_1 + a_{22}x_2 + a_{23}x_3 = b_2$$
$$a_{31}x_1 + a_{32}x_2 + a_{33}x_3 = b_3$$

먼저, 첫 번째 방정식에 $-a_{21}/a_{11}$을 곱한 결과와 두 번째 방정식을 더한 결과를 두 번째 방정식으로 지정한다. 그 결과는 다음과 같다.

$$\begin{aligned} a_{11}x_1 + a_{12}x_2 + a_{13}x_3 &= b_1 \\ a'_{22}x_2 + a'_{23}x_3 &= b'_2 \\ a_{31}x_1 + a_{32}x_2 + a_{33}x_3 &= b_3 \end{aligned}$$

여기서 a'_{22}, a'_{23}과 b'_2는 이 과정을 통해서 새롭게 계산된 결과이다. 이제 동일한 방법으로, 첫 번째 방정식에 $-a_{31}/a_{11}$을 곱한 결과와 세 번째 방정식을 더한 결과를 세 번째 방정식으로 지정하면 다음과 같은 결과를 얻는다.

$$\begin{aligned} a_{11}x_1 + a_{12}x_2 + a_{13}x_3 &= b_1 \\ a'_{22}x_2 + a'_{23}x_3 &= b'_2 \\ a'_{32}x_2 + a'_{33}x_3 &= b'_3 \end{aligned}$$

이제 두 번째 방정식에 $-a'_{32}/a'_{22}$을 곱한 결과와 세 번째 방정식을 더한 결과를 세 번째 방정식으로 치환하면 결과는 다음과 같다.

$$\begin{aligned} a_{11}x_1 + a_{12}x_2 + a_{13}x_3 &= b_1 \\ a'_{22}x_2 + a'_{23}x_3 &= b'_2 \\ a''_{33}x_3 &= b''_3 \end{aligned} \tag{13.19}$$

여기서 a''_{33}과 b''_3는 이 과정을 통해서 새롭게 계산된 결과이다. 이 식으로부터 선형 연립방정식의 해는 후방 대치법back-substitution을 통해서 쉽게 구할 수 있다. 즉, 마지막 행의 방정식에서 x_3가 계산되고, 그 후에는 두 번째 방정식에서

x_2를 구하고, 마지막으로 첫 번째 행의 방정식에서 x_1을 얻을 수 있다. 이러한 방식을 Gauss 소거법이라고 하며 다양한 분야에서 응용되어 사용되고 있다. 연립방정식의 해는 후방 대치법에 의해서 다음과 같이 계산된다.

$$\begin{aligned} x_3 &= \frac{b_3''}{a_{33}''} \\ x_2 &= \frac{b_2' - a_{23}' x_3}{a_{22}'} \\ x_1 &= \frac{b_1 - a_{12}x_2 - a_{13}x_3}{a_{11}} \end{aligned} \tag{13.20}$$

행렬을 사용한 Gauss 소거법 설명

이번에는 앞에서 학습한 Gauss 소거법을 행렬을 사용하여 설명하기로 한다. 다소 어려울 수 있으나, 이 과정들이 어떠한 형식으로 표현될 수 있는 것을 관찰해 보는 것도 유익하리라고 생각한다. 먼저 선형 연립방정식의 계수 행렬인 **A**와 우변의 **b**를 합체해서 하나의 확장 행렬augmented matrix인 **C**를 다음과 같이 정의한다.

$$\mathbf{C} = [\mathbf{A} \mid \mathbf{b}] = \begin{bmatrix} a_{11} & a_{12} & a_{13} & b_1 \\ a_{21} & a_{22} & a_{23} & b_2 \\ a_{31} & a_{32} & a_{33} & b_3 \end{bmatrix} \tag{13.21}$$

또한 소거과정을 구현하기 위해서 다음과 같이 세 개의 행렬을 각각 정의한다.

$$\mathbf{G}_1 = \begin{bmatrix} 1 & 0 & 0 \\ -\dfrac{a_{21}}{a_{11}} & 1 & 0 \\ 0 & 0 & 1 \end{bmatrix}, \quad \mathbf{G}_2 = \begin{bmatrix} 1 & 0 & 0 \\ 0 & 1 & 0 \\ -\dfrac{a_{31}}{a_{11}} & 0 & 1 \end{bmatrix}, \quad \mathbf{G}_3 = \begin{bmatrix} 1 & 0 & 0 \\ 0 & 1 & 0 \\ 0 & -\dfrac{a_{32}'}{a_{22}'} & 1 \end{bmatrix}$$

식 (13.19)에서와 같은 소거과정은 다음과 같은 행렬의 곱으로 표시할 수 있다. 이 과정을 수행하면 축약된 연립방정식을 얻게 된다. 따라서 연립방정식의 해는 식 (13.20)에서와 같이 후방 대치법에 의해서 계산된다.

$$\mathbf{G}_3\mathbf{G}_2\mathbf{G}_1\mathbf{C} = \begin{bmatrix} a_{11} & a_{12} & a_{13} & b_1 \\ 0 & a'_{22} & a'_{23} & b'_2 \\ 0 & 0 & a''_{33} & b''_3 \end{bmatrix} \tag{13.22}$$

예제

Gauss 소거법을 사용하여 다음에 주어진 연립방정식의 해를 구하시오.

$$\mathbf{Ax} = \mathbf{b}, \qquad \begin{bmatrix} 2 & 1 & 0 \\ 1 & 4 & -1 \\ 0 & -1 & 7 \end{bmatrix} \begin{Bmatrix} x_1 \\ x_2 \\ x_3 \end{Bmatrix} = \begin{Bmatrix} 4 \\ 6 \\ 19 \end{Bmatrix}$$

여기서

$$\mathbf{A} = \begin{bmatrix} 2 & 1 & 0 \\ 1 & 4 & -1 \\ 0 & -1 & 7 \end{bmatrix}, \quad \mathbf{x} = \begin{Bmatrix} x_1 \\ x_2 \\ x_3 \end{Bmatrix}, \quad \mathbf{b} = \begin{Bmatrix} 4 \\ 6 \\ 19 \end{Bmatrix}$$

이 문제에 대한 확장행렬 **C**는 식 (13.21)로부터 다음과 같이 구성된다.

$$\mathbf{C} = [\mathbf{A} \mid \mathbf{b}] = \begin{bmatrix} 2 & 1 & 0 & 4 \\ 1 & 4 & -1 & 6 \\ 0 & -1 & 7 & 19 \end{bmatrix}$$

행렬 **A**에서 $-a_{21}/a_{11} = -1/2$, $-a_{31}/a_{11} = -0/2 = 0$이므로 $\mathbf{G}_1$과 $\mathbf{G}_2$는 각각 다음과 같이 주어진다.

$$\mathbf{G}_1 = \begin{bmatrix} 1 & 0 & 0 \\ -\frac{1}{2} & 1 & 0 \\ 0 & 0 & 1 \end{bmatrix}, \quad \mathbf{G}_2 = \begin{bmatrix} 1 & 0 & 0 \\ 0 & 1 & 0 \\ 0 & 0 & 1 \end{bmatrix}$$

첫 번째 소거과정으로 다음과 같은 연산을 수행한다.

$$\mathbf{D} = \mathbf{G}_2\mathbf{G}_1\mathbf{C} = \begin{bmatrix} 1 & 0 & 0 \\ 0 & 1 & 0 \\ 0 & 0 & 1 \end{bmatrix} \begin{bmatrix} 1 & 0 & 0 \\ -\frac{1}{2} & 1 & 0 \\ 0 & 0 & 1 \end{bmatrix} \begin{bmatrix} 2 & 1 & 0 & 4 \\ 1 & 4 & -1 & 6 \\ 0 & -1 & 7 & 19 \end{bmatrix} = \begin{bmatrix} 2 & 1 & 0 & 4 \\ 0 & \frac{7}{2} & -1 & 4 \\ 0 & -1 & 7 & 19 \end{bmatrix}$$

이 결과 **D**는 다음과 같은 방정식의 형식으로 표현될 수 있다.

$$\begin{aligned} 2x_1 + x_2 + 0x_3 &= 4 \\ \frac{7}{2}x_2 - x_3 &= 4 \\ -x_2 + 7x_3 &= 19 \end{aligned}$$

두 번째 소거과정은 다음과 같이 진행된다.

$$\begin{aligned} \mathbf{S} = \mathbf{G}_3\mathbf{G}_2\mathbf{G}_1\mathbf{C} = \mathbf{G}_3\mathbf{D} &= \begin{bmatrix} 1 & 0 & 0 \\ 0 & 1 & 0 \\ 0 & -\frac{(-1.0)}{3.5} & 1 \end{bmatrix} \begin{bmatrix} 2 & 1 & 0 & 4 \\ 0 & \frac{7}{2} & -1 & 4 \\ 0 & -1 & 7 & 19 \end{bmatrix} \\ &= \begin{bmatrix} 2. & 1. & 0. & 4. \\ 0. & 3.5 & -1. & 4. \\ 0. & 0. & 6.7142 & 20.1428 \end{bmatrix} \end{aligned}$$

여기서 $\mathbf{D} = \mathbf{G}_2\mathbf{G}_1\mathbf{C}$이다. 결과적으로 $\mathbf{S}$는 다음과 같은 방정식의 형태로 표현될 수 있다.

$$
\begin{aligned}
2x_1 + x_2 + 0x_3 &= 4 \\
3.5x_2 - x_3 &= 4 \\
6.7142x_3 &= 20.1482
\end{aligned}
$$

위의 연립방정식의 해는 식 (13.20)에 의해서 얻어지며, $x_1 = 1$, $x_2 = 2$, $x_3 = 3$이다. 다음은 Gauss 소거법의 과정을 예제를 통해서 나타낸 프로그램이다. 단, 해를 구하는 과정은 포함되지 않았다.

```
# Gaussian elimination method
# Ax = b

import numpy as np

A = np.array([[2,1,0],[1,4,-1],[0,-1,7]])
b = np.array([4,6,19])

C = np.column_stack((A,b))
print(f'C = {C}')

a21a11 = -A[1,0]/A[0,0]
a31a11 = -A[2,0]/A[0,0]
G1 = np.array([[1,0,0],[a21a11,1,0],[0,0,1]])
G2 = np.array([[1,0,0],[0,1,0],[a31a11,0,1]])

D = G2 @ G1 @ C
d32d22 = -D[2,1]/D[1,1]
G3 = np.array([[1,0,0],[0,1,0],[0,d32d22,1]])

S = G3 @ D
```

```
22 print(f'S = {S}')
23 print(f'A = {S[:,:-1]}')
24 print(f'b = {S[:,-1]}')
```

라인 4에서 Numpy 라이브러리를 도입한다. 라인 6-7에서는 연립방정식에 필요한 행렬 **A**와 **b**를 선언한다. 라인 9에서는 식 (13.21)에서의 확장행렬 **C**를 만들기 위해서 np.column_stack 함수를 도입하여 [**A**|**b**]와 같은 형태의 행렬을 만들 수 있다. 라인 12-13에서는 $\mathbf{G}_1$과 $\mathbf{G}_2$에서 필요한 요소인 $-a_{21}/a_{11}$과 $-a_{31}/a_{11}$을 정의하고 있다. 여기서 유의해야 할 점은 인덱스인데, 파이썬은 0으로 부터 인덱스가 시작되므로, 예를 들어, a_{21} 항을 조회하기 위해서는 $A[2, 1]$이 아니라 $A[1, 0]$으로 해야 한다. 라인 14-15에서는 $\mathbf{G}_1$과 $\mathbf{G}_2$ 행렬을 선언하고 있다. 라인 17에서는 행렬곱인 $\mathbf{G}_2\mathbf{G}_1\mathbf{C}$를 수행하여 그 결과를 **D**에 할당하고 있다. 이는 Gauss 소거법의 과정을 한 번 수행한 결과이다. 라인 18에서는 $\mathbf{G}_3$에서 사용할 요소 $-a'_{32}/a'_{22}$를 선언하고 있으며 프로그램 상에서는 한 번 소거가 수행된 결과는 D로 표시하였다. 따라서, 프로그램에서는 -D[2,1]/D[1,1]로 되어 있다. 여기서도 앞에서와 마찬가지로 행렬의 인덱스를 사용하는데 유의해야 한다. 라인 19에서는 두 번째 소거를 수행한 결과를 **S**에 할당하였다. 최종적으로 이 결과를 방정식 형식으로 변환하여 해를 구할 수 있다. 이 프로그램을 수행하면 다음과 같은 결과를 얻는다.

```
C = [[ 2 1 0 4]
     [ 1 4 -1 6]
     [ 0 -1 7 19]]
S = [[ 2. 1. 0. 4. ]
     [ 0. 3.5 -1. 4. ]
     [ 0. 0. 6.71428571 20.14285714]]
```

```
A = [[ 2. 1. 0. ]
     [ 0. 3.5 -1. ]
     [ 0. 0. 6.71428571]]
b = [ 4. 4. 20.14285714]
```

13.8 연습문제

1. 다음의 선형 연립방정식의 해를 구하되, 역행렬 방법을 사용하시오.

$$\begin{bmatrix} 4 & 1 \\ 1 & 2 \end{bmatrix} \begin{Bmatrix} x_1 \\ x_2 \end{Bmatrix} = \begin{Bmatrix} 6 \\ 5 \end{Bmatrix}$$

2. 다음의 선형 연립방정식의 해를 구하되, 역행렬 방법을 사용하시오.

$$\begin{bmatrix} 2 & 3 \\ 3 & 7 \end{bmatrix} \begin{Bmatrix} x_1 \\ x_2 \end{Bmatrix} = \begin{Bmatrix} 6 \\ 16 \end{Bmatrix}$$

3. 다음의 선형 연립방정식의 해를 구하되, LU 분해법을 사용하시오.

$$\begin{bmatrix} 7 & 2 & 1 \\ 2 & 8 & 3 \\ 1 & 3 & 6 \end{bmatrix} \begin{Bmatrix} x_1 \\ x_2 \\ x_3 \end{Bmatrix} = \begin{Bmatrix} 3 \\ 2 \\ 2 \end{Bmatrix}$$

4. 다음의 선형 연립방정식의 해를 구하되, LU 분해법을 사용하시오.

$$\begin{bmatrix} 5 & 2 & 1 \\ 2 & 7 & 1 \\ 1 & 2 & 9 \end{bmatrix} \begin{Bmatrix} x_1 \\ x_2 \\ x_3 \end{Bmatrix} = \begin{Bmatrix} 7 \\ 3 \\ 5 \end{Bmatrix}$$

5. 다음의 선형 연립방정식의 해를 구하되, LU 분해법을 사용하시오.

$$\begin{bmatrix} 5 & -1 & 1 \\ -1 & 7 & 3 \\ 1 & 3 & 6 \end{bmatrix} \begin{Bmatrix} x_1 \\ x_2 \\ x_3 \end{Bmatrix} = \begin{Bmatrix} 1 \\ 1 \\ 5 \end{Bmatrix}$$

6. 다음의 선형 연립방정식의 해를 구하되, LU 분해법을 사용하시오.

$$\begin{bmatrix} 9 & -1 & 1 \\ -1 & 5 & -1 \\ 1 & -1 & 2 \end{bmatrix} \begin{Bmatrix} x_1 \\ x_2 \\ x_3 \end{Bmatrix} = \begin{Bmatrix} 4 \\ 0 \\ 9 \end{Bmatrix}$$

7. 다음의 선형 연립방정식의 해를 구하되, LU 분해법을 사용하시오.

$$\begin{bmatrix} 5 & 1 & 1 \\ 2 & 2 & 3 \\ 1 & 3 & 1 \end{bmatrix} \begin{Bmatrix} x_1 \\ x_2 \\ x_3 \end{Bmatrix} = \begin{Bmatrix} 3 \\ 4 \\ 1 \end{Bmatrix}$$

8. 다음의 선형 연립방정식의 해를 구하되, LU 분해법을 사용하시오.

$$\begin{bmatrix} 1 & 2 & 3 \\ 2 & 4 & 3 \\ 1 & 3 & 2 \end{bmatrix} \begin{Bmatrix} x_1 \\ x_2 \\ x_3 \end{Bmatrix} = \begin{Bmatrix} 3 \\ 1 \\ 7 \end{Bmatrix}$$

9. 다음의 선형 연립방정식의 해를 구하되, Cholesky 분해법을 사용하시오.

$$\begin{bmatrix} 2 & -1 & 1 \\ -1 & 3 & -1 \\ 1 & -1 & 2 \end{bmatrix} \begin{Bmatrix} x_1 \\ x_2 \\ x_3 \end{Bmatrix} = \begin{Bmatrix} 4 \\ 6 \\ 15 \end{Bmatrix}$$

10. 다음의 선형 연립방정식의 해를 구하되, Cholesky 분해법을 사용하시오.

$$\begin{bmatrix} 2 & 1 & 0 \\ 1 & 6 & -1 \\ 0 & -1 & 7 \end{bmatrix} \begin{Bmatrix} x_1 \\ x_2 \\ x_3 \end{Bmatrix} = \begin{Bmatrix} 1 \\ 3 \\ 4 \end{Bmatrix}$$

11. 다음의 선형 연립방정식의 해를 구하되, Cholesky 분해법을 사용하시오.

$$\begin{bmatrix} 5 & -1 & 0 \\ -1 & 3 & -1 \\ 0 & -1 & 2 \end{bmatrix} \begin{Bmatrix} x_1 \\ x_2 \\ x_3 \end{Bmatrix} = \begin{Bmatrix} 5 \\ 6 \\ 4 \end{Bmatrix}$$

12. 다음의 선형 연립방정식의 해를 구하되, Cholesky 분해법을 사용하시오.

$$\begin{bmatrix} 5 & 1 & 2 \\ 1 & 9 & 2 \\ 1 & 1 & 7 \end{bmatrix} \begin{Bmatrix} x_1 \\ x_2 \\ x_3 \end{Bmatrix} = \begin{Bmatrix} 4 \\ 2 \\ 1 \end{Bmatrix}$$

CHAPTER 14

선형 연립방정식(반복법)

반복법에서의 주요 관심사는 직접법에서의 역행렬 계산 등에 의한 연산의 부담을 줄여서, 특별히, 대용량의 행렬 관련 계산을 컴퓨터에서 보다 효율적으로 하고자 하는 것이다. 즉, 주어진 행렬에 대한 역행렬을 직접적으로 계산하는 방법은 상대적으로 큰 크기의 행렬 연산에서는 비효율적이 되므로 반복법에서는 다양한 알고리즘을 사용하여 직접적인 역행렬 계산에 따른 부담을 덜고자 한다. 이러한 시도는 하나의 단계에서 모든 것을 처리하지 않고, 나누어서 하는 다단계의 특성을 지니고 있다. 즉, 구하기 어려운 내용을 보다 쉬운 여러 개의 조각으로 나누어서 생각하고자 하는 것이다. 이번 장에서는 다음과 같은 반복법의 알고리즘에 대해서 학습하기로 한다.

- Jacobi 방법
- Gauss-Seidel 방법
- SOR successive over-relaxation 방법

14.1 Jacobi 방법

Jacobi 방법은 선형 연립방정식의 해를 구하는데 있어서 반복 알고리즘을 사용한다. Jacobi 방법은 대각선 요소에 대한 해를 구하는 것으로, 반복과정을 통해서 미지수값을 갱신시킨다. 또한, 반복법이므로 원하는 오차의 범위에 도달하기까지 반복과정을 수행한다. 다음과 같이 선형 연립방정식이 주어졌을 때 Jacobi 방법에 의해서 해를 구하는 방법을 설명하기로 한다.

$$\mathbf{Ax} = \mathbf{b}$$

여기서

$$\mathbf{A} = \begin{bmatrix} a_{11} & a_{12} & \cdots & a_{1n} \\ a_{21} & a_{22} & \cdots & a_{2n} \\ \vdots & \vdots & \ddots & \vdots \\ a_{n1} & a_{n2} & \cdots & a_{nn} \end{bmatrix}, \quad \boldsymbol{x} = \begin{bmatrix} x_1 \\ x_2 \\ \vdots \\ x_n \end{bmatrix}, \quad \boldsymbol{b} = \begin{bmatrix} b_1 \\ b_2 \\ \vdots \\ b_n \end{bmatrix}$$

행렬 **A**를 다음과 같은 세 개의 행렬의 합으로 나누어 생각하자.

$$\mathbf{A} = \mathbf{D} + \mathbf{L} + \mathbf{U} \tag{14.1}$$

여기서 **D**는 대각 행렬diagonal matrix, **L**은 강한 아랫삼각 행렬strictly lower triangular matrix, **U**는 강한 윗삼각 행렬strictly upper triangular matrix이다. 행렬 **A**에 대한 강한 아랫삼각 행렬은 $i \leq j$에 대하여 $a_{ij} = 0$이 되는 요소를 갖는다. 한편, 강한 윗삼각 행렬은 $i \leq j$에 대하여 $a_{ij} = 0$이 되는 요소를 갖는다. 따라서,

$$\mathbf{D} = \begin{bmatrix} a_{11} & 0 & \cdots & 0 \\ 0 & a_{22} & \cdots & 0 \\ \vdots & \vdots & \ddots & \vdots \\ 0 & 0 & \cdots & a_{nn} \end{bmatrix}, \mathbf{L} = \begin{bmatrix} 0 & 0 & \cdots & 0 \\ a_{21} & 0 & \cdots & 0 \\ \vdots & \vdots & \ddots & \vdots \\ a_{n1} & a_{n2} & \cdots & 0 \end{bmatrix}, \mathbf{U} = \begin{bmatrix} 0 & a_{12} & \cdots & a_{1n} \\ 0 & 0 & \cdots & a_{2n} \\ \vdots & \vdots & \ddots & \vdots \\ 0 & 0 & \cdots & 0 \end{bmatrix}$$

주어진 연립방정식 $\mathbf{Ax} = \mathbf{b}$에 대하여 식 (14.1)을 적용해 보면 다음과 같다.

$$\mathbf{Ax} = (\mathbf{D} + \mathbf{L} + \mathbf{U})\mathbf{x} = \mathbf{b}$$

이 식의 우변을 정리하면

$$\mathbf{Dx} + (\mathbf{L} + \mathbf{U})\mathbf{x} = \mathbf{b}$$

이 식에서 대각행렬 $\mathbf{D}$와 $\mathbf{x}$의 관계식은 다음과 같이 쓸 수 있다.

$$\mathbf{Dx} = \mathbf{b} - (\mathbf{L} + \mathbf{U})\mathbf{x}$$

이 식을 미지수 $\mathbf{x}$에 대한 식으로 표시하면

$$\mathbf{x} = \mathbf{D}^{-1}\mathbf{b} - \mathbf{D}^{-1}(\mathbf{L} + \mathbf{U})\mathbf{x}$$

여기서 좌변의 $\mathbf{x}$는 우변의 식에 의해서 계속적으로 갱신된다고 간주하면, 다음과 같이 지수를 사용하여 표기할 수 있으며, 이러한 방식을 Jacobi 방법이라고 한다.

$$\mathbf{x}^{(k+1)} = \mathbf{D}^{-1}\mathbf{b} - \mathbf{D}^{-1}(\mathbf{L} + \mathbf{U})\mathbf{x}^{(k)} \tag{14.2}$$

즉, $\mathbf{x}^{(k+1)}$는 갱신된 값으로 연립방정식의 해에 대한 최신의 값을 보유하고 있다고 간주될 수 있다. 이 방법을 진행시키기 위해서는 $k = 0$에서의 초기값 $\mathbf{x}^{(0)}$이 필요하다. 초기값을 식 (14.2)에 대입하면 다음과 같은 식을 얻는다.

$$\mathbf{x}^{(1)} = \mathbf{D}^{-1}\mathbf{b} - \mathbf{D}^{-1}(\mathbf{L} + \mathbf{U})\mathbf{x}^{(0)}$$

이 식을 통해서 연립방정식의 해는 $\mathbf{x}^{(0)}$으로부터 $\mathbf{x}^{(1)}$로 갱신되었다. 계속해서 $k = 1$에서 식 (14.2)를 수행하면 결과는 다음과 같다.

$$\mathbf{x}^{(2)} = \mathbf{D}^{-1}\mathbf{b} - \mathbf{D}^{-1}(\mathbf{L} + \mathbf{U})\mathbf{x}^{(1)}$$

이와 같은 방식으로 미지수인 $\mathbf{x}$를 계속해서 갱신해 나가게 된다. 이러한 반복 과정은 5장에서 학습하였던 알고리즘의 반복과 갱신의 내용과 정확하게 일치함을 알 수 있다.

예제

다음에 주어진 연립방정식 $\mathbf{Ax} = \mathbf{b}$의 해를 Jacobi 방법으로 구하는 방법을 설명하기로 한다.

$$A = \begin{bmatrix} 2 & 1 & 0 \\ 1 & 4 & -1 \\ 0 & -1 & 7 \end{bmatrix}, \quad b = \begin{Bmatrix} 4 \\ 6 \\ 19 \end{Bmatrix}$$

다음은 예제에 적용한 Jacobi 방법을 프로그램으로 작성한 것이다. 예제로 주어진 연립방정식의 엄밀해는 $x_1 = 1,\ x_2 = 2,\ x_3 = 3$이다.

```
import numpy as np

A = np.array([[2,1,0],[1,4,-1],[0,-1,7]])
b = np.array([4,6,19])

N = 10
```

```
7   xold = np.array([0.0,0.0,0.0])
8
9   L = np.tril(A,-1)
10  U = np.triu(A,1)
11  D = np.diag(np.diag(A))
12
13  former = np.linalg.inv(D) @ b
14
15  for k in range(N):
16      latter = - (np.linalg.inv(D) @ (L+ U)) @ xold
17      xnew = former + latter
18      xold = xnew
19  print(k+1, xnew)
```

이 프로그램에서는 라인 6에서 10번의 반복횟수를 지정하였다. 라인 7에서는 초기값을 모두 0으로 주었다. 만일 다른 초기값을 사용하면, 수렴 속도나 결과에 영향을 미치게 된다. 라인 9-11에서 강한 아랫삼각 행렬 **L**을 계산하기 위해서 Numpy에서 `np.tril(A,-1)`를 사용하였다. `np.tril()`은 삼각행렬을 만들어 주는 함수인데, 인수 −1을 사용하면, 대각선 요소를 모두 0으로 채우고, 행렬 **A**에서 대각선 이하 요소를 채우게 된다. 또한, 강한 윗삼각 행렬 **U**를 구하기 위해서 `np.triu(A,1)` 를 사용하였는데, 인수 1은 대각선 요소를 모두 0으로 만들고, 대각선 위의 요소에 행렬 **A**의 요소들을 배치하는 역할을 한다. 라인 13에서는 식 (14.2)의 우변에 있는 첫 번째 항을 표현한 것이다. 이 항은 반복시에 변화되지 않으므로 반복문에 포함되지 않는다. 라인 15-18에서는 식 (14.2)에서 표현된 Jacobi 알고리즘을 반복적으로 수행하고 있다. 라인 17에서 `xnew = former + latter`에 의해서 미지수 **x**의 값은 반복적으로 갱신되고 있음을 유의한다. 이 프로그램의 실행 결과는 다음과 같다.

```
L = [[ 0 0 0]
     [ 1 0 0]
     [ 0 -1 0]]

U = [[ 0 1 0]
     [ 0 0 -1]
     [ 0 0 0]]

D = [[2 0 0]
     [0 4 0]
     [0 0 7]]

1 [2. 1.5 2.71428571]
2 [1.25 1.67857143 2.92857143]
3 [1.16071429 1.91964286 2.95408163]
4 [1.04017857 1.94834184 2.98852041]
5 [1.02582908 1.98708546 2.99262026]
6 [1.00645727 1.9916978 2.99815507]
7 [1.0041511 1.99792445 2.99881397]
8 [1.00103778 1.99866572 2.99970349]
9 [1.00066714 1.99966643 2.99980939]
10 [1.00016679 1.99978556 2.99995235]
```

그림 14.1에서는 예제 문제를 Jacobi 방법으로 해석하여 반복적으로 계산한 세 개의 연립방정식의 해 x_1, x_2, x_3의 수렴 경향을 보여주고 있다. 세 개의 해는 모두 초기값을 0으로 설정하여 계산을 수행하였다. 초기에는 다소 분산된 모습을 보이나, 반복과정이 진행될수록 엄밀해에 근접하게 되어 수렴하는 것을 볼 수 있다. 이러한 반복법의 행태는 단번에 해를 구하는 직접법과 대비된다.

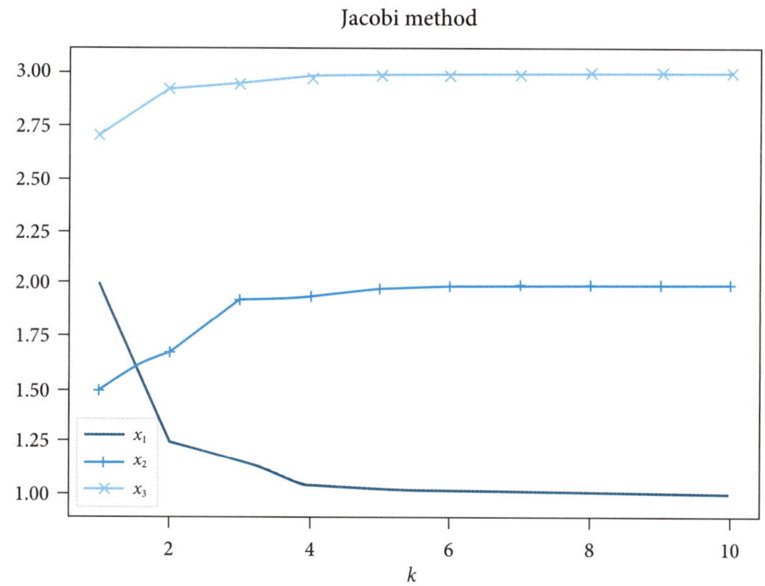

그림 14.1 Jacobi 방법으로 해석한 선형 연립방정식의 해에 대한 수렴도

요소 단위에서의 Jacobi 알고리즘

앞에서 $\mathbf{A} = \mathbf{D} + \mathbf{L} + \mathbf{U}$라고 놓은 이유에 대한 직접적인 설명은 없었으므로, 여기서는 요소 단위에서 그 이유를 설명하고자 한다. 선형 연립방정식 $\mathbf{Ax} = \mathbf{b}$에서 n개의 미지수 $x_1, x_2, ..., x_n$를 포함하고 있다면, 가장 먼저 해야 될 일은 그 값들에 대한 현재 값을 추정하는 것이다. 만일 현재 값이 주어진다면, 적절한 반복 과정을 거쳐서 갱신된 값을 구할 수 있을 것으로 기대한다. 물론, 대부분의 경우에 있어서 현재 값은 진짜 값과 같지 않을 것이다. 다음의 예를 통해서 Jacobi 방법에서 사용하는 알고리즘을 설명하기로 한다.

$$A = \begin{bmatrix} 2 & 1 & 0 \\ 1 & 4 & -1 \\ 0 & -1 & 7 \end{bmatrix}, \quad b = \begin{Bmatrix} 4 \\ 6 \\ 19 \end{Bmatrix}$$

이 방정식은 다음과 같이 요소 단위로 분리해서 쓸 수 있다.

$$2x_1 + x_2 + 0x_3 = 4$$

$$x_1 + 4x_2 - x_3 = 6$$

$$0x_1 - x_2 + 7x_3 = 19$$

한편, Jacobi 방법에서는 대각선 요소를 중심으로 미지수를 반복적으로 갱신하는 방법을 사용하므로, 이 식을 다음과 같이 지수를 사용하여 표시할 수 있다.

$$\begin{aligned} 2x_1^{(k+1)} + x_2^{(k)} + 0x_3^{(k)} &= 4 \\ x_1^{(k)} + 4x_2^{(k+1)} - x_3^{(k)} &= 6 \\ 0x_1^{(k)} - x_2^{(k)} + 7x_3^{(k+1)} &= 19 \end{aligned} \tag{14.3}$$

이 식에서 대각선 성분에 해당하는 요소만 k+1의 지수를 가지며 나머지는 모두 k임을 알 수 있다. 즉, 첫 번째 방정식에서는 $x_1^{(k+1)}$, 두 번째 방정식에서는 $x_2^{(k+1)}$, 그리고 세 번째 방정식에서는 $x_3^{(k+1)}$를 갱신한다는 것을 의미한다. 그리고, 이 값들을 갱신할 때, $x_1^{(k+1)}$은 오직 $x_2^{(k)}$와 $x_3^{(k)}$ 값만을 사용하게 된다. 마찬가지로 $x_2^{(k+1)}$은 오직 $x_1^{(k)}$와 $x_3^{(k)}$ 값만을, 그리고 $x_3^{(k+1)}$은 오직 $x_1^{(k)}$와 $x_2^{(k)}$ 값만을 사용한다. 따라서, 각 행에서의 방정식은 각각 독립적으로 갱신 과정을 수행함을 볼 수 있다. 식 (14.3) 에서 대각선 요소와 비대각선 요소들을 분리해서 행렬 방정식으로 다시 써보면 다음과 같다.

$$\begin{bmatrix} 2 & 0 & 0 \\ 0 & 4 & 0 \\ 0 & 0 & 7 \end{bmatrix} \begin{Bmatrix} x_1^{(k+1)} \\ x_2^{(k+1)} \\ x_3^{(k+1)} \end{Bmatrix} + \begin{bmatrix} 0 & 1 & 0 \\ 1 & 0 & -1 \\ 0 & -1 & 0 \end{bmatrix} \begin{Bmatrix} x_1^{(k)} \\ x_2^{(k)} \\ x_3^{(k)} \end{Bmatrix} = \begin{Bmatrix} 4 \\ 6 \\ 19 \end{Bmatrix}$$

그러므로 이 방정식은 다음과 같이 간주될 수 있다.

$$\mathbf{D}\mathbf{x}^{(k+1)} + (\mathbf{L} + \mathbf{U})\mathbf{x}^{(k)} = \mathbf{b}$$

여기서,

$$\mathbf{D} = \begin{bmatrix} 2 & 0 & 0 \\ 0 & 4 & 0 \\ 0 & 0 & 7 \end{bmatrix}, \quad \mathbf{L} = \begin{bmatrix} 0 & 0 & 0 \\ 1 & 0 & 0 \\ 0 & -1 & 0 \end{bmatrix}, \quad \mathbf{U} = \begin{bmatrix} 0 & 1 & 0 \\ 0 & 0 & -1 \\ 0 & 0 & 0 \end{bmatrix}$$

이 식을 $x^{(k+1)}$에 대하여 정리하면 최종적으로 다음과 같은 반복식을 얻게 된다.

$$\mathbf{x}^{(k+1)} = \mathbf{D}^{-1}\mathbf{b} - \mathbf{D}^{-1}(\mathbf{L} + \mathbf{U})\mathbf{x}^{(k)}$$

결론적으로, 연립방정식의 $\mathbf{Ax} = \mathbf{b}$의 요소 단위에서 출발하여 Jabobi 방법의 알고리즘을 유도하였다. 이 결과를 통해서 행렬로 이루어진 Jabobi 방법에 대한 알고리즘을 보다 잘 이해할 수 있을 것으로 생각된다.

14.2 Gauss-Seidel 방법

Gauss-Seidel 방법은 Jacobi 방법과 유사하게 보이지만, 연립 방정식의 각 행을 이루는 방정식에 대하여 독립적으로 계산이 수행되지 않고, 연관성을 지닌채로 진행된다는 점이 다른 점이다. 예를 들어, Jacobi 방법에서는 계산에 있어서 각 행의 대각선 요소는 다른 행의 대각선 요소와 서로 독립적으로 계산되기 때문에 직접적인 관계가 없다. 그러나, Gauss-Seidel 방법에서는 첫 번째 행에서 계산된 값이 두 번째 행에서 사용되기 때문에 상호간에 종속관계를 이루고 있다고 볼 수 있다. 이번에는 Gauss-Seidel 방법을 사용하여 선형 연립방정식 $\mathbf{Ax} = \mathbf{b}$의 해를 구하는 방법을 설명하기로 한다. 각 행렬의 요소는 다음과 같다.

$$\mathbf{A} = \begin{bmatrix} a_{11} & a_{12} & \cdots & a_{1n} \\ a_{21} & a_{22} & \cdots & a_{2n} \\ \vdots & \vdots & \ddots & \vdots \\ a_{n1} & a_{n2} & \cdots & a_{nn} \end{bmatrix}, \quad \boldsymbol{x} = \begin{bmatrix} x_1 \\ x_2 \\ \vdots \\ x_n \end{bmatrix}, \quad \boldsymbol{b} = \begin{bmatrix} b_1 \\ b_2 \\ \vdots \\ b_n \end{bmatrix}$$

행렬 **A**를 다음과 같이 구성한다.

$$\mathbf{A} = \mathbf{L} + \mathbf{D} + \mathbf{U} \tag{14.4}$$

여기서 **L**은 아랫삼각 행렬이며, **U**는 강성 윗삼각strictly upper triangular 행렬이며 구성 요소로 표시하면 다음과 같다.

$$\mathbf{L} = \begin{bmatrix} 0 & 0 & \cdots & 0 \\ a_{21} & 0 & \cdots & 0 \\ \vdots & \vdots & \ddots & \vdots \\ a_{n1} & a_{n2} & \cdots & 0 \end{bmatrix}, \mathbf{D} = \begin{bmatrix} a_{11} & 0 & \cdots & 0 \\ 0 & a_{22} & \cdots & 0 \\ \vdots & \vdots & \ddots & \vdots \\ 0 & 0 & \cdots & a_{nn} \end{bmatrix}, \mathbf{U} = \begin{bmatrix} 0 & a_{12} & \cdots & a_{1n} \\ 0 & 0 & \cdots & a_{2n} \\ \vdots & \vdots & \ddots & \vdots \\ 0 & 0 & \cdots & 0 \end{bmatrix}$$

그리고, 연립방정식 **Ax** = **b**에 대해 식 (14.4)를 적용하면 다음과 같다.

$$\mathbf{Ax} = (\mathbf{L} + \mathbf{D} + \mathbf{U})\mathbf{x} = \mathbf{b}$$

이 방정식을 다음과 같이 정리할 수 있다.

$$(\mathbf{L} + \mathbf{D})\mathbf{x} + \mathbf{Ux} = \mathbf{b}$$

이 식을 두 행렬 **L**과 **D**를 중심으로 다시 정리하면 다음과 같다.

$$(\mathbf{L} + \mathbf{D})\mathbf{x} = \mathbf{b} - \mathbf{Ux}$$

최종적으로 $\mathbf{x}$에 대하여 정리하면

$$\mathbf{x} = (\mathbf{L} + \mathbf{D})^{-1}(\mathbf{b} - \mathbf{U}\mathbf{x})$$

이 방정식에서 좌변의 $\mathbf{x}$는 우변의 식에 의해서 계속적으로 갱신되므로, 지수를 사용하여 다음과 같이 쓸 수 있으며 이를 사용한 연립방정식의 해법을 Gauss-Seidel 방법이라고 한다.

$$\mathbf{x}^{(k+1)} = (\mathbf{L} + \mathbf{D})^{-1}(\mathbf{b} - \mathbf{U}\mathbf{x}^{(k)}) \tag{14.5}$$

이 방법을 진행시키기 위해서는 $k = 0$에서의 초기값 $\mathbf{x}^{(0)}$이 필요하다. 초기값을 식 (14.5)에 대입하면 다음과 같은 식을 얻는다.

$$\mathbf{x}^{(1)} = (\mathbf{L} + \mathbf{D})^{-1}(\mathbf{b} - \mathbf{U}\mathbf{x}^{(0)})$$

이 식을 통해서 연립방정식의 해는 $\mathbf{x}^{(0)}$으로부터 $\mathbf{x}^{(1)}$로 갱신되었다. 계속해서 k =1에서 식 (14.5)를 수행하면 결과는 다음과 같다.

$$\mathbf{x}^{(2)} = (\mathbf{L} + \mathbf{D})^{-1}(\mathbf{b} - \mathbf{U}\mathbf{x}^{(1)})$$

이와 같은 방식으로 미지수인 $\mathbf{x}$를 계속해서 갱신해 나가게 된다. 이러한 반복 과정은 5 장에서의 알고리즘의 반복과 갱신의 내용에서 이미 학습하였다.

예제

나음에 주어진 연립방정식 $\mathbf{Ax} = \mathbf{b}$의 해를 Gauss-Seidel 방법으로 구하는 방법을 설명하기로 한다.

$$A = \begin{bmatrix} 2 & 1 & 0 \\ 1 & 4 & -1 \\ 0 & -1 & 7 \end{bmatrix}, \quad b = \begin{Bmatrix} 4 \\ 6 \\ 19 \end{Bmatrix}$$

다음은 Gauss-Seidel 방법을 프로그래밍한 것이다.

```
1   import numpy as np
2
3   A = np.array([[2,1,0],[1,4,-1],[0,-1,7]])
4   b = np.array([4,6,19])
5
6   N = 10
7   xold = np.array([0.0,0.0,0.0])
8
9   L = np.tril(A,-1)
10  U = np.triu(A,1)
11  D = np.diag(np.diag(A))
12
13  former = np.linalg.inv(L + D)
14
15  for k in range(N):
16      latter = b - U @ xold
17      xnew = former @ latter
18      xold = xnew
19      print(k+1, xnew)
```

이 프로그램에서 라인 6에서 반복 회수를 10으로 지정하였다. 라인 7에서 미지수 $\mathbf{x}$에 대한 초기값을 모두 0으로 하였다. 라인 9-11에서 알고리즘에서 필요한 세 개의 행렬 **L**, **D**, **U**를 Numpy에 있는 `tril()` `triu()` 함수와 `diag()` 함수를 사용하여 계산하였다. `tril()` 함수에서 두 번째 인자를 −1과 1로 준것은 대각선 요소를 0으로 가지는, 아랫삼각행렬과 윗삼각행렬로 만드는 것을 의미한다. 또한, 라인 11에서 `np.diag(A)`은 행렬 **A**에서 대각선 요소만을 발췌하는 것이다. 따라서, **D**를 행렬의 형태로 만들어주기 위해서는 한번 더 `diag()` 명령을 사용해야 함을 유의해야 한다. 라인 13에서는 식 (14.5)에서 $(\mathbf{L} + \mathbf{D})^{-1}$을 표현한 것이며 Numpy에 있는 `linalg.inv()` 함수를 사용하였다. 라인 15-18에서는

Gauss-Seidel 방법에서의 실제 내용을 구현하고 있다. 라인 16에서 `latter`는 식 (14.5)의 뒷부분을 의미하고 있다. 라인 17에서는 식 (14.5)에서의 갱신과정을 보여주고 있다. 라인 18에서는 다음 계산에서 사용하기 위하여 새로운 값을 반복과정에 대입하는 과정을 보여주고 있다. 이 프로그램을 수행하면 결과는 다음과 같다.

```
1 [2. 1. 2.85714286]
2 [1.5 1.83928571 2.97704082]
3 [1.08035714 1.97417092 2.99631013]
4 [1.01291454 1.9958489 2.99940699]
5 [1.00207555 1.99933286 2.99990469]
6 [1.00033357 1.99989278 2.99998468]]
7 [1.00005361 1.99998277 2.99999754]
8 [1.00000862 1.99999723 2.9999996 ]
9 [1.00000138 1.99999955 2.99999994]
10 [1.00000022 1.99999993 2.99999999]
```

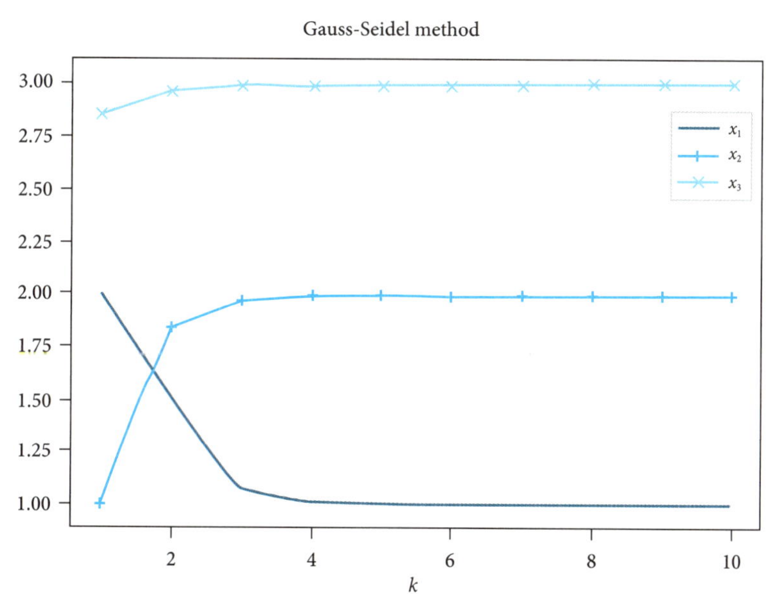

그림 14.2 Gauss–Seidel 방법으로 해석한 선형 연립방정식의 해에 대한 수렴도

그림 14.2에서는 예제 문제를 Gauss-Seidel 방법으로 해석하여 반복적으로 계산한 세 개의 연립방정식의 해 x_1, x_2, x_3의 수렴 경향을 보여주고 있다. 세 개의 해는 모두 초기값을 0으로 설정하여 계산을 수행하였다. 초기에는 다소 분산된 모습을 보이나, 반복과정이 진행될수록 엄밀해에 근접하게 되어 수렴하는 것을 볼 수 있다. 앞에서 살펴본 Jacobi 방법과 비교해보면 해의 수렴경향은 다르게 나타남을 알 수 있다. Gauss-Seidel 방법에서는 반복때 마다 최신의 값을 사용하고 있으므로, 수렴이 보다 빠르게 될 것으로 기대된다. 그러나, 다른 반복법과의 수렴도에서의 상이점은 초기값 또는 문제의 성격에 따라서 달라지므로 일관성 있게 어떤 결론을 내기는 어렵다.

요소 단위에서의 Gauss-Seidel 알고리즘

Jacobi 방법에서도 $\mathbf{A} = \mathbf{D} + \mathbf{L} + \mathbf{U}$로 놓은 이유에 대해서 상세하게 설명하였으나 Gauss-Seidel 방법에서는 상당히 다른 알고리즘을 사용하고 있으므로 이에 대한 설명이 필요하다고 생각된다. 따라서 다음의 예를 통해서 Gauss-Seidl 방법에서 사용하는 알고리즘을 상세하게 설명하기로 한다. 다음에 주어진 선형 연립 방정식의 해를 구하는 문제를 생각해 보기로 한다.

$$A = \begin{bmatrix} 2 & 1 & 0 \\ 1 & 4 & -1 \\ 0 & -1 & 7 \end{bmatrix}, \quad b = \begin{Bmatrix} 4 \\ 6 \\ 19 \end{Bmatrix}$$

이 방정식은 다음과 같이 요소 단위로 분리해서 쓸 수 있다.

$$2x_1 + x_2 + 0x_3 = 4$$

$$x_1 + 4x_2 - x_3 = 6$$

$$0x_1 - x_2 + 7x_3 = 19$$

Gauss-Seidel 방법에서도 Jacobi 방법과 유사하게 대각선 요소를 중심으로 미지수를 반복적으로 갱신하는 방법을 사용하므로, 이 식을 다음과 같이 지수를 사용하여 표시할 수 있다. 그러나, Jacobi 방법과 다른 점은 각 행의 방정식에서 최신의 값을 사용하고자 한다는 것이다.

$$\begin{aligned} 2x_1^{(k+1)} + x_2^{(k)} + 0x_3^{(k)} &= 4 \\ x_1^{(k+1)} + 4x_2^{(k+1)} - x_3^{(k)} &= 6 \\ 0x_1^{(k+1)} - x_2^{(k+1)} + 7x_3^{(k+1)} &= 19 \end{aligned}$$

즉, Jacobi 방법에서는 대각선 성분에 해당하는 요소만 k+1의 지수를 가지는 경우를 고려하였다. 그러나, Guass-Seidel 방법에서는 첫 번째 방정식에서는 $x_1^{(k+1)}$, 두 번째 방정식에서는 $x_1^{(k+1)}$, $x_2^{(k+1)}$ 그리고 세 번째 방정식에서는 $x_1^{(k+1)}$, $x_2^{(k+1)}$, $x_3^{(k+1)}$를 모두 포함하고 있다. 따라서, 각 방정식은 더 이상 독립적으로 갱신 과정을 수행하지 않는다. 예를 들어, 두 번째 방정식에서는 $x_2^{(k+1)}$를 계산하기 위하여, 첫 번째 방정식에서 구한 $x_1^{(k+1)}$을 사용하고 있다. 이제, 대각선 요소와 비대각선 요소들을 분리해서 행렬 방정식으로 다시 써보면 다음과 같다.

$$\begin{bmatrix} 2 & 0 & 0 \\ 1 & 4 & 0 \\ 0 & -1 & 7 \end{bmatrix} \begin{Bmatrix} x_1^{(k+1)} \\ x_2^{(k+1)} \\ x_3^{(k+1)} \end{Bmatrix} + \begin{bmatrix} 0 & 1 & 0 \\ 0 & 0 & -1 \\ 0 & 0 & 0 \end{bmatrix} \begin{Bmatrix} x_1^{(k)} \\ x_2^{(k)} \\ x_3^{(k)} \end{Bmatrix} = \begin{Bmatrix} 4 \\ 6 \\ 19 \end{Bmatrix}$$

따라서, 이 방정식은 다음과 같이 간주될 수 있다.

$$(\mathbf{L} + \mathbf{D})\mathbf{x}^{(k+1)} + \mathbf{U}\mathbf{x}^{(k)} = \mathbf{b}$$

여기서

$$\mathbf{L} = \begin{bmatrix} 0 & 0 & 0 \\ 1 & 0 & 0 \\ 0 & -1 & 0 \end{bmatrix}, \quad \mathbf{D} = \begin{bmatrix} 2 & 0 & 0 \\ 0 & 4 & 0 \\ 0 & 0 & 7 \end{bmatrix}, \quad \mathbf{U} = \begin{bmatrix} 0 & 1 & 0 \\ 0 & 0 & -1 \\ 0 & 0 & 0 \end{bmatrix}$$

최종적으로 다음과 같은 반복식을 얻게 된다.

$$\mathbf{x}^{(k+1)} = (\mathbf{L} + \mathbf{D})^{-1}(\mathbf{b} - \mathbf{U})\mathbf{x}^{(k)}$$

결론적으로, 연립방정식 $\mathbf{Ax} = \mathbf{b}$의 요소 단위에서 출발하여 Guass-Seidel 방법의 알고리즘을 유도하였다. 이 결과를 통해서 행렬로 이루어진 Guass-Seidel 방법에 대한 알고리즘을 보다 잘 이해할 수 있을 것으로 생각된다. Gauss-Seidel 방법이 제대로 수렴하기 위해서는 대각선 주도조건을 만족해야한다는 점을 유의해야 한다.

14.3 SOR 방법

SOR[sucessive over-relaxation] 방법은 Gauss-Seidel 방법의 일종으로서, 더 빠른 수렴속도를 구현하기 위하여 개발된 것이다. 이 방법은 David M. Young Jr.과 Stanley P. Frankel에 의해서 컴퓨터를 이용한 수치해석을 구현하기 위해서 1950년에 제안되었다. 이 방법의 주요 내용은 미지수를 갱신하는과정에서, 즉, $x^{(k)}$에서 $x^{(k+1)}$로 곧바로 넘어간다고 생각하지 않고, 갱신의 분량이 상대적인 방향인 $x^{(k+1)} - x^{(k)}$와 관련이 있다고 생각하는 것이다. 다음은 Gauss-Seidel 방법을 유도하는 중간과정에서 나타나는 식이다.

$$(\mathbf{L} + \mathbf{D})\mathbf{x}^{(k+1)} + \mathbf{U}\mathbf{x}^{(k)} = \mathbf{b}$$

이 식을 다음과 같이 수정하여 표기한다.

$$\mathbf{D}\mathbf{x}^{(k+1)} = \mathbf{b} - \mathbf{L}\mathbf{x}^{(k+1)} - \mathbf{U}\mathbf{x}^{(k)}$$

따라서, $\mathbf{x}^{(k+1)}$에 대하여 다음과 같이 정리할 수 있다.

$$\mathbf{x}^{(k+1)} = \mathbf{D}^{-1}(\mathbf{b} - \mathbf{L}\mathbf{x}^{(k+1)} - \mathbf{U}\mathbf{x}^{(k)})$$

이 식의 양변에서 $\mathbf{x}^{(k)}$을 빼주면 다음과 같다.

$$\mathbf{x}^{(k+1)} - \mathbf{x}^{(k)} = \mathbf{D}^{-1}(\mathbf{b} - \mathbf{L}\mathbf{x}^{(k+1)} - \mathbf{D}\mathbf{x}^{(k)} - \mathbf{U}\mathbf{x}^{(k)}) \tag{14.6}$$

한편, SOR 방법에 대한 식을 다음과 같이 정의한다.

$$\mathbf{x}^{(k+1)} = \mathbf{x}^{(k)} + \omega(\mathbf{x}^{(k+1)} - \mathbf{x}^{(k)}) \tag{14.7}$$

여기서 ω는 완화계수relaxation factor이다. 식 (14.6)을 식 (14.7)의 우변에 대입하면 다음과 같다.

$$\mathbf{x}^{(k+1)} = \mathbf{x}^{(k)} + \omega\mathbf{D}^{-1}(\mathbf{b} - \mathbf{L}\mathbf{x}^{(k+1)} - \mathbf{D}\mathbf{x}^{(k)} - \mathbf{U}\mathbf{x}^{(k)})$$

이 식의 양변에 $\mathbf{D}$를 곱한 후에 ω로 나누면 다음과 같다.

$$\frac{1}{\omega}\mathbf{D}\mathbf{x}^{(k+1)} = \frac{1}{\omega}\mathbf{D}\mathbf{x}^{(k)} + (\mathbf{b} - \mathbf{L}\mathbf{x}^{(k+1)} - \mathbf{D}\mathbf{x}^{(k)} - \mathbf{U}\mathbf{x}^{(k)})$$

이 식에서 $\mathbf{x}^{(k+1)}$ 항으로 정리하면

$$\begin{aligned}\left(\mathbf{L} + \frac{1}{\omega}\mathbf{D}\right)\mathbf{x}^{(k+1)} &- \frac{1}{\omega}\mathbf{D}\mathbf{x}^{(k)} + (\mathbf{b} - \mathbf{D}\mathbf{x}^{(k)} - \mathbf{U}\mathbf{x}^{(k)}) \\ &= \left(\frac{1}{\omega}\mathbf{D} - \mathbf{D} - \mathbf{U}\right)\mathbf{x}^{(k)} + \mathbf{b}\end{aligned}$$

최종적으로 $\mathbf{x}^{(k+1)}$에 대하여 풀면 다음과 같은 결과를 얻게 되며 이를 SOR 방법으로 정의한다.

$$\mathbf{x}^{(k+1)} = \left(\mathbf{L} + \frac{1}{\omega}\mathbf{D}\right)^{-1}\left[\left(\frac{1}{\omega}\mathbf{D} - \mathbf{D} - \mathbf{U}\right)\mathbf{x}^{(k)} + \mathbf{b}\right] \tag{14.8}$$

여기서 완화계수는 $1 < \omega < 2$이며, $\omega = 1$일 때는 Gauss-Seidel 방법이 된다. 이 방법을 진행시키기 위해서는 $k = 0$에서의 초기값 $\mathbf{x}^{(0)}$이 필요하다. 초기값을 식 (14.8)에 대입하면 다음과 같은 식을 얻는다.

$$\mathbf{x}^{(1)} = \left(\mathbf{L} + \frac{1}{\omega}\mathbf{D}\right)^{-1}\left[\left(\frac{1}{\omega}\mathbf{D} - \mathbf{D} - \mathbf{U}\right)\mathbf{x}^{(0)} + \mathbf{b}\right]$$

이 식을 통해서 연립방정식의 해는 $\mathbf{x}^{(0)}$으로부터 $\mathbf{x}^{(1)}$로 갱신되었다. 계속해서 $k = 1$에서 식 (14.8)을 수행하면 결과는 다음과 같다.

$$\mathbf{x}^{(2)} = \left(\mathbf{L} + \frac{1}{\omega}\mathbf{D}\right)^{-1}\left[\left(\frac{1}{\omega}\mathbf{D} - \mathbf{D} - \mathbf{U}\right)\mathbf{x}^{(1)} + \mathbf{b}\right]$$

이와 같은 방식으로 미지수인 $\mathbf{x}$를 계속해서 갱신해 나가게 된다.

예제

다음에 주어진 연립방정식 $\mathbf{Ax} = \mathbf{b}$의 해를 SOR 방법으로 구하는 방법을 설명하기로 한다.

$$A = \begin{bmatrix} 2 & 1 & 0 \\ 1 & 4 & -1 \\ 0 & -1 & 7 \end{bmatrix}, \quad b = \begin{Bmatrix} 4 \\ 6 \\ 19 \end{Bmatrix}$$

다음은 예제 문제를 SOR 방법을 사용해서 해를 구하는 프로그램이다.

```
import numpy as np

A = np.array([[2,1,0],[1,4,-1],[0,-1,7]])
```

```
4   b = np.array([4,6,19])
5
6   N = 10
7   xold = np.array([0.0,0.0,0.0])
8
9   omega = 1.5
10  L = np.tril(A,-1)
11  U = np.triu(A,1)
12  D = np.diag(np.diag(A))
13
14  former = np.linalg.inv(L + D/omega)
15
16  for k in range(N):
17      latter = (D/omega - D - U) @ xold + b
18      xnew = former @ latter
19      xold = xnew
20      print(k+1, xnew)
```

이 프로그램에서 라인 6에서는 10회 반복을 설정한다. 라인 7에서는 초기값을 모두 0으로 한다. 라인 9에서 완화계수를 $\omega = 1.5$로 설정한다. 라인 10-12에서는 계산에서 필요한 행렬을 Numpy 함수 `np.tril()`, `np.triu()`, `np.diag()`를 사용하여 각각 구한다. 라인 14에서의 `former`는 식 (14.8)에서의 역행렬 부분이며 반복과정에서 값이 변하지 않기 때문에 한 번만 계산한다. 라인 16-19에서는 식 (14.8)에서 정의된 SOR 방법을 그대로 구현하고 있다. 이 프로그램을 수행하면 결과는 다음과 같다.

```
1 [2.5 1.09375 3.58816964]
2 [1.19140625 2.35055106 2.91555599]
3 [0.73305402 1.9693941 3.01564566]
4 [1.08586518 1.98570788 2.99353642]
```

```
5 [0.98746628 2.00546995 3.00259267]
6 [0.99971471 1.99953188 2.99926824]
7 [1.0003639 1.99977464 3.0001427 ]
8 [1.00004988 2.00008535 2.99997957]
9 [0.99993419 1.99999284 3.00000383]
10 [1.00002093 1.99999645 2.99999841]
```

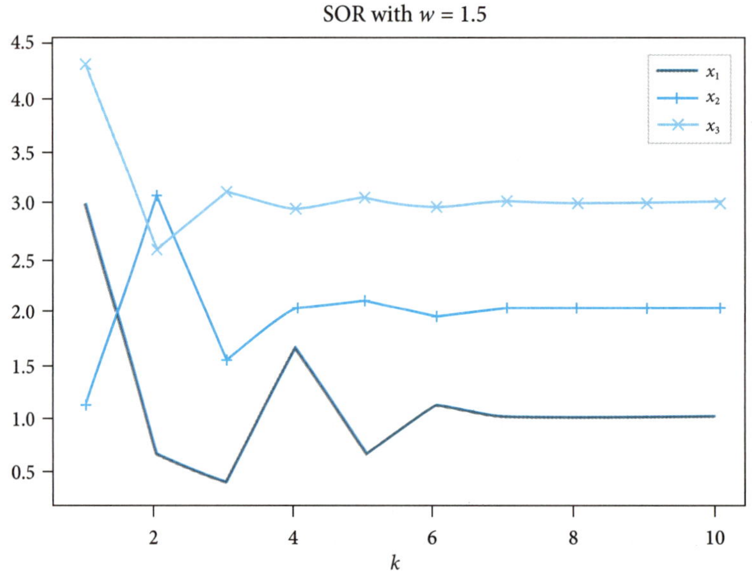

그림 14.3 ω = 1.5에서의 SOR 해법의 수렴도

SOR 방법에서는 완화계수 ω의 값을 조절하여, 방정식의 수렴도를 어느 정도 조절할 수 있다. 예를 들어, $\omega = 1.0$인 경우에는 Gauss-Seidel 방법이 된다. 식 (14.8)에서 볼 수 있듯이 $\mathbf{x}^{(k+1)}$을 계산하는데 있어서 완화계수는 $\mathbf{x}^{(k+1)}-\mathbf{x}^{(k)}$의 값에 직접적으로 영향을 주게 된다. 만일 $\omega > 1$인 경우는 보다 큰 값이, $0 < \omega < 1$인 경우는 상대적으로 작은 값이 반영된다. 다음의 그림에서는 세 개의 다른 완화계수 $\omega = 1.5$, $\omega = 1.2$, $\omega = 0.8$을 각각 사용하여 얻은 결과를 보여주고 있다.

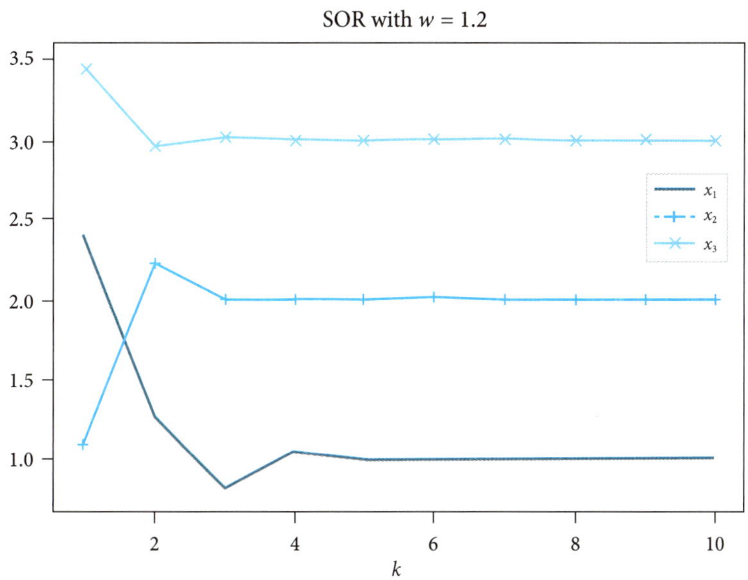

그림 14.4 ω = 1.2에서의 SOR 해법의 수렴도

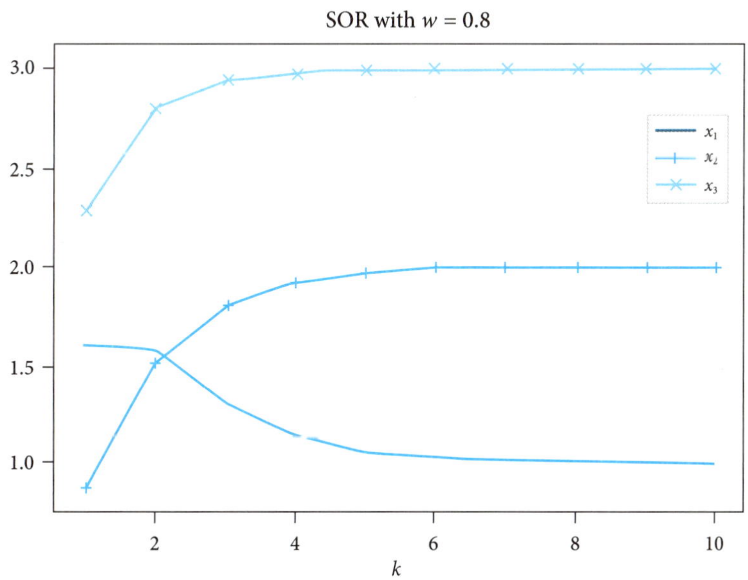

그림 14.5 ω = 0.8에서의 SOR 해법의 수렴도

방정식에 따라서 완화계수의 경향은 달라질 수 있으므로 절대적인 내용이 아니라 참고적으로만 보아두면 좋을 것 같다. 대용량의 방정식을 다루어야 하는 실제 상황에 있어서는 계산 결과의 정확도뿐만 아니라 계산 시간도 중요한 요인이 된다. 따라서 적절한 완화계수를 선택하는 것은 사용자 입장에서 볼 때는 컴퓨터에만 맡겨놓지 않고 적극적으로 개입하여 계산 과정에 영향을 줄 수 있다는 것으로 생각할 수 있을 것이다.

14.4 연습문제

1. 다음의 선형 연립방정식의 해를 구하되, Jacobi 방법을 사용하되 초기값은 모두 0으로 하시오. 단, 반복회수는 10회로 하시오.

$$\begin{bmatrix} 4 & 1 \\ 1 & 2 \end{bmatrix} \begin{Bmatrix} x_1 \\ x_2 \end{Bmatrix} = \begin{Bmatrix} 6 \\ 5 \end{Bmatrix}$$

2. 다음의 선형 연립방정식의 해를 구하되, Jacobi 방법을 사용하되 초기값은 모두 0으로 하시오. 단, 반복회수는 10회로 하시오.

$$\begin{bmatrix} 2 & 3 \\ 3 & 7 \end{bmatrix} \begin{Bmatrix} x_1 \\ x_2 \end{Bmatrix} = \begin{Bmatrix} 6 \\ 16 \end{Bmatrix}$$

3. 다음의 선형 연립방정식의 해를 구하되, Jacobi 방법을 사용하되 초기값은 모두 0으로 하시오. 단, 반복회수는 10회로 하시오.

$$\begin{bmatrix} 7 & 2 & 1 \\ 2 & 8 & 3 \\ 1 & 3 & 6 \end{bmatrix} \begin{Bmatrix} x_1 \\ x_2 \\ x_3 \end{Bmatrix} = \begin{Bmatrix} 3 \\ 2 \\ 2 \end{Bmatrix}$$

4. 다음의 선형 연립방정식의 해를 구하되, Jacobi 방법을 사용하되 초기값은 모두 0으로 하시오. 단, 반복회수는 10회로 하시오.

$$\begin{bmatrix} 5 & 2 & 1 \\ 2 & 7 & 1 \\ 1 & 2 & 9 \end{bmatrix} \begin{Bmatrix} x_1 \\ x_2 \\ x_3 \end{Bmatrix} = \begin{Bmatrix} 7 \\ 3 \\ 5 \end{Bmatrix}$$

5. 다음의 선형 연립방정식의 해를 구하되, Gauss-Seidel 방법을 사용하되 초기값은 모두 0으로 하시오. 단, 반복회수는 10회로 하시오.

$$\begin{bmatrix} 5 & -1 & 1 \\ -1 & 7 & 3 \\ 1 & 3 & 6 \end{bmatrix} \begin{Bmatrix} x_1 \\ x_2 \\ x_3 \end{Bmatrix} = \begin{Bmatrix} 1 \\ 1 \\ 5 \end{Bmatrix}$$

6. 다음의 선형 연립방정식의 해를 구하되, Gauss-Seidel 방법을 사용하되 초기값은 모두 0으로 하시오. 단, 반복회수는 10회로 하시오.

$$\begin{bmatrix} 9 & -1 & 1 \\ -1 & 5 & -1 \\ 1 & -1 & 2 \end{bmatrix} \begin{Bmatrix} x_1 \\ x_2 \\ x_3 \end{Bmatrix} = \begin{Bmatrix} 4 \\ 0 \\ 9 \end{Bmatrix}$$

7. 다음의 선형 연립방정식의 해를 구하되, Gauss-Seidel 방법을 사용하되 초기값은 모두 0으로 하시오. 단, 반복회수는 10회로 하시오.

$$\begin{bmatrix} 5 & 1 & 1 \\ 2 & 2 & 3 \\ 1 & 3 & 1 \end{bmatrix} \begin{Bmatrix} x_1 \\ x_2 \\ x_3 \end{Bmatrix} = \begin{Bmatrix} 3 \\ 4 \\ 1 \end{Bmatrix}$$

8. 다음의 선형 연립방정식의 해를 구하되, Gauss-Seidel 방법을 사용하되 초기값은 모두 0으로 하시오. 단, 반복회수는 10회로 하시오.

$$\begin{bmatrix} 1 & 2 & 3 \\ 2 & 4 & 3 \\ 1 & 3 & 2 \end{bmatrix} \begin{Bmatrix} x_1 \\ x_2 \\ x_3 \end{Bmatrix} = \begin{Bmatrix} 3 \\ 1 \\ 7 \end{Bmatrix}$$

9. 다음의 선형 연립방정식의 해를 구하되, Gauss-Seidel 방법을 사용하되 초기값은 모두 0으로 하시오. 단, 반복회수는 10회로 하시오.

$$\begin{bmatrix} 2 & -1 & 1 \\ -1 & 3 & -1 \\ 1 & -1 & 2 \end{bmatrix} \begin{Bmatrix} x_1 \\ x_2 \\ x_3 \end{Bmatrix} = \begin{Bmatrix} 4 \\ 6 \\ 15 \end{Bmatrix}$$

10. 다음의 선형 연립방정식의 해를 구하되, $\omega = 1.2$의 SOR 방법을 사용하되 초기값은 모두 0으로 하시오. 단, 반복회수는 10회로 하시오.

$$\begin{bmatrix} 2 & 1 & 0 \\ 1 & 6 & -1 \\ 0 & -1 & 7 \end{bmatrix} \begin{Bmatrix} x_1 \\ x_2 \\ x_3 \end{Bmatrix} = \begin{Bmatrix} 1 \\ 3 \\ 4 \end{Bmatrix}$$

11. 다음의 선형 연립방정식의 해를 구하되, $\omega = 1.5$의 SOR 방법을 사용하되 초기값은 모두 0으로 하시오. 단, 반복회수는 10회로 하시오.

$$\begin{bmatrix} 5 & -1 & 0 \\ -1 & 3 & -1 \\ 0 & -1 & 2 \end{bmatrix} \begin{Bmatrix} x_1 \\ x_2 \\ x_3 \end{Bmatrix} = \begin{Bmatrix} 5 \\ 6 \\ 4 \end{Bmatrix}$$

12. 다음의 선형 연립방정식의 해를 구하되, $\omega = 1.75$의 SOR 방법을 사용하되 초기값은 모두 0으로 하시오. 단, 반복회수는 10회로 하시오.

$$\begin{bmatrix} 5 & 1 & 1 \\ 3 & 9 & 2 \\ 3 & 1 & 7 \end{bmatrix} \begin{Bmatrix} x_1 \\ x_2 \\ x_3 \end{Bmatrix} = \begin{Bmatrix} 4 \\ 1 \\ 1 \end{Bmatrix}$$

CHAPTER 15

회귀법

회귀법regression은 주어진 데이터에서 종속변수와 독립변수와의 관계를 알아보기 위하여 사용된다. 예를 들어, 하루 커피 섭취량과 수면 시간의 관계를 실험 자료를 사용하여, 회귀법을 적용하여 상관관계를 찾아낼 수 있다. 여기서는 하나의 독립변수만을 고려하였으나, 다수의 독립변수를 사용해야 할 때도 있다. 또한, 종속변수와 독립변수가 선형관계가 아닌 비선형 관계를 갖는 경우도 있다. 그러한 경우에는 비선형 방정식을 사용하게 된다. 회귀법에서 널리 사용되는 방법은 최소자승법method of least squares이다. 이번 장에서는 주어진 데이터를 분석하여 직관적으로 두 변수간의 관계식을 찾을 수 있는 최소자승법의 알고리즘을 중심으로 소개하기로 한다. 이번 장에서 다루고자 하는 회귀법은 다음과 같다.

- 선형회귀법linear regression
- 다항식 회귀법polynomial regression
- 비선형 회귀법nonlinear regression

15.1 최소자승법

예를 들어, 상황에 따라서 다르기는 하지만, 수면 시간을 종속변수로 생각한다면, 커피 섭취량은 독립변수가 된다. 물론 그 반대의 경우로 생각할 수도 있다. 독립변수 x와 종속변수 y를 미지의 계수를 적용하여 선형적으로 표시하면 다음과 같다.

$$y = \hat{y} + \varepsilon = \beta_0 + \beta_1 x + \varepsilon \tag{15.1}$$

여기서, $\hat{y} \equiv \beta_0 + \beta_1 x$이며 β_0, β_1은 결정하고자 하는 계수, ε은 오차이다. 그리고, 독립변수 x는 커피 섭취량, 종속변수 y는 수면 시간으로 설정할 수 있다. 식 (15.1)에서의 계수 β_0, β_1 등을 구하는 다양한 방법을 회귀법에서는 제공하고 있다.

회귀법에서 미지의 계수를 구하는 방법으로 최소자승법이 널리 사용된다. 최소자승법method of least-squares은 미지수를 품고 있는 관계식과 주어진 실험 자료

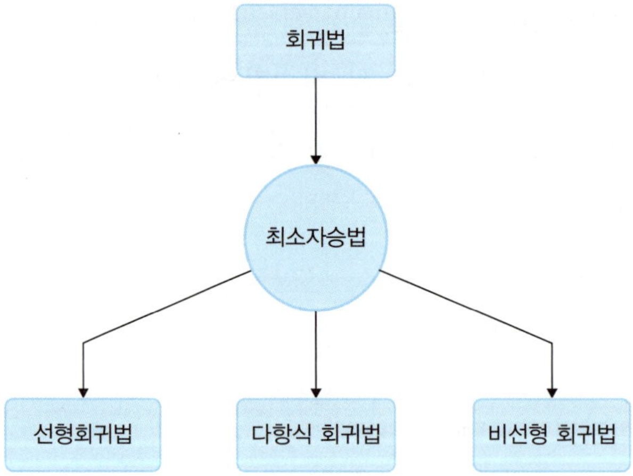

그림 15.1 최소자승법과 회귀법의 종류

간의 오차를 최소화하는 방법으로 결과를 도출한다. 그림 15.1에서는 회귀법과 최소자승법과 관련된 내용을 간략하게 도시하고 있다. 식 (15.1)로부터 데이터와 회귀식 사이의 오차 ε는 다음과 같이 정의한다.

$$\varepsilon = y - (\beta_0 + \beta_1 x) = y - \widehat{y} \tag{15.2}$$

여기서 $\widehat{y}$는 데이터에 적합하고자 하는 회귀식이다. 최소자승법에서는 데이터에 대한 오차의 제곱의 합을 최소로 만들 수 있도록 하는 미지수의 값을 찾아내도록 한다. 최소자승법은 데이터를 적절한 관계식으로 쉽게 적합할 수 있으므로 다양한 분야에서 사용되며, 크게 선형과 비선형의 두 가지 종류로 나눌 수 있다. 관계식이 선형적인 경우, 일반적으로 해석적인 해가 존재한다. 즉, 식 (15.1)에서 미지수인 β_0, β_1의 해석적인 해를 구할 수 있다. 반면에, 비선형 관계인 경우에는 해석적인 해를 구하기 어려우므로 수치해석 기법을 사용하여 미지수를 결정하게 된다. 주어진 데이터의 갯수가 n개 라고 하면 식 (15.2)로부터 각각의 오차 ε_i의 총합 ε는 다음과 같이 쓸 수 있다.

$$\mathcal{E} = \sum_{i=1}^{n} \varepsilon_i^2 = \sum_{i=1}^{n} [y_i - (\beta_0 + \beta_1 x_i)]^2 \tag{15.3}$$

여기서 우변의 오차항이 제곱으로 된것은 합산을 수행할 때 부호의 영향을 없애기 위해서이다. 최소자승법은 오차 ε를 최소화할 수 있는 미지수 β_0, β_1를 구하는 것이므로 다음과 같이 함수의 극값에 대한 성질을 이용한다.

$$\frac{d\mathcal{E}}{d\beta_0} = -2\sum_{i=1}^{n} [y_i - (\beta_0 + \beta_1 x_i)] = 0$$
$$\frac{d\mathcal{E}}{d\beta_1} = -2\sum_{i=1}^{n} [y_i - (\beta_0 + \beta_1 x_i)]\, x_i = 0$$

이 방정식을 정리하면 다음과 같다.

$$n\beta_0 + \beta_1 \sum_{i=1}^{n} x_i = \sum_{i=1}^{n} y_i$$
$$\beta_0 \sum_{i=1}^{n} x_i + \beta_1 \sum_{i=1}^{n} x_i^2 = \sum_{i=1}^{n} x_i y_i$$

위 식을 β_0, β_1에 대한 행렬 방정식의 형태로 나타내면 다음과 같다.

$$\begin{bmatrix} n & \sum_{i=1}^{n} x_i \\ \sum_{i=1}^{n} x_i & \sum_{i=1}^{n} x_i^2 \end{bmatrix} \begin{Bmatrix} \beta_0 \\ \beta_1 \end{Bmatrix} = \begin{Bmatrix} \sum_{i=1}^{n} y_i \\ \sum_{i=1}^{n} x_i y_i \end{Bmatrix}$$

이 방정식을 β_0, β_1에 대해서 풀면 다음과 같다.

$$\begin{Bmatrix} \beta_0 \\ \beta_1 \end{Bmatrix} = \begin{bmatrix} n & \sum_{i=1}^{n} x_i \\ \sum_{i=1}^{n} x_i & \sum_{i=1}^{n} x_i^2 \end{bmatrix}^{-1} \begin{Bmatrix} \sum_{i=1}^{n} y_i \\ \sum_{i=1}^{n} x_i y_i \end{Bmatrix}$$

이 방정식에 포함된 역행렬을 계산하고, 최종적으로 β_0, β_1에 대한 최소자승법에 의한 해는 다음과 같이 구해진다.

$$\begin{aligned} \beta_0 &= \frac{\sum_{i=1}^{n} y_i \sum_{i=1}^{n} x_i^2 - \sum_{i=1}^{n} x_i \sum_{i=1}^{n} x_i y_i}{n \sum_{i=1}^{n} x_i^2 - (\sum_{i=1}^{n} x_i)^2} \\ \beta_1 &= \frac{n \sum_{i=1}^{n} x_i y_i - \sum_{i=1}^{n} x_i \sum_{i=1}^{n} y_i}{n \sum_{i=1}^{n} x_i^2 - (\sum_{i=1}^{n} x_i)^2} \end{aligned} \tag{15.4}$$

최종적으로 식 (15.4)에서의 결과로부터 식 (15.1)에서 정의한 회귀식 $\hat{y}$를 완성시킬 수 있다.

예제 1

커피 섭취량과 수면 시간에 대한 실험 데이터가 다음 표와 같이 주어졌을 때 두 요소에 대한 상관관계를 선형 회귀법을 사용하여 추론하시오.

커피 섭취량(x)	수면 시간(y)
1	8.5
2	7
3	6
4	4.5
5	3

다음 프로그램은 이 데이터에 대하여 최소자승법을 구현하여 회귀식을 완성한 것이다.

```
1  import numpy as np
2  
3  x = np.array([1,2,3,4,5])
4  y = np.array([8.5,7.7,6.9,4.5,2])
5  n = len(x)
6  
7  beta0_nom = np.sum(y)*np.sum(x**2) - np.sum(x)*np.sum(x*y)
8  denom = n*np.sum(x**2) - (np.sum(x))**2
9  beta0 = beta0_nom / denom
10 
11 beta1_nom = n*np.sum(x*y) - np.sum(x)*np.sum(y)
12 beta1 = beta1_nom / denom
13 print(beta1_nom)
14 print(beta1)
15 
16 print(beta0, beta1)
17 yhat = beta0 + beta1 * x
18 print(yhat)
```

이 프로그램에서 라인 5에서는 데이터의 크기를 찾아보고 있다. 라인 7-9에서는 식 (15.4)에서 β_0에 관련된 값들을 계산하는 항목들이다. 이 식에서 합의 기호로 표시된 모든 요소는 `np.sum()` 함수를 사용하여 계산되었다. 식이 복잡하므로, 분자와 분모로 나누어 계산하였다. 또한, 라인 11-12에서는 β_1의 값을 계산하고 있다. 라인 17에서는 식 (15.1)에서의 회귀식을 계산한다. 이 프로그램을 실행하면 다음과 같은 결과를 얻는다.

```
beta0 = 10.78
beta1 = -1.62
yhat = [9.16 7.54 5.92 4.3 2.68]
```

여기서 계산된 회귀식의 계수는 β_0 = 10.78, β_1 = −1.62이다.

그림 15.2는 데이터의 각 점과 회귀법으로 구한 근사식에서의 해당하는 값을 비교한 것이다. 회귀식은 대략적으로 데이터의 경향을 잘 따르고 있고, 즉, 커피 섭취량과 수면 시간은 반비례하는 성향이 있다는 것을 알 수 있다. 예제와 같이 소량의 데이터에서 어떤 특정한 경향을 찾는 것은 어려운 일이 아니나, 다량의

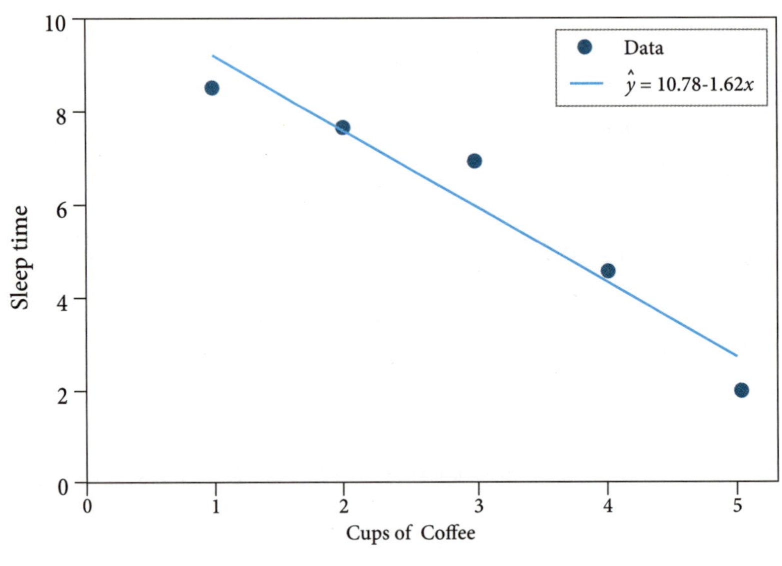

그림 15.2 데이터에 대한 선형 회귀법의 적합 사례

데이터가 주어지는 현실에서는 이러한 정보를 찾아내는 것이 결코 쉽지 않다. 그러므로, 회귀법은 다양한 성향의 데이터로 부터 중요한 정보를 얻을 수 있도록 돕는 중요한 역할을 하고 있다.

15.2 행렬로 표기한 최소자승법

앞에서 유도한 식 (15.4)는 요소단위에서 수행한 것이다. 이렇게 하면 유도 과정의 상세한 내용을 알 수 있다는 장점도 있으나, 전체적인 큰 그림을 보기에는 복잡하기 때문에, 이번에는 같은 내용을 행렬로 표시하여 유도해 보기로 한다. 선형 회귀식을 다음과 같이 정의한다.

$$\mathbf{y} = \mathbf{X}\beta + \varepsilon \tag{15.5}$$

여기서, 특별히 **X**는 $n\times 2$의 크기를 가지는 행렬로서 첫 번째 열의 요소는 모두 1이 된다. 그 이유는 식 (15.5)를 전개하였을 때, $y = \beta_0 + \beta_{1x}$와 같은 형식으로 표시하기 위한 것이다.

$$\mathbf{y} = \begin{Bmatrix} y_1 \\ y_2 \\ \vdots \\ y_n \end{Bmatrix}, \quad \mathbf{X} = \begin{bmatrix} 1 & x_1 \\ 1 & x_2 \\ \vdots & \vdots \\ 1 & x_n \end{bmatrix}, \quad \boldsymbol{\beta} = \begin{Bmatrix} \beta_0 \\ \beta_1 \end{Bmatrix}, \quad \boldsymbol{\varepsilon} = \begin{Bmatrix} \varepsilon_1 \\ \varepsilon_2 \\ \vdots \\ \varepsilon_n \end{Bmatrix} \tag{15.6}$$

선형 회귀방정식과 주어진 데이터 사이의 오차의 제곱을 다음과 같이 정의한다.

$$\varepsilon = (\mathbf{y}-\mathbf{X}\beta)^T(\mathbf{y}-\mathbf{X}\beta) \tag{15.7}$$

위에서 정의한 오차는 식 (15.3)에서의 각 오차의 제곱의 총합과 동일한 내용이다. 원래 의미의 오차는 $\mathbf{y}-\mathbf{X}\beta$가 되지만 부호의 영향을 없에기 위해서 제곱으로 만들어서 사용하는 것이 편리하다. 유의해야 할 점은 여기서 $\mathbf{X}$는 $n\times 2$의 크기를 가지며, β는 2×1, 그리고, $\mathbf{y}$는 $n\times 1$의 크기를 각각 가진다. 그러므로 전체 오차 ε는 식 (15.7)에서 $1\times n$과 $n\times 1$의 곱이 되므로 결과적으로 1×1이 되어 스칼라 량이 된다. 즉, ε는 미지수 β_0와 β_1로 구성된 하나의 방정식이 된다. 최소자승법을 적용하기 위해서 식 (15.7)에 대하여 미지수 β에 대한 미분을 수행하면 다음과 같은 결과를 얻는다.

$$\begin{aligned}\frac{d\mathcal{E}}{d\beta} &= \frac{d}{d\beta}(\mathbf{y}-\mathbf{X}\beta)^T(\mathbf{y}-\mathbf{X}\beta)\\ &= \frac{d}{d\beta}\left(\mathbf{y}^T\mathbf{y}-2\beta^T\mathbf{X}^T\mathbf{y}+\beta^T\mathbf{X}^T\mathbf{X}\beta\right)\\ &= -2\mathbf{X}^T\mathbf{y}+2\mathbf{X}^T\mathbf{X}\beta = 0\end{aligned}$$

이 식을 β에 대하여 풀면 다음과 같은 결과를 얻게되며 이는 식 (15.5)에서 선형 회귀식의 계수이다.

$$\beta = (\mathbf{X}^T\mathbf{X})^{-1}\mathbf{X}^T y \tag{15.8}$$

그리고 β를 식 (15.5)에 대입하여, 데이터에 대한 회귀식을 완성하게 된다.

예제 2

다음은 앞에서 주어진 커피 섭취량-수면 데이터를 사용하고, 선형 회귀식으로 적합하는 과정을 행렬로 표시하여 프로그램으로 만든 것이다.

```
import numpy as np
import numpy.linalg

XT = np.array([[1,1,1,1,1],[1,2,3,4,5]])
X = XT.T
```

```
6  y = np.array([8.5,7.7,6.9,4.5,2])
7
8  beta = np.linalg.inv(XT @ X)@(XT @ y)
9
10 print(f'beta0 = {beta[0]:0.2f}')
11 print(f'beta1 = {beta[1]:0.2f}')
12
13 yhat = X @ beta
14 print(f'yhat = {yhat}')
```

이 프로그램에서 행렬간의 곱셈의 크기를 맞추기 위해서, 라인 4에서 $\mathbf{X}^T$는 **XT**로 하여 주어진 데이터를 사용하여 배열을 만들었으며 식 (15.6)을 참조하였다. 라인 5에서는 $\mathbf{X} = (\mathbf{X}^T)^T$를 구현하였다. 라인 8은 미지계수인 β_0와 β_1을 식 (15.8)에서와 같이 계산하는 과정이다. 여기서 역행렬은 Numpy에서 `linalg.inv()` 함수를 이용하였으며 결과는 배열인 `beta`로 주어진다. 따라서, `beta[0]`는 β_0, `beta[1]`은 β_1로 하여 필요한 값을 가져올 수 있다. 라인 13에서 회귀식의 결과는 `yhat` 으로 표기하였으며, 이 프로그램을 수행하면 결과는 다음과 같다.

```
beta0 = 10.78
beta1 = -1.62
yhat = [9.16 7.54 5.92 4.3 2.68]
```

따라서 회귀 방정식은 $\hat{y} = 10.78 - 1.62x$와 같이 결정되며 앞에서의 결과와 동일함을 알 수 있다.

15.3 데이터 처리와 회귀법

회귀법은 수치해석의 다양한 주제 중에서도 실제 현실에서 사용할 가능성이 가장 큰 주제이다. 예를 들어, 최근에는 많은 양의 실험을 통해서 다양한 종류의 데이터를 정리하고 해석해야 할 필요가 갈수록 증대되고 있다. 따라서, 주어진 데이터의 특성을 살펴보는 것은 성공적인 문제 해결에 있어서 필수적인 요소가 된다. 앞에서 예제로 살펴보았던 커피 섭취량-수면 관계등도 실제로는 매우 흥미롭고 중요한 정보가 된다. 여기서는 가상의 실험 데이터를 만들어 이를 회귀법을 사용하여 근사하는 방법을 설명하기로 한다.

먼저, 예제로 사용할 가상의 데이터는 다음과 같이 생성한다. 만일, 함수 xe^{-x}에서 $0 \leq x \leq 1$ 구간에서 약 100개의 가상의 데이터를 만든다면 앞에서 학습했던 바와 같이 다음과 같은 식을 쓸 수 있다.

$$y_i = x_i e^{-x_i} + \varepsilon_i$$

여기서 $i = 1, \ldots 100$이며 사용한 함수 $x_i e^{-x_i}$는 순전히 가상 데이터를 만들기 위해서 사용한 함수로서 이는 계산하고자 하는 회귀함수와는 아무런 관련이 없음을 유의한다. 다음 프로그램은 데이터 생성과 선형 회귀식으로 데이터에 적합하는 과정을 구현한 것이다.

```
import numpy as np

np.random.seed(2022)

def f(x):
    return x*np.exp(-x)

mu, sigma = 0.0, 0.04
```

```
9  eps = np.random.normal(mu, sigma, 50)
10
11 x = np.linspace(0,1,50)
12 y = f(x) + eps
13
14 X = np.column_stack([np.ones(len(x)),x])
15 XT = X.T
16
17 beta = np.linalg.inv(XT @ X) @(XT @ y)
18 print('beta = ',beta)
19
20 yhat = X @ beta
```

이 프로그램에서의 라인 4에서는 Numpy에 있는 **random.seed()** 함수를 사용하여 무작위 수를 만들 때에 동일한 근원을 사용하도록 한 것이다. 이렇게 함으로서 프로그램을 수행시킬 때 마다 같은 결과가 도출되게 된다. 라인 5-6에서는 가상 데이터를 생성하기 위한 함수 $f(x) = xe^{-x}$를 정의한다. 라인 8-9에서는 인위적인 오차인 ε_i를 만들기 위해서 평균이 0이며 분산이 0.04를 가지는 정규분포normal distribution를 취하고 50개의 데이터를 랜덤으로 취하여 **eps**에 할당한다. 여기서 **random.normal()**은 Numpy에서 제공하는 정규분포를 위한 함수이며, 평균과 분산 그리고 데이터 개수를 입력하여 사용한다. 라인 11에서는 $0 \le x \le 1$의 구간에서 **linspace()** 함수를 사용하여 50개의 데이터를 만든다.고 라인 12에서 50개의 가상 데이터 **y**가 생성되며, 그림 15.3에서 그 결과를 보여주고 있다. 그림에서 데이터 점이 흩어져 있는 것 같이 보이는 이유는 원래의 식에 가상의 오류를 포함시키기 위해서 ε_i를 추가했는데 이는 실제 실험 데이터에서 흔히 볼 수 있는 현상을 고려하였기 때문이다. 라인 14에서는 식 (15.6)에서의 $\mathbf{X}$를 정의하고 있다. 그런데 50개나 되는 데이터 점을 다루고 있기 때문에 1을 포함한 행렬을 일일이 프로그램에서 표기하는 것은 불편하므로 Numpy에서 제공하는

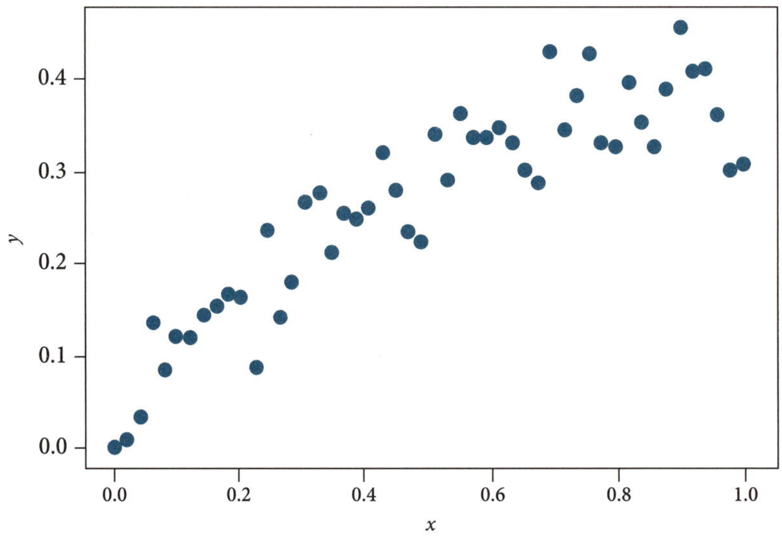

그림 15.3 회귀식 적합을 수행하기 위해서 가상으로 생성한 데이터

`column_stack()` 함수를 사용하였다. 이 함수는 두 개의 행으로 되어있는 데이터를 식 (15.6)에 있는 형태로 만들어 준다. 라인 17에서는 미지계수 β를 계산한다. 라인 20에서는 회귀식을 사용한 근사값 $\hat{y}$을 계산한다. 한편, 라인 20에서는 회귀식을 출력하는 명령을 사용하지 않았는데, 그 이유는 데이터의 각점에 대응하는 회귀식에서의 값을 출력하는 것은 그림을 그리거나, 오차를 계산하고자 할 경우가 아니면 많은 양의 출력을 구태여 할 필요가 없기 때문이다. 이 프로그램을 수행하면 다음과 같은 결과를 얻는다.

```
beta = [0.0945071 0.34091952]
```

따라서, 선형 회귀식은 $\hat{y} = 0.0945 + 0.3409x$으로 결정된다.

그림 15.4에서 볼 수 있듯이 직선을 사용한 회귀식은 곡선 부분을 포함하고 있는 데이터의 경향과는 다소 차이가 난다는 것을 알 수 있다. 이 결과로부터 여기서 사용한 1차 회귀식은 일반적인 경향은 데이터를 따라 가는 것처럼 보이

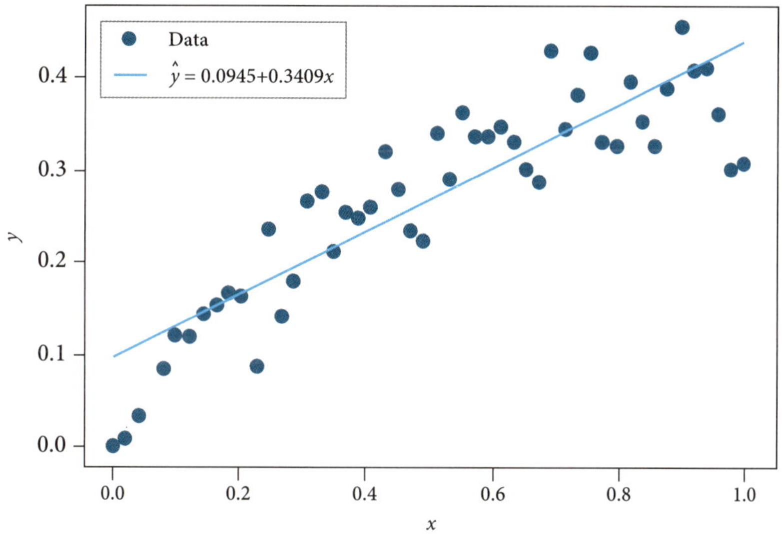

그림 15.4 가상으로 생성한 데이터에 대한 선형 회귀식의 적합

나, 데이터에서의 x와 y는 명확한 선형관계가 아님을 알 수 있다.

15.4 다항식 회귀법

그림 15.4에서 보았듯이 곡선부분을 포함하고 있는 데이터를 적합하기 위해서는 직선인 1차 회귀방정식 보다는 곡선을 포함하는 2차 방정식을 회귀식으로 사용하면 더 나은 결과를 보일 것으로 생각된다. 회귀식의 차수를 높여가면서 데이터와의 적합을 시도할 수 있으며 이와 같은 방식을 다항식 회귀법polynomial interpolation이라고 한다. 여기서는 독립변수의 2차항을 가지는 다항식으로 된 회귀식을 사용하는 방법을 설명하고자 한다. 데이터와 2차 회귀식의 관계는 1차 회귀식일 경우와 마찬가지로 다음과 같이 쓸 수 있다.

$$\mathbf{y} = \mathbf{X}\beta + \varepsilon \tag{15.9}$$

여기서

$$\mathbf{y} = \begin{Bmatrix} y_1 \\ y_2 \\ \vdots \\ y_n \end{Bmatrix}, \quad \mathbf{X} = \begin{bmatrix} 1 & x_1 & x_1^2 \\ 1 & x_2 & x_2^2 \\ \vdots & \vdots & \\ 1 & x_n & x_n^2 \end{bmatrix}, \quad \boldsymbol{\beta} = \begin{Bmatrix} \beta_1 \\ \beta_2 \\ \beta_3 \end{Bmatrix}, \quad \boldsymbol{\varepsilon} = \begin{Bmatrix} \varepsilon_1 \\ \varepsilon_2 \\ \vdots \\ \varepsilon_n \end{Bmatrix} \tag{15.10}$$

위 식의 **X**은 크기가 $n \times 3$이며 x 항의 제곱이 추가된 것을 유의한다. 또한, 만일 더 높은 차수를 사용하면 그에 따라 해당하는 열이 행렬에 추가될 것이다. 한편, 미지계수는 세 개로 주어진다. 즉, 2차 회귀식은 다음과 같은 형태로 구성된다.

$$\widehat{y_i} = \beta_0 + \beta_1 x_i + \beta_2 x_i^2$$

예제 1

다음은 앞절에서 주어진 커피 섭취량-수면 데이터를 사용하고, 2차 회귀식으로 적합하는 과정을 행렬로 표시하여 프로그램으로 만든 것이다.

```
import numpy as np
import numpy.linalg

x = np.array([1,2,3,4,5])
y = np.array([8.5,7.7,6.9,4.5,2])
xsq = x**2 # x^2

X = np.column_stack([np.ones(len(x)),x,xsq])
XT = X.T

beta = np.linalg.inv(XT @ X) @ (XT @ y)

```

```
13 print(f'beta0 = {beta[0]:0.2f}')
14 print(f'beta1 = {beta[1]:0.2f}')
15 print(f'beta2 = {beta[2]:0.2f}')
16
17 yhat = X @ beta
18 print(yhat)
```

이 프로그램의 라인 4-5에서는 표에서 주어진 데이터를 x와 y를 저장하고 있다. 라인 6에서는 x^2의 값을 xsq에 저장한다. 식 (15.10)을 참조하여 $\mathbf{X}$를 구성하기 위하여 np.column_stack()을 사용한다. 라인 11은 미지계수인 β_0, β_1, β_2을 식 (15.8)에서와 같이 계산하는 과정이다. 여기서 역행렬은 Numpy에서 np.linalg.inv() 함수를 이용하였으며 결과는 배열인 beta로 주어진다. 라인 17에서 회귀식의 결과는 yhat 으로 표기하였으며, 이 프로그램을 수행하면 결과는 다음과 같다.

```
beta0 = 8.28
beta1 = 0.52
beta2 = -0.36
[8.44571429 7.89714286 6.63428571 4.65714286 1.96571429]
```

그림 15.5는 커피 섭취량과 수면시간에 대한 데이터 자료에 2차 회귀식을 적합한 것과 앞에서 계산했던 선형 회귀식의 결과를 비교한 것이다. 선형 회귀식에 비해서 2차식을 사용한 경우에는 데이터에 거의 적합되었음을 알 수 있다. 그러나 보다 복잡한 구조를 가진 데이터에대해서는 2차식을 채택해도 완전하게 적합하기는 불가능하다. 다음 예제에서 이 문제에 대해서 상세히 알아보기로 한다.

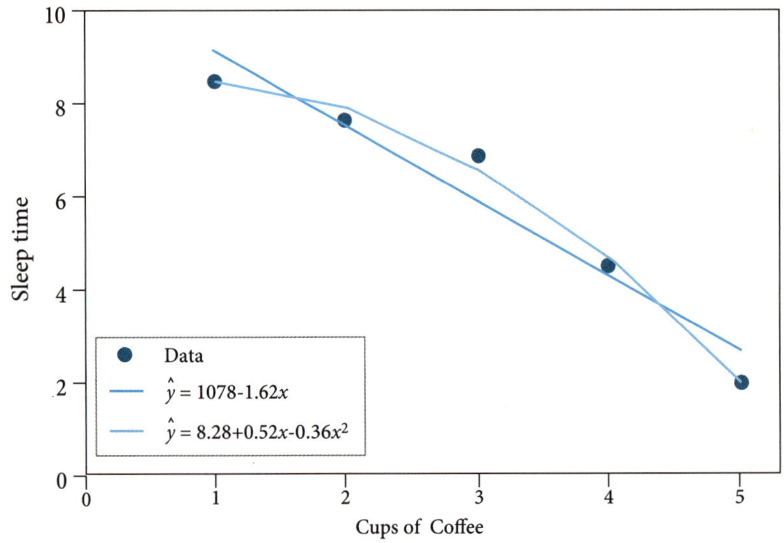

그림 15.5 커피 섭취량–수면시간 데이터에 대한 선형 회귀식과 2차 회귀식의 적합성 비교

예제 2

이번 예제에서는 xe^{-x} 함수를 사용하여 가상의 데이터를 만들어서 2차 회귀식을 적합하는 과정을 설명하고자 한다. 다음은 2차 회귀식에 대한 내용을 프로그램으로 작성한 것이다.

```
import numpy as np
import numpy.linalg

np.random.seed(2022)

def f(x):
    return x*np.exp(-x)

mu, sigma = 0.0, 0.04
eps = np.random.normal(mu, sigma, 50)

```

```
12  x = np.linspace(0,1,50)
13  y = f(x) + eps
14  xsq = x**2 # x^2
15
16  X = np.column_stack([np.ones(len(x)),x,xsq])
17  XT = X.T
18
19  beta = np.linalg.inv(XT @ X) @ (XT @ y)
20  print('beta = ',beta)
21
22  yhat = X @ beta
```

이 프로그램에서의 라인 4에서는 Numpy에 있는 `random.seed()` 함수를 사용하여 무작위 수를 만들 때에 동일한 근원을 사용하도록 한 것이다. 이렇게 함으로서 프로그램을 수행시킬 때 마다 같은 결과가 도출되게 된다. 라인 6-7에서는 가상 데이터를 생성하기 위한 함수 xe^{-x}를 정의한다. 라인 9-10에서는 가상적인 오차 ε_i를 만들기 위해서 평균이 0이며 분산이 0.04를 가지는 정규분포normal distribution를 만들고 50개의 데이터를 랜덤으로 취하여 `eps`에 할당한다. 여기서 `random.normal()`은 Numpy에서 제공하는 정규분포를 위한 함수이며, 평균과 분산 그리고 데이터 개수를 입력하여 사용한다. 라인 12에서는 $0 \le x \le 1$의 구간에서 `linspace()` 함수를 사용하여 50개의 독립변수 x_i를 만든다. 라인 13에서 50개의 가상 데이터 **y**가 생성된다. 라인 14 서는 2차 회귀식에서 필요한 x_i^2 항을 계산한다. 라인 16에서는 식 (15.10)에서의 **X**를 표현하고 있으며, x_i^2에 대한 열이 `xsq`로 하여 추가되었다. 라인 17에서는 **X**의 전치transpose를 계산한다. 라인 19에서 미지계수 β를 계산하고, 라인 22에서 회귀식인 $\hat{y}$을 도출한다. 라인 22에서 결과인 회귀식 $\hat{y}$을 출력하는 명령을 적지 않았는데, 만일 출력하고 싶으면 `print(yhat)`으로 할 수 있다. 이 프로그램을 수행하면 다음과 같은 결과를 얻는다.

```
beta = [ 0.0227 0.7802 -0.4392]
```

따라서, 2차 회귀방정식은 $\hat{y}$ = 0.0227 + 0.7802x - 0.4392x^2으로 결정된다.

그림 15.6은 데이터와 2차 회귀식을 비교한 것이다. 그림을 보면 육안으로도 앞에서 수행한 선형회귀식의 결과보다 개선되었음을 알 수 있다. 있다. 또한, 선형회귀식에서는 R^2 = 0.7811이며 2차 회귀식에서는 R^2 = 0.8710이 되어 곡선이 형태를 포함하고 있는 데이터에 대해서는 2차 방정식을 사용한 결과가 더 낫다는 것을 수치적으로도 확인할 수 있다.

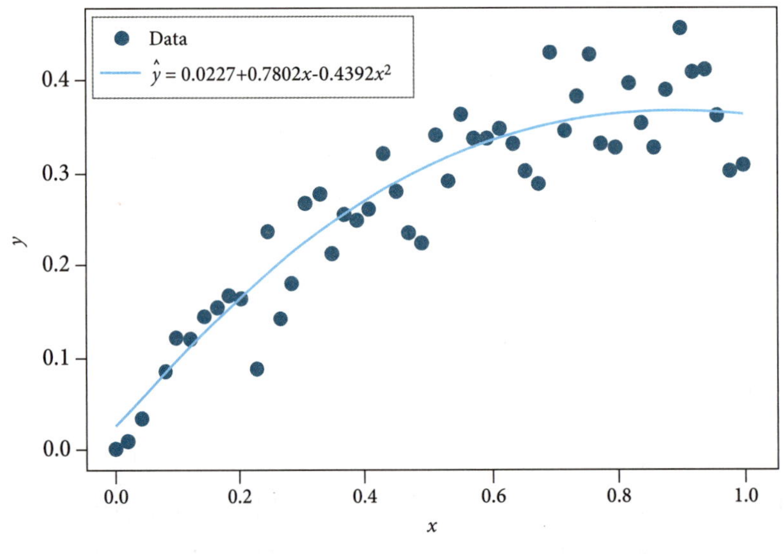

그림 15.6 가상으로 생성한 데이터에 대한 2차 회귀식의 적합

15.5 회귀법의 정확도

회귀법의 정확도를 파악하기 위해서는 몇 가지의 척도를 사용하게 되는데, 그 중에서 R^2 척도를 소개하기로 한다. R^2은 회귀식 오차를 제곱한 항을 합한 것

the sum of squares residuals, SSR과 전체 제곱을 합한 것the sum of squares total, SST과의 비로 다음과 같이 정의된다.

$$\begin{aligned} R^2 &= 1 - \frac{SSR}{SST} \\ &= 1 - \frac{\sum_{i=1}^{n}(y_i - \widehat{y}_i)^2}{\sum_{i=1}^{n}(y_i - \overline{y})^2} \end{aligned} \tag{15.11}$$

여기서 $\widehat{y}_i$은 회귀식에서의 값, $\widehat{y}$는 y_i의 평균이며 식의 분모와 분자는 각각 다음과 같이 정의된다.

$$SSR = \sum_{i=1}^{n}(y_i - \widehat{y}_i)^2$$
$$SST = \sum_{i=1}^{n}(y_i - \overline{y})^2$$

R^2의 값은 0에서 1사이의 값으로 제한되며 1에 가까울수록 회귀식이 데이터의 특성을 더 잘 반영하고 있다고 간주할 수 있고, 0에 가까울수록 선택한 회귀식은 좋지 않다고 볼 수 있다. 물론 하나의 척도만을 사용하여 회귀식의 적합성을 판단하는 것은 부족할 수 있으나, 일반적인 경우에 있어서는 R^2를 척도로 사용하는 경우가 많다.

다음은 앞에서 몇 번 사용하였던 커피 섭취량과 수면 시간에 대한 데이터이다. 이 자료를 사용하여 선형회귀식과 2차 회귀식을 적합하였을 때, 각각의 R^2를 계산하여 비교하기로 한다.

커피 섭취량 (x)	수면 시간 (y)
1	8.5
2	7
3	6
4	4.5
5	3

선형회귀식과 2차 회귀식에 대한 프로그램은 앞에서 이미 학습하였으므로 다음과 같이 하나의 프로그램으로 만들 수 있다.

```
import numpy as np
import numpy.linalg

def R2(y,yhat,ybar):
    SSR = np.sum((y - yhat)**2)
    SST = np.sum((y - ybar)**2)
    R2 = 1 - SSR/SST
    return R2

x = np.array([1,2,3,4,5])
y = np.array([8.5,7.7,6.9,4.5,2])
ybar = np.average(y)

# linear interpolation
XT = np.array([[1,1,1,1,1],[1,2,3,4,5]])
X = XT.T
beta = np.linalg.inv(XT @ X) @ (XT @ y)
yhat = X @ beta

# polynomial interpolation
xsq = x**2 # x^2
X = np.column_stack([np.ones(len(x)),x,xsq])
XT = X.T
beta2 = np.linalg.inv(XT @ X) @ (XT @ y)
yhat2 = X @ beta2

# R2 calculation
R2_linear = R2(y,yhat,ybar)
R2_poly = R2(y,yhat2,ybar)

```

```
31 print(f'R2_linear = {R2_linear:0.4f}')
32 print(f'R2_poly = {R2_poly:0.4f}')
```

이 프로그램에서 라인 4-8에서는 식 (15.11)의 R^2 식을 함수로 구현한다. 라인 10-12에서는 데이터와 y_i의 평균 $\overline{y}$가 표시되었다. 라인 15-18에서는 선형회귀식에 대한 적합이 이루어지고, 미지 계수에 대한 계산, 그리고 $\widehat{y}$를 위한 계산이 수행된다. 라인 21-25에서는 2차 회귀식을 데이터에 적합하여 그 결과를 `yhat2` 로 주게된다. 라인 28-29에서는 선형회귀식과 2차 회귀식을 사용한 결과에 대한 R^2를 각각 계산한다. 이 프로그램을 실행시키면 `R2_linear = 0.9317`와 `R2_poly = 0.9951`를 결과로 얻는다. 2차 회귀식을 사용한 경우 선형회귀식을 사용하였을 때 보다 정확도가 더 증진되었음을 알 수 있으며, 이는 시각적으로도 그림 15.5를 통해서 확인할 수 있었다.

15.6 비선형 회귀법

선형 회귀법은 기본적으로 주어진 데이터에 선형식을 적합시키는 것이다. 그러나 데이터의 종류에 따라서는 선형식과 적합하는 것이 불만족스러운 경우도 있다. 다양한 함수를 이용하여 비선형 회귀를 구현할 수 있으나, $\widehat{y} = ae^{bx}$을 사용하여 설명하기로 한다. 여기서 a, b는 데이터를 사용하여 구할 미지계수이다. 주어진 회귀식에서 양변에 자연로그를 취하면 다음과 같다.

$$\log \widehat{y} = \log a + bx$$

앞에서 학습한 회귀법 내용과 표기를 일치시키기 위해서 이 식을 다음과 같이 쓰기로 한다.

$$F(x) = A + Bx$$

이 방정식에서는 실제로는 지수함수를 회귀방정식으로 사용하였지만 로그를 취하여 마치 선형 회귀식과 같은 형태로 만들었다. 여기서

$$F(x) \equiv \log \widehat{y}, \quad A \equiv \log a, \quad B \equiv b \tag{15.12}$$

따라서 회귀식에 의한 오차는 다음과 같이 정의할 수 있다.

$$\begin{aligned}\boldsymbol{\epsilon} &= \widetilde{\mathbf{y}} - A - B\mathbf{x} \\ &= \widetilde{\mathbf{y}} - \mathbf{X}\boldsymbol{\beta} \\ &= \begin{Bmatrix} \log y_1 \\ \log y_2 \\ \vdots \\ \log y_n \end{Bmatrix} - \begin{bmatrix} 1 & x_1 \\ 1 & x_2 \\ \vdots & \vdots \\ 1 & x_n \end{bmatrix} \begin{Bmatrix} \beta_0 \\ \beta_1 \end{Bmatrix}\end{aligned} \tag{15.13}$$

여기서 $\widetilde{\mathbf{y}} \equiv \log \mathbf{y}$이며, 표기상의 간편함을 위해서 다음과 같이 새로운 항들을 정의하여 사용하였으며, $\beta_0 \equiv A$로 하였다. 여기서

$$\widetilde{\mathbf{y}} = \begin{Bmatrix} \log y_1 \\ \log y_2 \\ \vdots \\ \log y_n \end{Bmatrix}, \quad \mathbf{X} = \begin{bmatrix} 1 & x_1 \\ 1 & x_2 \\ \vdots & \vdots \\ 1 & x_n \end{bmatrix}, \quad \boldsymbol{\beta} = \begin{Bmatrix} \beta_0 \\ \beta_1 \end{Bmatrix} \tag{15.14}$$

결국, 지수함수를 사용한 회귀식도 앞에서 학습한 선형 회귀식과 동일한 형태로 표시할 수 있게 되었다. 즉, 식 (15.13)에서 지수함수를 사용한 회귀식은 간단한 변환을 거쳐서 $\widehat{\mathbf{y}} = \mathbf{X}\boldsymbol{\beta}$의 형식으로 표기할 수 있음을 보았다. 그러므로, $\widetilde{\mathbf{y}} = \widehat{\mathbf{y}} + \boldsymbol{\epsilon}$가 된다. 따라서, 오차의 제곱의 합을 식 (15.13)을 참조하여 다음과 같이 정의할 수 있다.

$$\mathcal{E} = (\tilde{\mathbf{y}} - \mathbf{X}\boldsymbol{\beta})^T(\tilde{\mathbf{y}} - \mathbf{X}\boldsymbol{\beta})$$

이 오차 방정식은 식 (15.7)에서와 동일하다. 위에서 정의한 오차의 최소화를 만들어 낼 수 있는 미지계수 β를 구하기 위하여 미지계수에 대하여 미분을 취하며, 최소자승법을 적용하여 미지의 계수를 계산한다.

$$\begin{aligned}\frac{d\mathcal{E}}{d\boldsymbol{\beta}} &= \frac{d}{d\boldsymbol{\beta}}(\tilde{\mathbf{y}} - \mathbf{X}\boldsymbol{\beta})^T(\tilde{\mathbf{y}} - \mathbf{X}\boldsymbol{\beta}) \\ &= \frac{d}{d\boldsymbol{\beta}}\left(\tilde{\mathbf{y}}^T\tilde{\mathbf{y}} - 2\boldsymbol{\beta}^T\mathbf{X}^T\tilde{\mathbf{y}} + \boldsymbol{\beta}^T\mathbf{X}^T\mathbf{X}\boldsymbol{\beta}\right) \\ &= -2\mathbf{X}^T\tilde{\mathbf{y}} + 2\mathbf{X}^T\mathbf{X}\boldsymbol{\beta} = 0\end{aligned}$$

결과적으로 위 식으로부터 미지계수 β는 다음과 같이 계산할 수 있다.

$$\boldsymbol{\beta} = (\mathbf{X}^T\mathbf{X})^{-1}\mathbf{X}^T\tilde{\mathbf{y}} \tag{15.15}$$

일단, β_0와 β_1을 구한 뒤에 원래의 값으로 변환시켜 주어야 한다는 점을 유의해야 한다. 즉, 식 (15.12)에서 β_0는 A와 같으므로 $\beta_0 = \log a$가 되고, 따라서 $a = e^{\beta_0}$가 된다. 한편, 식 (15.12)에서 β_1은 B와 같으므로 결국 $b = \beta_1$이 된다. 최종적으로, 계산된 미지계수를 $\hat{y} = ae^{bx}$에 대입하면 지수함수를 사용한 비선형 회귀식을 구할 수 있으며, 다음과 같이 계산할 수도 있다.

$$\begin{aligned}\hat{y}_i &= ae^{bx_i} \\ &= e^{\beta_0}e^{\beta_1 x_i} \\ &= e^{\beta_0 + \beta_1 x_i}\end{aligned} \tag{15.16}$$

여기서 식 (15.12)에 따라서 $a = e^{\beta_0}$, $b = \beta_1$이다.

예제

이번에는 가상의 실험 데이터를 만들고 이를 지수함수로 주어진 비선형 회귀식에 적합하는 과정을 프로그램으로 구현하기로 한다. 비선형 회귀식 $\widehat{y} = ae^{bx}$를 사용하여 회귀에 사용 할 데이터는 xe^{-x}를 구간 $1 \le x \le 5$에서 정규분포 오차를 반영한 50개의 데이터 점을 무작위로 만들어서 사용하기로 한다. 다음은 비선형 회귀를 수행하기 위한 프로그램이다.

```
# Exponential interpolation

import numpy as np
import numpy.linalg

np.random.seed(2022)

def f(x):
    return x*np.exp(0.2*x)

mu, sigma = 0.0, 0.6
eps = np.random.normal(mu, sigma, 50)

x = np.linspace(1,5,50)
y = f(x) + eps

# Interpolation

X = np.column_stack([np.ones(len(x)),x])
XT = X.T
ylog = np.log(y)

beta = np.linalg.inv(XT @ X) @ (XT @ ylog)
a = np.exp(beta[0])
b = beta[1]

print('a = {a:0.4f}')
```

```
28  print('b = {b:0.4f}')
29
30  yhat = np.exp(X @ beta)
```

이 프로그램에서 라인 6에서는 Numpy에 있는 `random.seed()` 함수를 사용하여 무작위 수를 만들 때에 동일한 근원을 사용하도록 한 것이다. 이렇게 함으로서 프로그램을 수행시킬 때 마다 같은 결과가 도출되게 된다. 라인 8-9에서는 가상 데이터를 생성하기 위한 함수 $xe^{0.2x}$를 정의한다. 라인 11-12에서는 임의의 오차를 만들기 위해서 평균이 0이며 분산이 0.6을 가지는 정규분포normal distribution를 취하고 50개의 데이터를 랜덤으로 취하여 `eps`에 할당한다. 여기서 `random.normal()`은 Numpy에서 제공하는 정규분포를 위한 함수이며, 평균과 분산 그리고 데이터 개수를 입력하여 사용한다. 라인 14에서는 $0 \le x \le 1$의 구간에서 `linspace()` 함수를 사용하여 50개의 데이터를 만든다. 라인 15에서는 가상의 데이터 **y** 를 만든다. 이제 데이터가 만들어 졌으므로, 지수함수를 사용한 적합과정을 수행한다. 라인 19에서는 식 (15.14) 에서 정의한 **X**를 구현하였다. 라인 20은 **X**의 전치 행렬이다. 라인 21에서는 주어진 데이터에 대한 자연로그를 취하여 `ylog`에 할당한다. 라인 23은 식 (15.15) 구현한 것이며 이를 통해서 미지계수 β_0와 β_1을 구하게 된다. 라인 24-25에서는 β_0와 β_1을 사용하여 원래의 값인 a와 b로 변환하는 과정이다. 라인 27-28에서는 계수 a와 b를 출력한다. 라인 30에서는 최종적으로 회귀식 $\hat{y}$을 식 (15.16)에 의해서 계산하게 된다. 프로그램에서는 회귀식의 결과인 $\hat{y}$을 출력하지 않는데, 이는 50 개의 데이터를 화면에서 출력하는 것이 보기에 불편하기 때문이다. 만일, 데이터를 사용하여 그래프 등을 그리고자 한다면, 라인 30 이후에 `print(yhat)`을 써서 출력하면 된다. 이 프로그램을 수행하면 결과는 다음과 같다.

```
a = 0.9215
b = 0.5639
```

따라서 지수함수를 사용한 회귀식은 $\hat{y} = 0.9215e^{0.5639x}$로 결정된다.

그림 15.7은 데이터와 비선형 회귀식을 비교한 결과이다. 지수함수를 이용한 회귀식이 데이터의 추이와 대체적으로 일치하고 있음을 알 수 있다. 물론, 이 데이터에 대해서는 곡선구간을 포함할 수 있는 2차 회귀식을 사용할 수도 있을 것이다. 이와 같이 회귀법은 현실에서 얻어진 다양한 실험 또는 실측 데이터들에 대한 수학적인 해석을 수행함으로써 데이터가 내재하고 있는 중요한 정보를 가늠할 수 있도록 해주는 중요한 역할을 한다.

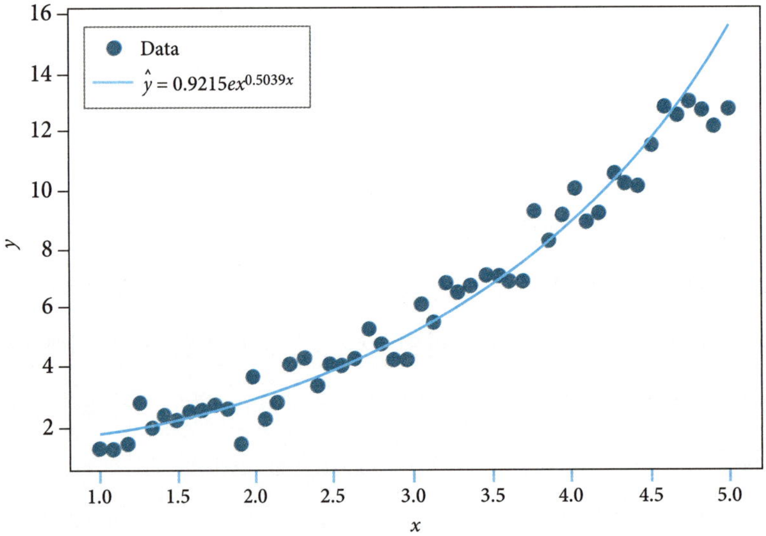

그림 15.7 지수함수를 사용한 비선형 회귀식의 적합

15.7 연습문제

1. 다음에 주어진 데이터를 1차 선형 회귀식에 적합하고 회귀식의 계수를 구하시오.

x	1	2	3	4	5
y	8	7	6	5	4

2. 다음에 주어진 데이터를 1차 선형 회귀식에 적합하고 회귀식의 계수를 구하시오.

x	1	2	3	4	5
y	2	4	5	8	9

3. 다음에 주어진 데이터를 1차 선형 회귀식에 적합하고 회귀식의 계수를 구하시오.

x	1	2	3	4	5
y	−3	−1	4	7	8

4. 다음에 주어진 데이터를 1차 선형 회귀식에 적합하고 회귀식의 계수를 구하시오.

x	1	2	3	4	5
y	9	7	6	2	1

5. 다음에 주어진 데이터를 1차 선형 회귀식에 적합하고 회귀식의 계수를 구하시오.

x	1	2	3	4	5
y	1	4	9	15	20

6. 다음에 주어진 데이터를 1차 선형 회귀식에 적합하고 회귀식의 계수를 구하시오.

x	1	2	3	4	5
y	10	15	13	17	21

7. 다음에 주어진 데이터를 1차 선형 회귀식에 적합하고 회귀식의 계수를 구하시오.

x	1	2	3	4	5
y	8.5	7	6	4.5	3

8. 다음에 주어진 데이터를 2차 회귀식에 적합하고 회귀식의 계수를 구하시오.

x	1	2	3	4	5
y	1.3	4.1	5.3	6.2	8.9

9. 다음에 주어진 데이터를 2차 회귀식에 적합하고 회귀식의 계수를 구하시오.

x	1	2	3	4	5
y	1.1	1.5	1.9	2.3	3.1

10. 다음에 주어진 데이터를 2차 회귀식에 적합하고 회귀식의 계수를 구하시오.

x	1	2	3	4	5
y	8.9	5.4	3.2	4.3	6.1

CHAPTER 16

상미분방정식

미분방정식은 공학 뿐만 아니라 생물, 화학, 경제 및 사회학 등의 전 분야에 걸쳐서 중요한 모델을 만드는데 사용되고 있다. 그러므로, 미분방정식의 해를 구하는 것은 다양한 문제를 깊이있게 이해하는데 필수적이다. 그러나, 실제적으로는 미분방정식의 종류나 주어진 조건에 따라서, 해석적인 방법으로 방정식의 해를 구하지 못하는 경우가 대부분이다. 따라서, 현실적으로는 수치해석적 방법을 이용하여 복잡한 미분방정식의 해를 구하는 선택을 할 수 밖에 없다. 미분방정식은 변수가 하나인 상미분방정식ordinary differential equations, ODE과 다수의 변수를 다루는 편미분 방정식partial differential equations, PDE으로 나눌 수 있다. 이 책에서는 상미분방정식의 수치해법에 대해서만 다루고 있으며 편미분 방정식에 대한 내용은 수치해석의 고급과정에서 사용하는 다른 문헌들을 참고하기 바란다.

상미분방정식은 그 특성에 따라서 초기값 문제initial value problems, IVP와 경계값 문제boundary value problems, BVP로 분류될 수 있다. 초기값 문제는 초기값이 주어지고 과정이 진행됨에 따라서 미분방정식의 해가 순차적으로 구해지는 것을 의미한다. 예를 들어, 물체의 속도에 관한 미분방정식이 주어졌을 때, 이에 해한 해를 순차적으로 구하는데 있어서, 초기 속도가 필요하게 된다. 반면에, 경계값 문제는 미분방정식이 정의된 공간에서의 경계값이 조건으로 주어진다. 예를 들어, 막대기의 양끝에서의 온도가 주어지면, 막대기의 중간에서의 온도를 계산하는 것이다. 경계값 문제를 수치해석적 방법으로 풀기 위해서는 유한차분법finite difference methods이 사용되는 데, 이는 수치해석 입문서의 범위를 넘어서므로 이 책에서는 초기값문제에 대한 수치해석 방법만을 다루고 있다.

그림 16.1에서는 미분방정식의 종류에 대한 개략적인 내용을 표시한 것이다. 상미분방정식에 대한 수치해석 방법은 종류도 매우 많고 다양하다. 이 책에서는 초기값 문제를 다룰 수 있는 상미분방정식에 대한 해법을 중심으로 설명할 것이다. 다양한 수치해법 중에서 가장 기본적인 Euler 방법, 정확도가 높은 Runge-Kutta 방법, 그리고 계산하는 과정에서 사용자의 의도를 어느 정도 반영할 수 있는 예측자-수정자 방법predictor-corrector methods 등을 차례로 살펴보기로 한다.

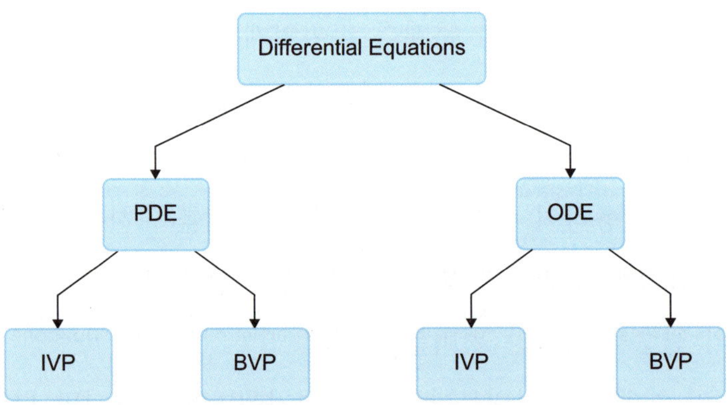

그림 16.1 미분방정식의 분류

16.1 Euler 방법

Euler 방법은 상미분방정식의 수치해법 중 가장 간단하면서도 직관적인 알고리즘이다. 다음에 주어진 미분방정식의 수치해석적인 해를 Euler 방법으로 구하는 과정을 설명하기로 한다.

$$\frac{dy(t)}{dt} = f(t, y), \quad y(t_0) = \alpha$$

이 방정식의 좌변에 수치미분의 개념, 즉, 식 (8.2)에서 전진차분식을 적용하면 다음과 같다.

$$\frac{y(t_{i+1}) - y(t_i)}{h} = f(t_i, y(t_i))$$

여기서 $h = t_{i+1} - t_i$이며, 식의 간결함을 위해서 다음과 같이 표기하기로 한다.

$$\frac{y_{i+1} - y_i}{h} = f(t_i, y_i)$$

이 방정식은 시간 t에 따른 y의 값을 찾아내는 것이 목적이므로 다음과 같이 식을 다시 정리할 수 있으며 이를 Euler 방법이라고 한다.

$$y_{i+1} = y_i + hf(t_i, y_i) \tag{16.1}$$

따라서, 초기값 $y_0 = \alpha$을 설정한 후 반복적으로 계산을 수행하면 시간에 따른 해를 계산할 수 있게 된다. 매 스텝마다 같은 간격을 가지는 경우에는 h가 변하지 않고 일정한 값을 가지게 된다.

그림 16.2에서는 Euler 방법의 개략적인 작동 원리를 보여주고 있다. 즉, 미분방정식에서 주어진 기울기 $f(t, y)$와 초기값을 식 (16.1)에 적용하여 해를 구하는 과정을 볼 수 있다. 따라서, 초기값이 주어진 미분방정식의 해를 구하는 것은 현재의 값을 사용하여 미래의 값을 추정하는 과정이라고 볼 수 있다.

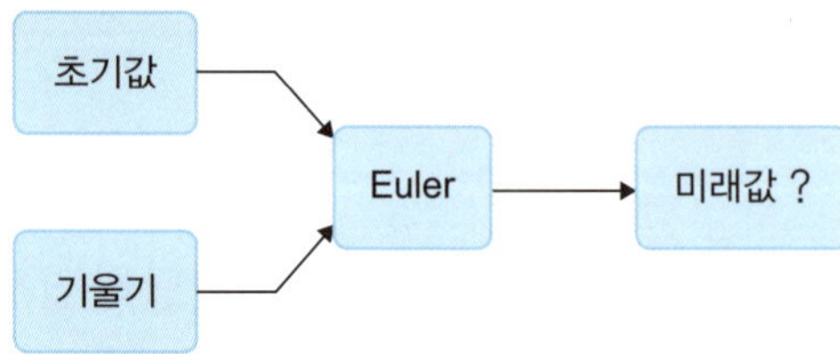

그림 16.2 Euler 방법의 작동 개략도

예제

다음에 주어진 미분방정식의 해를 Euler 방법으로 구해 보기로 한다.

$$\frac{dy}{dt} = -t + y, \quad y(0) = 0.5$$

식 (16.1)를 참조하여 위의 미분방정식을 차분방정식으로 변환하면 다음과 같다.

$$\begin{aligned} y_{i+1} &= y_i + h(-t_i + y_i) \\ &= (1+h)y_i - ht_i \end{aligned}$$

여기서 $f(t, y) = -t + y$이다. 계산의 시작은 $i = 0$을 고려하여 t_0에서의 초기값 $y_0 \equiv y(0) = 0.5$, $h = 0.1$을 사용하여 y_1을 계산하면 다음과 같다.

$$\begin{aligned} y_1 &= (1+h)y_0 - ht_0 \\ &= (1+0.1)\times 0.5 - 0.1 \times 0.0 \\ &= 0.550 \end{aligned}$$

다음 단계는 $i = 1$로 하여 y_2를 계산한다.

$$\begin{aligned} y_2 &= (1+h)y_1 - ht_1 \\ &= (1+0.1)\times 0.550 - 0.1 \times 0.1 \\ &= 0.595 \end{aligned}$$

계속해서 이 방식으로 진행하면 다음과 같은 결과를 순차적으로 얻을 수 있다.

$$
\begin{aligned}
y_1 &= (1+h)y_0 - ht_0 \\
y_2 &= (1+h)y_1 - ht_1 \\
&\vdots \\
y_n &= (1+h)y_{n-1} - ht_{n-1}
\end{aligned}
$$

아주 단순하게 생각한다면 초기값 문제에 대한 미분방정식을 푼다는 것은 다음과 같은 표를 채우는 것과 같다고 생각할 수 있다.

t	t_0	t_1	t_2	t_3
y(t)	y_0	y_1	y_2	?

다음은 예제에서의 주어진 미분방정식의 해를 구하기 위해서 Euler 방법을 사용한 프로그램이다.

```
1   import numpy as np
2
3   h = 0.1
4   time = np.arange(0.0,1.0,h)
5   yold = 0.5
6
7   for t in time:
8       ynew = (1.0 + h)*yold - h*t
9       print(f't={t+h:0.2f},y={ynew:0.3f}')
10      yold = ynew
```

이 프로그램의 라인 3에서 간격을 $h = 0.1$로 놓는다. 라인 4에서 계산구간을 $0 \le t \le 1$로 설정하기 위해 numpy에 있는 arange() 함수를 사용한다. 이 함수는 0에서 1까지를 각각 h의 간격을 가지도록 나누어준다. 단, 유의해야 할 점은 마지막 값인 1.0은 포함되지 않는다는 점이며, h = 0.1로 하였으므로, 마지막 값은 0.9가 된다. 라인 5에서는 초기값 y_0 = 0.5로 놓는다. 라인 7-10은 Euler 방법의 내용을 코딩한 것이다. 여기서, y_{i+1}은 **ynew**로, y_i는 **yold**로 하였다. 특별히, 라인 10에서는 다음 계산을 위해서 계산된 y 값을 갱신해주고 있다. 이 프로그램의 수행 결과는 다음과 같다.

```
t=0.10,y=0.550
t=0.20,y=0.595
t=0.30,y=0.635
t=0.40,y=0.668
t=0.50,y=0.695
t=0.60,y=0.714
t=0.70,y=0.726
t=0.80,y=0.728
t=0.90,y=0.721
t=1.00,y=0.703
```

그림 16.3에서는 Euler 방법에 의해서 얻은 결과와 엄밀해를 비교하여 보여주고 있다. 결과에서 볼 수 있듯이 Euler 방법은 간단하기는 하지만 계산이 진행될수록 오차가 누적되어 가는 것을 볼 수 있다. 실제적으로 계산이 진행됨에 따라서 오차가 커지는 것은 상당히 심각한 문제이다. 이를 위해서 다양한 방법이 존재한다. 예를 들어, 오차를 줄이기 위해서는 간격 h를 조금 더 작은 값으로 하여 구간을 촘촘히 하는 방법과, 보다 정교한 알고리즘을 사용하는 방법이 있을 수 있다.

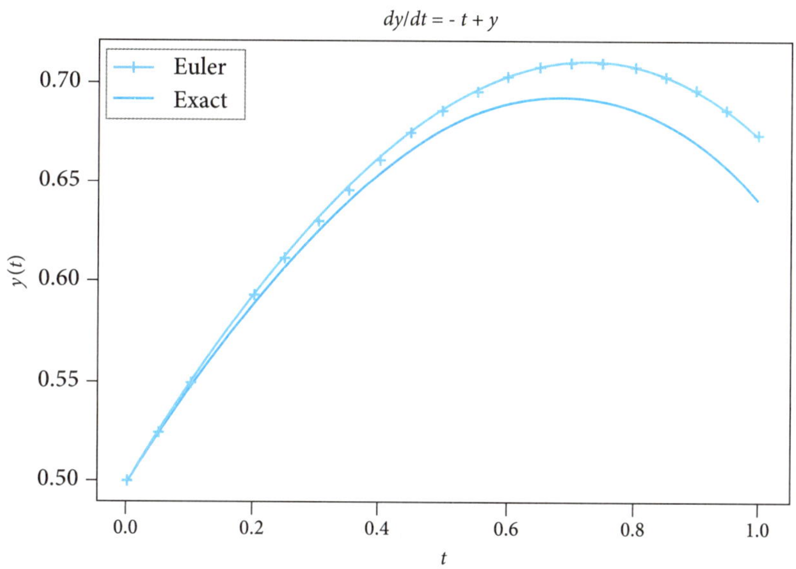

그림 16.3 미분방정식 $y' = -t + y, y_0 = 0.5$에 대한 Euler 방법의 결과와 엄밀해의 비교

16.2 Runge-Kutta 방법

앞에서 살펴 본 Euler 방법은 계산이 간단하기는 하지만, 반복과정이 진행될수록 오차가 누적되어 결과적으로 정확도가 현저하게 낮아지는 단점이 있다. Runge-Kutta 방법은 하나의 기울기만을 사용하는 Euler 방법의 단점을 보완하기 위해서 추가로 여러 개의 기울기를 사용하여 오차를 줄이고자 하는 방법이다. 가장 널리 사용되는 것은 4차 Runge-Kutta 방법으로 RK4라고 불린다. RK4 방법은 오차의 정도가 $O(h^4)$에 달하는 것으로 간주된다.

다음에 주어진 상미분 방정식에 대한 해를 RK4 방법으로 구하는 과정을 설명한다.

$$\frac{dy(t)}{dt} = f(t, y), \quad y(t_0) = \alpha$$

여기서 y는 구하고자 하는 t의 함수인 미지수이며, $f(t, y)$는 기울이다. 또한, y의 초기값은 $y(t_0) = y_0 = \alpha$이다. 다음 식은 RK4 를 사용하여 y_{i+1}을 계산하는 공식이다.

$$y_{i+1} = y_i + \frac{1}{6}h\left(k_1 + 2k_2 + 2k_3 + k_4\right) \tag{16.2}$$

위 식에서 보는 바와 같이 네 개의 기울기에 가중값을 주어 평균을 구하는 개념으로 생각할 수 있다. 여기서, 기울기는 다음과 같이 정의한다.

$$\begin{aligned} k_1 &= f(t_i, y_i), \\ k_2 &= f\left(t_i + \frac{h}{2}, y_i + h\frac{k_1}{2}\right), \\ k_3 &= f\left(t_i + \frac{h}{2}, y_i + h\frac{k_2}{2}\right), \\ k_4 &= f\left(t_i + h, y_i + hk_3\right) \end{aligned}$$

여기서, y_{i+1}은 RK4에서 계산된 $y(t_{i+1})$에 대한 근사값이며, 이 값은 식 (16.2)에서 보는 바와 같이 현재의 값 y_i와 네 개의 기울기 k_1, k_2, k_3, k_4를 사용하여 결정한다. 또한, 각각의 기울기는 모두 다른 가중값weight으로 최종 결과에 기여한다. 예를 들어, k_2와 k_3는 k_1과 k_4에 비해서 2배의 가중값을 갖는다. 그만큼 k_2와 k_3가 최종 결과에 더 큰 영향을 준다는 것을 의미한다. 각 계수의 의미를 간단하게 설명하면 다음과 같다.

- k_1은 구간 시작에서의 기울기이며 y_i 값을 사용하여 계산한다.
- k_2는 구간 중간에서의 기울기이며 y_i와 k_1을 사용하여 계산한다.
- k_3는 구간 중간에서의 기울기이며 y_i와 k_2를 사용하여 계산한다.

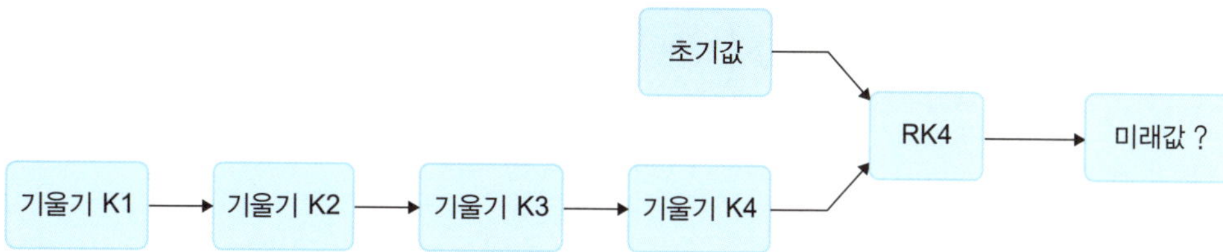

그림 16.4 4차 Runge-Kutta 방법의 근사해를 계산하기 위한 진행 과정

- k_4는 구간 끝에서의 기울기이며 y_i와 k_3를 사용하여 계산한다.

그림 16.4에서는 RK4 방법에서 근사해를 계산하기 위한 진행과정을 간략하게 도시한 것이다.

예제

다음에 주어진 미분방정식을 RK4 방법을 사용하여 해를 구하시오. 단, $h = 0.1$로 하시오.

$$\frac{dy}{dt} = -t + y, \quad y(0) = 0.5$$

식 (16.2)를 참조하여 RK4 방법을 적용하면 다음과 같은 차분방정식을 얻는다.

$$y_{i+1} = y_i + \frac{1}{6}h\left(k_1 + 2k_2 + 2k_3 + k_4\right),$$
$$t_{i+1} = t_i + h$$

계산에 필요한 각 계수 k_1, k_2, k_3, k_4는 다음과 같이 설정된다.

$$\begin{aligned} k_1 &= f(t_i, y_i) \\ &= -t_i + y_i \end{aligned}$$

$$\begin{aligned} k_2 = & \ f\left(t_i + \frac{h}{2}, y_i + h\frac{k_1}{2}\right) \\ & = -\left(t_i + \frac{h}{2}\right) + \left(y_i + h\frac{k_1}{2}\right) \end{aligned}$$

$$\begin{aligned} k_3 = & \ f\left(t_i + \frac{h}{2}, y_i + h\frac{k_2}{2}\right) \\ & = -\left(t_i + \frac{h}{2}\right) + \left(y_i + h\frac{k_2}{2}\right) \end{aligned}$$

$$\begin{aligned} k_4 = & \ f\left(t_i + h, y_i + hk_3\right) \\ & = -(t_i + h) + (y_i + hk_3) \end{aligned}$$

주어진 차분방정식에 대하여 $i = 0$인 경우에는 k_1, k_2, k_3, k_4를 다음과 같이 계산한다.

$$\begin{aligned} k_1 &= -t_0 + y_0 \\ &= -0.0 + 0.5 = 0.5 \end{aligned}$$

$$\begin{aligned} k_2 &= -\left(t_0 + \frac{h}{2}\right) + \left(y_0 + h\frac{k_1}{2}\right) \\ &= -\left(0.0 + \frac{0.1}{2}\right) + \left(0.5 + 0.1\frac{0.5}{2}\right) \\ &= 0.475 \end{aligned}$$

$$\begin{aligned} k_3 &= -\left(t_0 + \frac{h}{2}\right) + \left(y_0 + h\frac{k_2}{2}\right) \\ &= -\left(0.0 + \frac{0.1}{2}\right) + \left(0.5 + 0.1\frac{0.475}{2}\right) \\ &= 0.474 \end{aligned}$$

$$\begin{aligned} k_4 &= -(t_0 + h) + (y_0 + hk_3) \\ &= -(0.0 + 0.1) + (0.5 + 0.1 \times 0.474) \\ &= 0.447 \end{aligned}$$

위에서 얻은 결과를 가지고 식 (16.2) 부터 y_1을 다음과 같이 계산할 수 있다.

$$\begin{aligned} y_1 &= y_0 + \frac{1}{6} h \left(k_1 + 2k_2 + 2k_3 + k_4 \right) \\ &= 0.5 + \frac{1}{6} \times 0.1 \times (0.5 + 2 \times 0.475 + 2 \times 0.474 + 0.447) \\ &= 0.547 \end{aligned}$$

이러한 방식으로 반복하면 미분방정식의 해를 구할 수 있게 된다. 다음은 예제에 적용한 RK4 방법을 코딩한 프로그램이다.

```python
import numpy as np

def f(t,y):
    return -t + y

h = 0.1
time = np.arange(0.0,1.0,h)
yold = 0.5

for t in time:
    k1 = f(t,yold)
    k2 = f(t + h/2, yold + h*k1/2)
    k3 = f(t + h/2, yold + h*k2/2)
    k4 = f(t + h, yold + h*k3)
    ynew = yold + h*(k1 + 2*k2 + 2*k3 + k4)/6
    print(f't={t+h:0.2f}, y={ynew:0.3f}')
    yold = ynew
```

이 프로르램의 라인 3-4에서는 미분방정식에서의 기울기 $f(t, y)$를 정의하고 있다. 라인 6에서는 간격을 h = 0.1로 설정하였다. 라인 7에서는 Numpy에서 `arange()` 함수를 사용하여 계산구간을 정한다. 라인 8에서는 초기값을 y_0 = 0.5로 한다. 라인 10-17에서는 RK4 방법에서 필요한 계수 k_1, k_2, k_3, k_4를 차례로 구하고 계산된 값을 갱신하며 방정식의 해를 계산하는 과정을 그대로 보여주고 있다. 이 프로그램을 수행하면 결과는 다음과 같다.

```
t=0.10,y=0.547
t=0.20,y=0.589
t=0.30,y=0.625
t=0.40,y=0.654
t=0.50,y=0.676
t=0.60,y=0.689
t=0.70,y=0.693
t=0.80,y=0.687
t=0.90,y=0.670
t=1.00,y=0.641
```

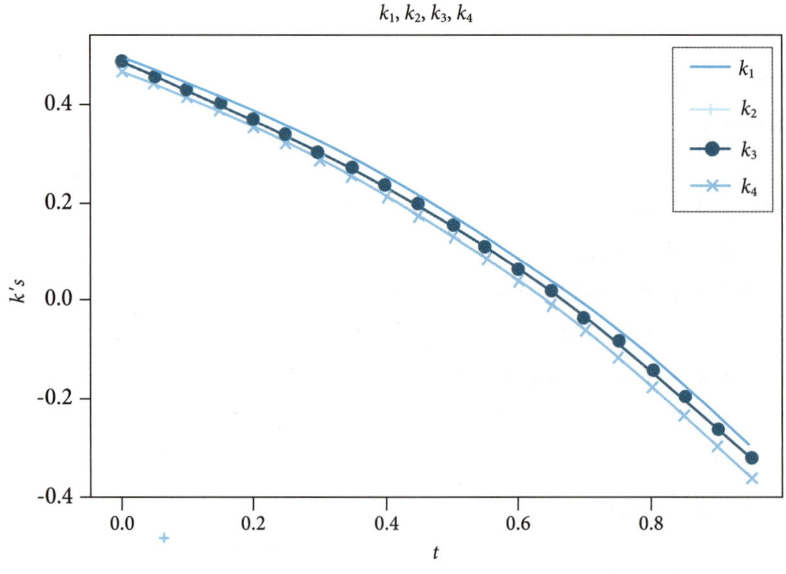

그림 16.5 RK4 방법에서 사용되는 네 개의 기울기 k_1, k_2, k_3, k_4

그림 16.5는 RK4 방법에서 필요한 네 개의 계수 k_1, k_2, k_3, k_4를 계산한 결과를 보여주고 있다. 각 계수는 앞에서도 설명하였듯이 기울기와 관련이 있다. 즉, k_2와 k_3는 두 배의 가중값으로 전체 계산에 반영되며, 네 개의 계수는 최종적으로 전체 합의 평균값으로 y에 대한 갱신 과정에 참여하게 된다.

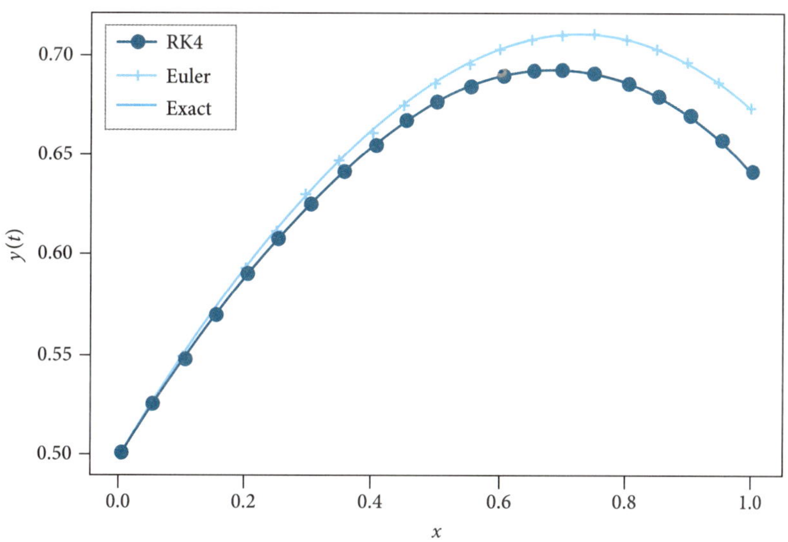

그림 16.6 미분방정식 $y' = -t + y$, $y_0 = 0.5$에 대한 RK4 방법과 Euler 방법의 결과와 엄밀해의 비교

그림 16.6은 RK4 방법에서 구한 해와 Euler 방법과 엄밀해를 비교한 것이다. 결과에서 확연하게 볼 수 있듯이 RK4 방법의 정확도는 엄밀해와 거의 구분이 가지 않을 정도로 정확하다. 반면에 Euler 방법의 결과는 엄밀해와 비교하였을 때 상당한 오차를 보여주고 있음을 확인할 수 있다. 따라서 현실적으로 의미있는 계산 결과를 기대할 때는 RK4 방법에 준하는 정확도를 보장할 수 있는 알고리즘을 선택해야 한다.

16.3 예측자-수정자 방법

앞에서 학습한 Euler 방법과 Runge-Kutta 방법은 미분방정식의 해를 구하는데 사용되지만, 그 과정에서 사용자가 관여할 수 있는 부분이 거의 없다. 즉, 사용자가 계산과정의 정확도나 계산 시간등에 영향을 미칠 수 있는 부분이 제한적이라는 것이다. 예를 들어, 두 방법에서는 해의 정확도를 위해서 관여할 수 있는 방법이 구간의 간격 h를 조절하는 정도밖에 없다. 만일, 시험적으로 어떤 프로그램을 실행한 후, 정확도나 계산 시간을 사용자의 의도대로 어느 정도 조절할 수 있다면 편리할 것이다. 예측자-수정자 방법Predictor-corrector methods, PC은 사용자의 의도를 어느 정도 반영할 수 있다는 점에서 관심을 받아왔다. 다음에 주어진 미분방정식을 대상으로 예측자-수정자 방법에 대하여 설명하기로 한다.

$$\frac{dy(t)}{dt} = f(t, y), \quad y(t_0) = \alpha$$

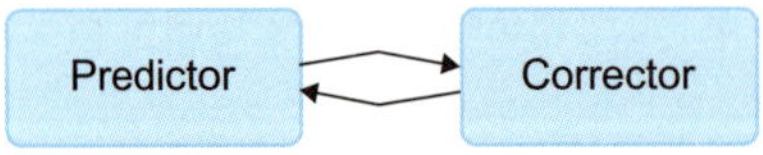

그림 16.7 예측자–수정자 방법의 개념도

예측자-수정자 방법은 그림 16.7에서 보는 바와 같이 예측자와 수정자로 구성되어 있으며 상호간에 영향을 주게 되어 있다. 먼저 예측자를 결정할 때 여기서는 Euler 방법을 채택하기로 한다. 그러나, 사용자의 의도에 따라서 다른 방법, 예를 들어, RK4 방법을 예측자로 사용할 수도 있다. 이와 같이 알고리즘을 구성하는 데 있어서, 어느 정도의 선택의 폭이 커졌다는 것은 보다 효율적인 해법의 과정을 만들어 가는데 있어서 좋은 영향을 줄 수 있을 것이다. 다음은 예측자-수정자 방법의 구성의 한 예이다. Euler 방법을 예측자로 하고, Heun 방법을 수정자로 구성한 것이다.

예측자(Predictor)

$$\widehat{y}_{i+1} = y_i + hf(t_i, y_i) \tag{16.3}$$

수정자(Corrector)

$$y_{i+1} = y_i + \frac{1}{2}h\left(f(t_i, y_i) + f(t_{i+1}, \widehat{y}_{i+1})\right) \tag{16.4}$$

예측자-수정자 방법에서는 먼저 식 (16.3)의 예측자를 사용하여 t_{i+1}에서의 예측값 $\widehat{y}_{i+1}$를 계산한다. 이것은 예측값이므로 실제값과 차이가 날 수 있다. 예측값 $\widehat{y}_{i+1}$을 식 (16.4)에 대입하여 수정자로 하여금 수정된 y_{i+1}을 계산한다. 이론상으로 이때의 값은 처음 예측값보다 실제값에 더 가깝다고 간주된다. 여기서 수정자는 t_i에서의 기울기와 t_{i+1}에서의 기울기의 산술평균을 취하여 예측값을 갱신하는 Heun 방식을 택하였다. 그러나, 예측자와 마찬가지로, 수정자도 사용자의 의도에 따라서 다양한 알고리즘으로 설정될 수 있다. 예를 들어, 수정자를 RK4 방법으로 설정하는 것도 가능하다.

예제

다음에 주어진 미분방정식의 해를 예측자-수정자 방법을 사용하여 구하시오.

$$\frac{dy}{dt} = -t + y, \quad y(0) = 0.5$$

식 (16.3)을 사용하여 $i = 0$에 대하여 예측값 $\widehat{y}_1$을 다음과 같이 계산한다.

$$\begin{aligned}\widehat{y}_1 &= y_0 + hf(t_0, y_0)\\ &= y_0 + h(-t_0 + y_0)\\ &= 0.5 + 0.1 \times (-0.0 + 0.5)\\ &= 0.550\end{aligned}$$

이번에는 식 (16.4)의 수정자를 사용하여, 예측값을 다음과 같이 갱신한다.

$$\begin{aligned} y_1 &= y_0 + \frac{1}{2}h\left(f(t_0, y_0) + f(t_1, \widehat{y}_1)\right) \\ &= y_0 + \frac{1}{2}h\left((-t_0 + y_0) + (-t_1 + \widehat{y}_1)\right) \\ &= 0.5 + \frac{1}{2} \times 0.1 \times ((-0.0 + 0.5) + (-0.1 + 0.550)) \\ &= 0.547 \end{aligned}$$

이 과정을 반복하면 미분방정식의 근사해를 계산할 수 있다. 다음은 예측자-수정자 방법을 코딩한 프로그램이다.

```
1  # ODE solver with predictor-corrector methods
2  # dy/dt = f(t,y), y(t0) = y0
3
4  import numpy as np
5
6  def f(t,y):
7      return -t + y
8
9  h = 0.1
10 time = np.arange(0,1.0,h)
11 yold = 0.5
12
13 # Predictor-corrector methods
14 for t in time:
15     yhat = yold + h*f(t,yold)
16     ynew = yold + h*(f(t,yold) + f(t+h,yhat))/2
17     print(f't={t+h:0.2f},y={ynew:0.3f}')
18     yold = ynew
```

이 프로그램의 라인 6-7에서는 주어진 미분방정식의 기울기 함수 $f(t, y)$를 정의하고 있다. 라인 9에서는 계산간격을 h = 0.1로 설정한다. 라인 10에서는

arange() 함수를 사용하여 계산구간을 $0 \le t \le 1$로 정하였다. 라인 11에서는 초기값 $y_0 = 0.1$로 주었다. 라인 10-14에서는 식 (16.3) 식 (16.4)에서 제시된 예측자-수정자 방법을 코딩하였다. 여기서 **yhat**은 예측값 $\hat{y}_i$이며, **ynew**는 수정자에 의해서 수정된 y_i이다. 이 프로그램을 수행하면 결과는 다음과 같다.

```
t=0.10,y=0.547
t=0.20,y=0.589
t=0.30,y=0.625
t=0.40,y=0.655
t=0.50,y=0.676
t=0.60,y=0.690
t=0.70,y=0.694
t=0.80,y=0.689
t=0.90,y=0.672
t=1.00,y=0.643
```

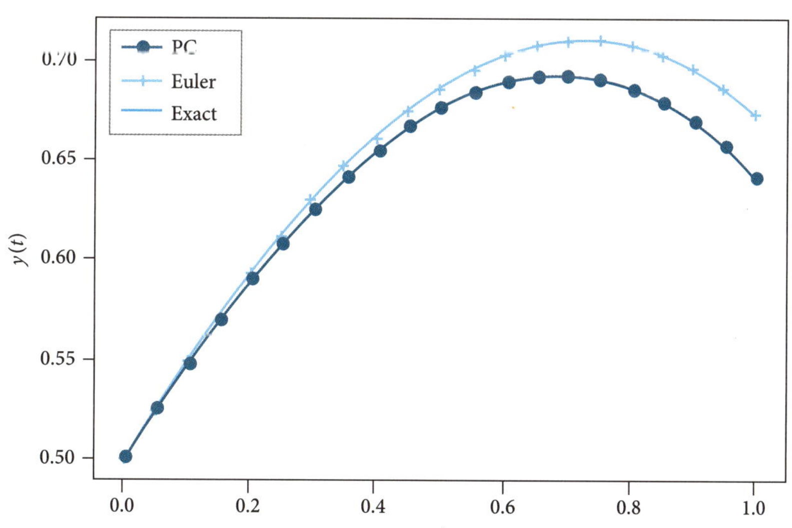

그림 16.8 미분방정식 $y' = -t + y, y_0 = 0.5$에 대한 예측자-수정자 방법(PC)과 Euler 방법의 결과와 엄밀해의 비교

그림 16.8에서는 예측자-수정자 방법과 Euler 방법, 그리고 엄밀해의 결과를 비교하여 보여주고 았다. 예측자-수정자 방법의 결과는 엄밀해와 거의 동일할 정도로 높은 정확도를 보인다. 반면에 Euler 방법에서는 계산이 진행될수록 큰 오차를 보이고 있다. 따라서, 이 문제를 해석하는 데 사용한 예측자-수정자 방법은 단순히 Euler 방법에만 의존한 결과보다 상당한 개선을 만들어 낼 수 있음을 보여주고 있다.

16.4 Adams-Bashforth-Moulton 방법

예측자-수정자 방법은 각각의 구성에 따라 달라질 수 있으므로 종류가 매우 다양하다. 여기서는 그 중의 하나인 2단계 Adams-Bashforth-Moulton(ABM2) 방법을 소개하기로 하며, 예측자로 Adams-Bashforth 방법을, 그리고 수정자로 Adams-Moulton 방법을 사용하며 다음과 같이 주어진다.

$$\hat{y}_{i+1} = y_i + \frac{3}{2}hf(t_i, y_i) - \frac{1}{2}hf(t_{i-1}, y_{i-1}) \quad \text{Adams-Bashforth} \tag{16.5}$$

$$y_{i+1} = y_i + \frac{1}{2}h\left[f(t_i, y_i) + f(t_{i+1}, \hat{y}_{i+1})\right] \quad \text{Adams-Moulto} \tag{16.6}$$

위 식에서 보는 바와 같이 ABM2 방법에서는 식 (16.5)에서의 예측자에 y_{i-1}항을 포함하고 있으므로, 다른 방법들처럼 지수를 i = 0으로부터 적용할 수는 없다. 따라서, i = 1로부터 사용하여야 한다. 예측자인 식 (16.5)에서 i = 1을 적용하면 다음과 같다.

$$\hat{y}_2 = y_1 + \frac{3}{2}hf(t_1, y_1) - \frac{1}{2}hf(t_0, y_0)$$

그런데 여기서 문제가 되는 것은 우변에 있는 y_1은 현 시점인 t_0에서 볼 때 아직 미래의 값이기 때문에 결정되지 않았다는 데 있다. 그러므로 이 식은 이 상태로는 더 이상 진행될 수 없다. 이 문제를 해결하기 위해서는 y_1을 사전에 계산해야 한다. 이에 대한 여러 가지 방법이 있으나, 여기서는 Euler 방법을 사용하기로 한다. 즉, 주어진 상미분 방정식에서의 초기값 y_0를 Euler 방법에 대입하여 y_1을 먼저 계산하면 문제가 해결된다.

그림 16.9에서 ABM2 방법의 작동 순서를 보여주고 있다. ABM2 방법에서는 먼저 Euler 방법이 시동되어 y_1을 계산한 후, 예측자와 수정자의 역할이 교대로 진행된다. 단, 두 번째 반복부터는 더 이상 Euler 방법이 사용되지 않는다는 점을 유의한다. 따라서, ABM2 방법에서 식 (16.5)의 예측자에서 좌변은 다음 번 단계에서의 값 y_{i+1}를 의미하고, 우변은 현 단계에서의 값 y 및 과거의 값 y_{i-1}을 의미하기 때문에 외연적 방법explicity methods으로 볼 수 있다. 즉, 과거와 현재만의 정보를 가지고 미래를 예측한다는 개념이다. 반면에, 식 (16.6)에서의 수정자는 좌변에서는 다음 단계의 값 y_{i+1}인데, 우변에서도 현재의 값만 아니라 다음 단계의 값 y_{i+1}도 필요하다. 이러한 방식을 내연적 방법implicit methods라고 한다. 일반적으로 외연적 방법은 계산이 진행됨에 따라서 오차의 누적을 피하기가 어려운 반면, 내연적 방법은 계산과정이 복잡하다는 문제가 있다. 그러므로, 예측

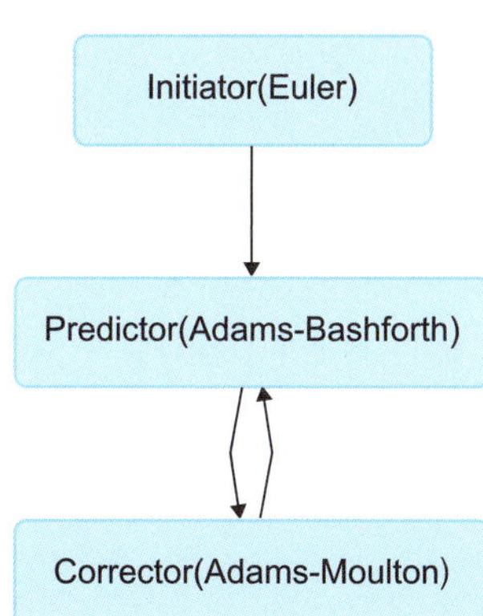

그림 16.9 Adams–Bashforth–Moulton 방법의 구성

자-수정자 방법은 이러한 외연적-내연적 방법을 교대로 사용하여 두 방법의 장점을 살리고 단점을 축소시키는 작용을 하게 된다. 또한, 예측자-수정자 방법은 사용자의 의도에 따라서 전체 구조를 조절하는 것이 가능하므로 계산 시간, 오차, 효율성 등에 대한 어느 정도의 유동 폭을 가질 수 있다는 장점이 있다.

예제

다음에 주어진 미분방정식의 해를 2단계 Adams-Bashforth-Moulton 방법을 사용하여 $0 \le t \le 1$ 구간에서 구하시오. 단 $h = 0.1$로 하시오.

$$\frac{dy}{dt} = -t + y, \quad y(0) = 0.5$$

그림 16.9를 참조하고 초기값과 Euler 방법을 사용하여 y_1을 다음과 같이 계산한다.

$$\begin{aligned} y_1 &= y_0 + hf(t_0, y_0) \\ &= y_0 + h(-t_0 + y_0) \\ &= 0.5 + 0.1 \times (0.0 + 0.5) \\ &= 0.55 \end{aligned}$$

다음은 $i = 1$에서 초기값과 예측자 공식인 식 (16.5)를 사용하여 예측값 $\widehat{y}_2$을 다음과 같이 계산한다.

$$\begin{aligned} \widehat{y}_2 &= y_1 + \frac{3}{2}hf(t_1, y_1) - \frac{1}{2}hf(t_0, y_0) \\ &= 0.55 + \frac{3}{2} \times 0.1 \times (-0.1 + 0.55) - \frac{1}{2} \times 0.1 \times (-0.0 + 0.5) \\ &= 0.5 + 0.1 \times (-0.0 + 0.5) \\ &= 0.5925 \end{aligned}$$

이번에는 수정자 공식인 식 (16.6)를 사용하여 위에서 계산한 예측값을 다음과 같이 갱신한다.

$$
\begin{aligned}
y_2 &= y_1 + \frac{1}{2}h\left[f(t_1, y_1) + f(t_2, \widehat{y}_2)\right] \\
&= 0.55 + \frac{1}{2}h\left[(-t_1 + y_1) + (-t_2 + \widehat{y}_2)\right] \\
&= 0.55 + \frac{1}{2} \times 0.1 \times \left[(-0.1 + 0.55) + (-0.2 + 0.5925)\right] \\
&= 0.5921
\end{aligned}
$$

이와 같은 방식으로 그림 16.9에서와 같이 예측자-수정자 과정을 반복하여 계산을 수행한다. 다음 프로그램은 ABM2 방법을 코딩한 것이다.

```python
# ODE solver with ABM2
# dy/dt = f(t,y), y(t0) = y0

import numpy as np

# Define f(t,y)
def f(t,y):
    return -t + y

h = 0.1
time = np.arange(0,1.0-h,h)
yold = 0.5

# Euler method (initiator)
yinit = yold + h*f(0,yold)
print(f't={time[0]+h:0.2f},y={yinit:0.3f}')

# ABM2 predictor-corrector methods
for t in time:
    yhat = yinit + 3/2*h*f(t+h,yinit) - 1/2*h*f(t,yold)
    ynew = yinit + 1/2*h*(f(t+h,yinit) + f(t+2*h,yhat))
    print(f't={t+2*h:0.2f},y={ynew:0.4f}')
```

```
23        yold = yinit
24        yinit = ynew
```

이 프로그램의 라인 7-8에서는 주어진 미분방정식에서의 기울기를 설정한다. 라인 10에서는 간격을 0.1로 한다. 라인 11에서는 계산할 영역을 0으로부터 0.8까지로 한다. 그 이유는 여기서 사용하는 예측자-수정자의 인덱스가 실제로는 1부터 시작하기 때문이다. 라인 15에서는 Euler 방법을 통해서 필요한 추정값을 계산한다. 라인 19-24까지는 예측자-수정자 과정이 교대로 반복되며, 추정값과 예측값들이 연속적으로 갱신된다. 특히, 라인 23-24에서는 두 변수가 각각 갱신되고 있음을 유의한다. 그 이유는 이 알고리즘에서는 세 개의 변수, **yhold, yhat, ynew**가 필요하기 때문이다. 이 프로그램을 실행하면 다음과 같은 결과를 얻는다.

```
t=0.10,y=0.550
t=0.20,y=0.5921
t=0.30,y=0.6282
t=0.40,y=0.6574
t=0.50,y=0.6793
t=0.60,y=0.6929
t=0.70,y=0.6975
t=0.80,y=0.6920
t=0.90,y=0.6754
t=1.00,y=0.6465
```

그림 16.10에서는 예제에서 주어진 미분방정식의 근사해를 다른 방법들의 결과와 비교하고 있다. 예상했던 대로 ABM2 방법은 엄밀해와 거의 동일한 값을 보여주며, 반면에 Euler 방법의 근사해는 계산의 진행에 따라 급격하게 오차가 누적되고 있음을 알 수 있다. 그림 16.11에서는 ABM2에서의 상대오차의 경향을

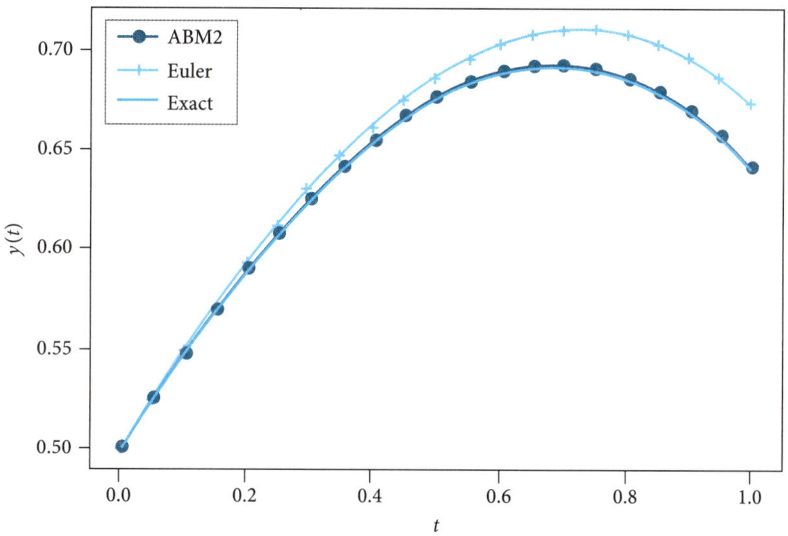

그림 16.10 미분방정식 $y' = -t + y, y_0 = 0.5$에 대한 예측자–수정자 방법(ABM2)과 Euler 방법의 결과와 엄밀해의 비교

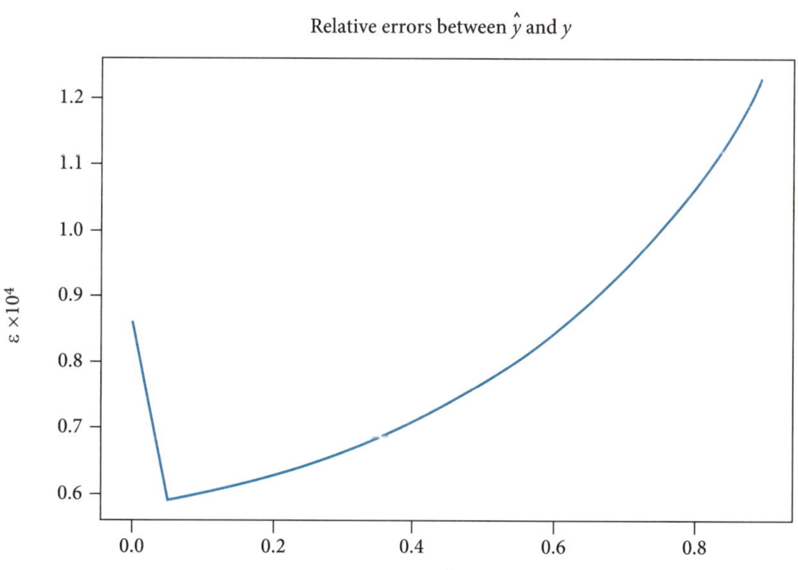

그림 16.11 예측자–수정자 방법(ABM2)에서의 상대오차의 경향

보여주고 있다. 초기에는 작은 값을 가지게 되지만, 시간이 지날수록 오차가 누적되고 있음을 볼 수 있다. 물론 이러한 결과는 어떤 수치해석 알고리즘에서도 피할 수는 없다. 따라서, 적절한 오차의 정도를 조절하면서 계산을 수행하여야 하고, 이러한 관점에서 볼 때 사용자의 의도를 어느 정도는 반영할 수 있는 예측자-수정자 방법의 장점이 있다고 본다.

16.5 각 방법의 비교

예측자-수정자 방법에는 여러 가지의 변형된 종류가 존재한다. 예를 들어, 하나의 예측자와 두 개의 수정자를 사용하여 다음과 같이 진행할 수도 있다.

$$\begin{aligned}
\widehat{y}_{i+1} &= y_i + hf(t_i, y_i) \quad \text{Predictor} \\
\widetilde{y}_{i+1} &= y_i + \frac{1}{2}h\left(f(t_i, y_i) + f(t_{i+1}, \widehat{y}_{i+1})\right) \quad \text{Corrector 1} \\
y_{i+1} &= y_i + \frac{1}{2}h\left(f(t_i, y_i) + f(t_{i+1}, \widetilde{y}_{i+1})\right) \quad \text{Corrector 2}
\end{aligned}$$

이 식의 진행과정을 순서대로 나타내면 그림 16.12와 같다. 즉, 예측자에서 예측한 값을 수정자 1로 보내고, 수정된 값을 수정자 2로 보내어 다시 수정하게 하는 방법이다. 이 과정에서 처음의 예측 값은 두 번의 수정을 거치게 되므로 보다 정확한 값으로 간주할 수 있을 것이다. 그러나, 이 과정에서 계산량이 늘어나게 되는 것은 단점이라고 볼 수 있다. 그럼에도 불구하고 예측자-수정자 방법은

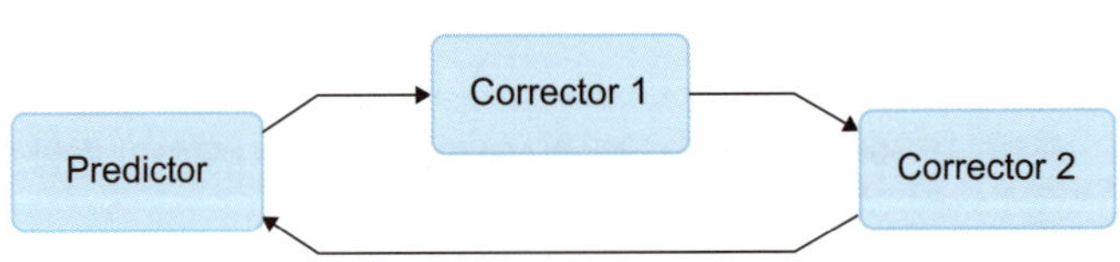

그림 16.12 하나의 예측자, 두 개의 수정자를 사용하는 예측자-수정자 방법의 구성 예

다른 방법과 비교하였을 때 제한적이나마 사용자의 의도가 반영될 수 있다는 장점이 있다.

예를 들어, 다음과 같은 구성도 가능하다. 그림 16.13에서의 구성에서는 Euler 방법을 예측자로, 수정자 1을 RK4 방법으로, 그리고 수정자 2도 RK4 방법으로 하였다. 이것은 사용자의 의도를 반영할 수 있다는 예측자-수정자 방법의 장점을 보여주고 있는 예이다. 이 책에서 소개하지는 않았지만, RK4 방법 이외에도 다양한 방법이 존재하므로, 정확도나 계산시간 등의 이유로 인해서 사용자가 전체 구성에 대하여 어느 정도의 조정이 가능하다는 점은 예측자-수정자 방법의 상당한 장점이다.

	정확도	난이도	사용자 개입
Euler 방법	하	하	하
Runge–Kutta 방법	상	중	하
예측자–수정자 방법	상	상	상

위의 표에서는 Euler, Runge-Kutta, 예측자-수정자 방법에대한 간략한 비교를 나열하였다. 정확도는 근사해의 엄밀해에 대한 상대오차이며, 난이도는 알고리즘의 복잡성, 사용자 개입은 사용자의 의도가 반영될 수 있는 정도를 의미한다. Runge-Kutta 방법은 실제로 많이 사용되고 있으며, 정확도나 난이도에서 우수한 성능을 보인다. 단지, 사용자가 개입할 수 있는 여지는 부족하다. 반면에 예측자-수정자 방법은 난이도가 상대적으로 높으나 정확도나 사용자 개입의 정도는 좋다. 따라서, 이러한 특성을 이해하고, 주어진 문제에 대한 접근을 시도하는

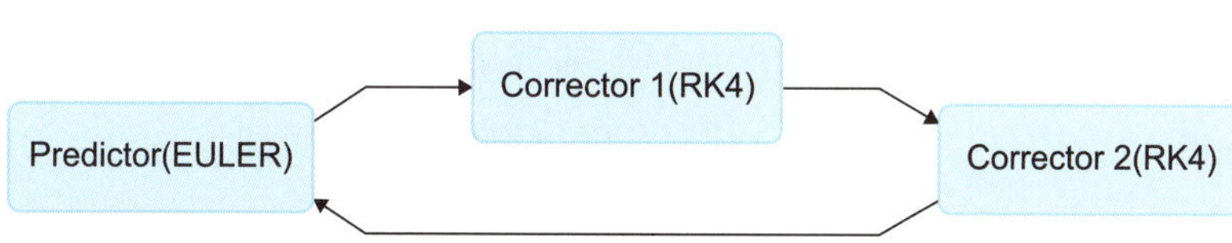

그림 16.13 하나의 예측자(Euler), 두 개의 수정자(RK4)를 사용하는 예측자–수정자 방법의 구성 예

것이 바람직하다. 실제 현장에서 가동되고 있는 상업용 알고리즘은 훨씬 복잡한 구성을 가지고 있으나, 여기서 학습한 내용을 기본으로 하고 있다.

16.6 연습문제

1. 미분방정식 $y'(t) = t$, $y(0) = 1$의 해를 $h = 0.1$로 하여 Euler 방법으로 $0 < t < 1$에서 구하시오. 단, 엄밀해는 $y(t) = \frac{1}{2}(t^2 + 2)$이다.
2. 미분방정식 $y'(t) = 0.1t$, $y(0) = 1$의 해를 $h = 0.1$로 하여 Euler 방법으로 $0 < t < 1$에서 구하시오. 단, 엄밀해는 $y(t) = 0.05t^2 + 1$이다.
3. 미분방정식 $y'(t) = t - 2y$, $y(0) = 1$의 해를 $h = 0.1$로 하여 Euler 방법으로 $0 < t < 1$에서 구하시오. 단, 엄밀해는 $y(t) = \frac{1}{4}(2t + 5e^{-2t} - 1)$이다.
4. 미분방정식 $y'(t) = t$, $y(0) = 1$의 해를 $h = 0.1$로 하여 Runge-Kutta 방법으로 $0 < t < 1$에서 구하시오. 단, 엄밀해는 $y(t) = \frac{1}{2}(t^2 + 2)$이다.
5. 미분방정식 $y'(t) = 0.1t$, $y(0) = 1$의 해를 $h = 0.1$로 하여 Runge-Kutta 방법으로 $0 < t < 1$에서 구하시오. 단, 엄밀해는 $y(t) = 0.05t^2 + 1$이다.
6. 미분방정식 $y'(t) = t - 2y$, $y(0) = 1$의 해를 $h = 0.1$로 하여 Runge-Kutta 방법으로 $0 < t < 1$에서 구하시오. 단, 엄밀해는 $y(t) = \frac{1}{4}(2t + 5e^{-2t} - 1)$이다.
7. 미분방정식 $y'(t) = \sin(t)$, $y(0) = 1$의 해를 $h = 0.1$로 하여 Runge-Kutta 방법으로 $0 < t < 1$에서 구하시오. 단, 엄밀해는 $y(t) = 2 - \cos(t)$이다.
8. 미분방정식 $y'(t) = 0.1t$, $y(0) = 1$의 해를 $h = 0.1$로 하여 Adams-Bashforth-Moulton 방법으로 $0 < t < 1$에서 구하시오. 단, 엄밀해는 $y(t) = 0.05t^2 + 1$이다.

9. 미분방정식 $y'(t) = t - 2y$, $y(0) = 1$의 해를 $h = 0.1$로 하여 Adams-Bashforth- Moulton 방법으로 $0 < t < 1$에서 구하시오. 단, 엄밀해는 $y(t) = \frac{1}{4}(2t + 5e^{-2t} - 1)$이다.

10. 미분방정식 $y'(t) = \sin(t)$, $y(0) = 1$의 해를 $h = 0.1$로 하여 Adams-Bashforth-Moulton 방법으로 $0 < t < 1$에서 구하시오. 단, 엄밀해는 $y(t) = 2 - \cos(t)$이다.

CHAPTER 17

고차 미분방정식

고차 미분방정식은 다양한 분야에서 등장하고 있다. 복잡한 상태의 변화를 추적하고 시뮬레이션하기 위해서는 2차 정도의 미분방정식이 가장 널리 사용된다. 이러한 고차 미분방정식을 해석하는 데는 몇 가지의 방법이 있으나, 가장 직관적으로 접근할 수 있는 방법은 주어진 미분방정식의 차수를 낮추는 데에 있다. 일반적으로 고차의 미분방정식은 해석적으로나 수치해석적으로나 풀기가 매우 어렵다. 따라서 저차의 미분방정식으로 변환시켜서 해석하는 방법이 주로 쓰인다. 이번 장에서는 2차 미분방정식을 Euler 방법으로 근사해를 구하는 방법을 설명하기로 한다.

17.1 미분방정식의 차수 낮추기

2차이상의 미분 방정식을 수치해석으로 풀고자 하는 경우에는, 그대로 진행하기 보다는, 낮은 차수를 가진 미분방정식으로 변환하여 해석을 수행하는 것이

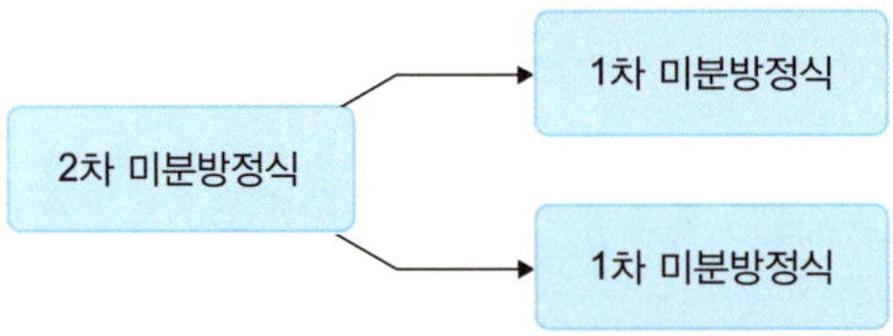

그림 17.1 차수 낮추기를 통하여 하나의 2차 미분방정식을 두 개의 1차 미분방정식으로의 변환

효과적이다. 이는 고차의 미분방정식의 해를 직접적으로 구하는 방법에 비해서, 낮은 차수의 미분방정식에 대한 알고리즘이 잘 개발되어 있기 때문이다.

예를 들어, 그림 17.1에서 보듯이 하나의 2차 미분방정식은 두 개의 1차 미분방정식으로 차수를 낮추어 해석할 수 있다. 다음에서 주어진 2차 미분방정식을 사용하여 차수 낮추기 과정을 설명하기로 한다.

$$\frac{d^2y(t)}{dt^2} = y'' = f(t, y, y'), \quad y(0) = \alpha, \quad y'(0) = \beta$$

여기서 2차 미분방정식에서는 두 개의 초기값이 필요로 함을 유의한다. 이 미분방정식을 두 개의 1차 미분방정식으로 분리하기 위하여 다음과 같이 새로운 변수 v를 정의한다.

$$\begin{aligned} y' &= v \\ v' &= f(t, y', y) = f(t, v, y) \end{aligned} \tag{17.1}$$

또한, 해당되는 초기 조건은 각각 $y(0) = \alpha$, $y'(0) = v(0) = \beta$가 된다. 결과적으로 이 방법은 하나의 2차 미분방정식을 두 개의 1차 미분방정식을 만들어서 각 미분방정식의 해를 구하는 과정으로 진행하는 것이다.

17.2 Euler 방법과 2차 미분방정식

여기서는 다음에 주어진 2차 미분방정식의 예제에 대한 해석을 Euler 방법을 사용해서 설명하고자 한다.

$$y'' = t^2 - y, \quad y(0) = 1, \quad y'(0) = 0$$

이 방정식을 식 (17.1)을 참조하여 두 개의 1차 미분방정식으로 변환하면 다음과 같다.

$$y' = v, \quad y(0) = 1$$
$$v' = t^2 - y, \quad v(0) = 0$$

이 식에 대하여 Euler 방법을 적용하여 이 방정식을 차분방정식을 만들면 다음과 같이 쓸 수 있다.

$$y_{i+1} = y_i + hv_i$$
$$v_{i+1} = v_i + h(t_i^2 - y_i)$$

여기서 $h = 0.1$, 초기값은 $y_0 = 1$, $v_0 = 0$으로 주어진다. 이 차분식에서 $i = 0$으로 하면 첫 번째 결과는 다음과 같다.

$$y_1 = y_0 + hv_0 = 1.0 + 0.1 \times 0.0 = 1.0$$
$$v_1 = v_0 + h(t_0^2 - y_0) = 0.0 + 0.1 \times (0.0^2 - 1.0) = -0.1$$

이와 같은 방식으로 과정을 반복하면 2차 미분방정식의 해를 수치해석적으로 구할 수 있게 된다. 결국 두 개의 1차 미분방정식을 각각 해석하게 되므로 각 방정식의 해가 순차적으로 계산됨을 알 수 있다. 이러한 방식은 2차 이상의 고차 방정식에 대해서도 동일하게 적용될 수 있다. 예를 들어, 4차 미분방정식을 네 개의 1차 미분방정식으로 변환하여 해석하는 것이 가능하다. 예제로 주어진 미분방정식의 엄밀해는 $y(t) = t^2+3\cos(t) - 2$이다. 다음은 2차 미분방정식의 해를 두 개의 1차 미분방정식으로 분리하여 각각을 Euler 방법으로 해석하는 과정을 프로그래밍한 것이다.

```
1  # Second-order ODE solver with Euler methods
2  # d^2y/dt^2 = f(t,y,dy/dt), y(t0) = y0, dy(t0)/dt = v0
3  # Set
4  # dy/dt = v, dv/dt = f(t,y,dy/dt)
5
6  import numpy as np
7
8  h = 0.1
9  time = np.arange(0,1.0,h)
10
11 yold = 1.0
12 vold = 0.0
13
14 for t in time:
15     ynew = yold + h*vold
16     vnew = vold + h*(t**2-yold)
17     print(f't={t+h:0.2f},y={ynew:0.4f},v={vnew:0.4f}')
18     yold = ynew
19     vold = vnew
```

이 프로그램의 라인 8에서 간격을 $h = 0.1$로 놓는다. 라인 9에서 `arange()` 함수를 이용하여 계산구간을 $0 \leq t \leq 1$로 한다. 라인 11에서 문제에서 주어진대로 초기값 $y_0 = 1$, 라인 12에서 $v_0 = 0$으로 한다. 라인 14-19에서 2차 미분방정식에 대한 Euler 방식의 차분방정식을 코딩하였다. 여기서, y_{i+1}은 `ynew`, v_{i+1}은 `vnew`로 하였다. 또한 이전 값들은 각각 `yold`와 `vold`로 놓았다. 특히, 라인 18-19에서 변수 y와 v에 대한 값이 각각 갱신되고 있음을 유의한다. 이 프로그램을 수행하면 결과는 다음과 같다.

```
t=0.10,y=1.0000,v=-0.1000
t=0.20,y=0.9900,v=-0.1990
t=0.30,y=0.9701,v=-0.2950
t=0.40,y=0.9406,v=-0.3860
t=0.50,y=0.9020,v=-0.4700
t=0.60,y=0.8550,v=-0.5450
t=0.70,y=0.8005,v=-0.6090
t=0.80,y=0.7396,v=-0.6600
t=0.90,y=0.6736,v=-0.6960
t=1.00,y=0.6040,v=-0.7150
```

그림 17.2에서는 2차 미분방정식에서의 두 변수 y와 $v = dy/dt$의 관계를 보여주고 있다. 초반의 구간을 지나면 두 변수의 관계는 비선형적으로 증가하는 경향을 가지고 있음을 보여준다. 이러한 경향은 어떤 물리적 현상을 미분방정식을

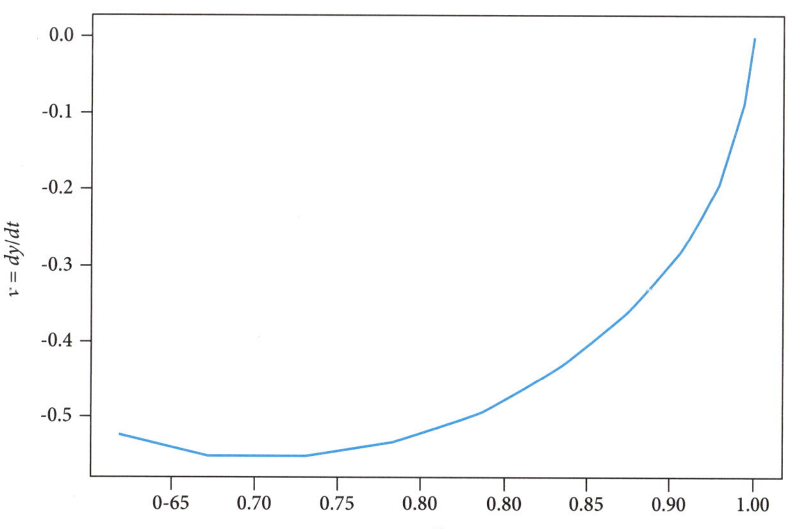

그림 17.2 2차 미분방정식 $y'' = t^2 - y, y(0) = 1, y'(0) = 0$에서 y와 $v = dy/dt$의 상관관계

사용하여 모델링하였을 때, 그 현상의 내용을 이해하는데 중요한 정보를 준다. 즉, 미분방정식의 근사해와 도함수의 관계는 분야에 따라서 흥미로운 주제가 될 수도 있다.

그림 17.3은 미분방정식의 해석된 결과인 y를 엄밀해와 비교하여 표시한 것이다. 그림에서 Euler 방법에 의한 수치값과 엄밀해의 비교에서 약간의 차이가 전 구간에 걸쳐서 관찰될 수 있음을 볼 수 있다. 이는 Euler 방법에서의 계산이 진행될수록 급격하게 오차가 누적되기 때문이다. 가장 직접적인 오차 감소 방법은 구간을 보다 촘촘하게 하는 것이다. 즉, 여기서는 h = 0.1로 하였으나, 조금 더 작은 값으로 하면 오차가 감소할 것이다. 그러나 그에 따라 계산량이 증가하게 된다. 또한, 그림에서 볼 수 있듯이 y'에 대한 값은 계산이 진행될수록 엄밀해의 값과 큰 차이를 보인다. 이는 미분을 정의할 때 Taylor 급수에서 절단한 항으로 인해서 정확도가 떨어지기 때문에 발생한 것으로 간주될 수 있다. 이 문제에 대해서, 예를 들어, RK4 방법 등을 사용하면, 계산량이 많아지는 단점은 있으나, 이러한 오차를 경감시키는데 도움이 될 수 있다.

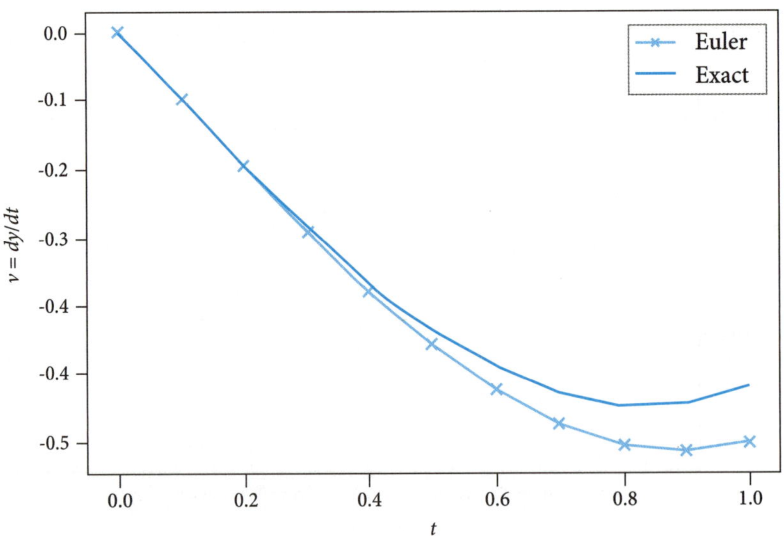

그림 17.2 2차 미분방정식 $y'' = t^2 - y, y(0) = 1, y'(0) = 0$에 대한 Euler 방법에 의한 근사해

결론적으로, 2차 미분방정식을 두 개의 1차 미분방정식으로 분리하여, 수치해석적인 해를 계산하였다. 앞에서도 언급한 바와 같이, 각각의 미분방정식을 계산하는 과정에서 발생하는 오차가 함께 누적되기 때문에 Euler 방법을 사용하기보다 정교한 알고리즘을 사용하는 것이 바람직하다고 사료된다. 또는, 계산간격을 보다 촘촘히 하는 방식을 시도해 볼 수 있을 것이다. 또 하나의 방법은 앞에서 학습한 예측자-수정자 방법을 도입하는 것이다. 2차 미분방정식에서는 두 개의 1차 미분방정식을 동시에 해석하는 방법을 사용한다면, 각 미분방정식에 대한 개별적인 예측자-수정자 식이 필요하게 된다. 만일, 정확도를 유지하는 것이 목적이라면 이러한 추가적인 계산량의 증가를 고려할 충분한 이유가 된다.

17.3 연습문제

1. 2차 미분방정식 $y''(t) = t - 1$, $y(0) = 1$, $y'(0) = 0$의 해를 $h = 0.1$로 하여 Euler 방법으로 $0 < t < 1$에서 구하시오. 단, 엄밀해는 $y(t) = \frac{1}{6}(t^3 - 3t^2 + 6)$이다.

2. 2차 미분방정식 $y''(t) = y + 1$, $y(0) = 1$, $y'(0) = 0$의 해를 $h = 0.1$로 하여 Euler 방법으로 $0 < t < 1$에서 구하시오. 단, 엄밀해는 $y(x) = e^{-x} + e^{x} - 1$이다.

3. 2차 미분방정식 $y''(t) = t - y$, $y(0) = 1$, $y'(0) = 0$의 해를 $h = 0.1$로 하여 Euler 방법으로 $0 < t < 1$에서 구하시오. 단, 엄밀해는 $y(t) = t - \sin(t) + \cos(t)$이다.

4. 2차 미분방정식 $y''(t) = -t$, $y(0) = 1$, $y'(0) = 0$의 해를 $h = 0.1$로 하여 Euler 방법으로 $0 < t < 1$에서 구하시오. 단, 엄밀해는 $y(t) = 1 - \frac{t^3}{6}$이다.

5. 2차 미분방정식 $y''(t) = -y$, $y(0) = 1$, $y'(0) = 0$의 해를 $h = 0.1$로 하여 Euler 방법으로 $0 < t < 1$에서 구하시오. 단, 엄밀해는 $y(t) = \cos(t)$이다.

연습문제 해답

2장

1.
```
mylist = [1,2,3,4,5]
print(mylist)
```

2.
```
mylist2 =['Python','is','fun']
print(mylist2)
```

3.
```
mylist3 = ['Count','down',5,4,3,2,1]
print(mylist3)
```

4.
```
import numpy as np
a = np.array([1,2,3,4,5])
print(a)
```

5.
```
import numpy as np

b = np.array([91, 92, 93, 94, 95])
print(b)
```

6.
```
import numpy as np

a = np.array([1,2,3,4,5])
b = np.array([91, 92, 93, 94, 95])

c = a + b
print(c)
d = a - b
print(d)
```

7.
```
import numpy as np

A = np.array([[1,2],[3,4]])
print(A)
```

8.
```
import numpy as np

B = np.array([[1,2,99],[3,4,100],[5,6,101]])
print(B)
```

9.
```
for i in range(4):
    print(i)
```

10.
```
a = 93
if a >= 90:
    print('A')
else:
    print('B')
```

11.
```
a = 60
if a >= 90:
    print('A')
elif a >= 80:
    print('B')
else
    print('C')
```

3장

1. `This is **Python**.`

2. `Python is *fun* to learn.`

3. `**Python** is a great *computer* language.`

4. `$\sqrt{2} = 1.414$`

5. `$\frac{a}{b} = 3.14$`

6. `$x_j^{(k+1)} = 0.4 x_j^{(k)} + 1.1$`

7. `$\frac{x_j^{(k+1)} - x_j^{(k)}}{x_j^{(k+1)}}$`

8. `$\sum_{i=0}^{n} a_i = a_1 + a_2 +$`

9. `$x = A^{-1}b$`

10. `$E = \sum_{i=0}^{n} (y_i - b -ax_i)^2$`

11. `$l_{22} = \sqrt{a_{22} - l^2_{21}}$`

12. `$\frac{dy}{dt} = - xe^x  + 3$`

13. `$\int_{0}^{1} x^2 dx = $`

14.
```
\begin{equation}
    A = \begin{bmatrix}
   1 & 2 \\
   3 & 4
   \end{bmatrix}
\end{equation}
```

15.
```
\begin{equation}
    C = \begin{bmatrix}
   1 & 2 \\
   3 & 4
```

```
    \end{bmatrix}^{-1}
    \begin{bmatrix}
        1 & 2 \\
        3 & 4
    \end{bmatrix}
\end{equation}
```

4장

2. $4 \times 15 = 15 + 15 + 15 + 15$

3. $\frac{13}{4} = 13 - 4 - 4 - 4 = 1$

4. $6 \times 2 = 6 + 6$

5. $\frac{11}{3} = 11 - 3 - 3 - 3 = 2$

6.
```
a = bin(10)
b = bin(3)
c = int(a,2) + int(b,2)
print(c)
```

7.
```
a = bin(7)
b = bin(6)
c = int(a,2) + int(b,2)
print(c)
```

8.
```
a = bin(8)
b = bin(9)
c = int(a,2) - int(b,2)
print(c)
```

9.
```
a = bin(5)
```

```
b = bin(1)
c = int(a,2) - int(b,2)
print(c)
```

10.
```
a = 5
bit = bin(a<<1)
print(int(bit,2))
```

11.
```
a = 3
bit = bin(a<<3)
print(int(bit,2))
```

12.
```
a = 12
bit = bin(a>>1)
print(int(bit,2))
```

13.
```
a = 8
bit = bin(a>>2)
print(int(bit,2))
```

14.
```
a = 5
bit = bin(a<<2)
result = int(bit,2)+5
print(result)
```

15.
```
a = 3
bit = bin(a<<2)
result = int(bit,2) + 9
print(result)
```

5장

3. x = 16.7710
4. x = -1.9790

5. x = 0.0010
6. x = -0.0920
7. x = -1.7930
8. x = 77.0601
9. x = -4.4946
10. x = 0.0000
11. x = 16.7710
12. x = -28.8336

6장

1.
```
1 term(s) : = 1.0000
2 term(s) : = 0.5000
3 term(s) : = 0.5417
4 term(s) : = 0.5403
5 term(s) : = 0.5403
```

2.
```
1 term(s) : = 1.0000
2 term(s) : = 0.8333
3 term(s) : = 0.8417
4 term(s) : = 0.8415
```

3.
```
1 term(s) : = 1.0000
2 term(s) : = 2.0000
3 term(s) : = 2.3333
4 term(s) : = 2.3000
5 term(s) : = 2.2889
```

4.
```
1 term(s) : = 1.0000
2 term(s) : = 0.0000
3 term(s) : = 0.5000
4 term(s) : = 0.3333
```

```
5 term(s) : = 0.3750
6 term(s) : = 0.3667
```

7장

1.
```
a13 =  56
a23 =  97
a33 =  35
a43 =  12
```

2.
```
a13 =  65
a23 =  79
a33 =  53
a43 =  21
```

3.
```
b1 = 210
b2 = 20
c1 = 52.5
c2 = 5.0
```

4.
```
b1 = 18
b2 = 60
c1 = 4.5
c2 = 15.0
```

5.
```
b1 = 18
b2 = 100
c1 = 4.5
c2 = 25.0
```

6.
```
a13 =  57
a23 =  98
a33 =  36
```

```
a43 =  13
b1 = 184
b2 = 20
c1 = 46.0
c2 = 5.0
```

7.
```
a13 =  41
a23 =  46
a33 =  38
a43 =  33
b1 = 138
b2 = 20
c1 = 34.5
c2 = 5.0
```

8.
```
a13 =  41
a23 =  46
a33 =  38
a43 =  33
b1 = 18
b2 = 140
c1 = 4.5
c2 = 35.0
```

9.
```
a13 =  101
a23 =  106
a33 =  98
a43 =  93
b1 = 18
b2 = 380
c1 = 4.5
c2 = 95.0
```

10.
```
a13 =  81
a23 =  76
```

```
a33 =  58
a43 =  43
b1 = 238
b2 = 20
c1 = 59.5
c2 = 5.0
```

8장

1.
```
forward diff: 0.2863
backward diff: 0.2911
centered diff: 0.2887
```

2.
```
forward diff: 0.5941
backward diff: 0.6061
centered diff: 0.6001
```

3.
```
forward diff: -1.0602
backward diff: -0.6022
centered diff: -0.8312
```

4.
```
forward diff: 3.8998
backward diff: 3.6068
centered diff: 3.7533
```

5.
```
forward diff: 2.7774
backward diff: 1.9555
centered diff: 2.3665
```

6.
```
forward = 0.5000
backward = 0.7000
central = 0.6000
```

7.
```
forward = 1.6000
```

```
backward = 2.4000
central = 2.0000
```

8.
```
forward = 0.5000
backward = 0.7000
central = 0.6000
```

9.
```
forward = -0.5000
backward = -1.3000
central = -0.9000
```

10.
```
forward = 2.2000
backward = -4.0000
central = -0.9000
```

9장

1. `f(x) = 7.800`
2. `f(x) = 17.000`
3. `f(x) = 4.900`
4. `f(x) = 5.1000`
5. `f(x) = 2.6800`
6. `f(x) = 5.2350`
7. `f(x) = 1.7950`
8. `f(x) = 9.2000`
9. `f(x) = 7.5000`
10. `f(x) = 4.7600`

10장

1. `I = 2.7200`

2. I = 4.7800
3. I = -4.6784
4. I = 5.5536
5. I = 14.7781
6. I = 7.3333
7. I = 1.9334
8. I = 2.0443
9. I = 48.0000
10. I = 81.0000

11장

1.
```
c = 2.0000
c = 1.5000
c = 1.7500
c = 1.6250
c = 1.6875
c = 1.6562
c = 1.6719
c = 1.6797
c = 1.6836
c = 1.6816
```

2.
```
c = 2.5000
c = 1.2500
c = 0.6250
c = 0.3125
c = 0.1562
c = 0.0781
c = 0.1172
c = 0.0977
```

```
c = 0.0879
c = 0.0928
```

3.
```
c = 3.0000
c = 4.0000
c = 3.5000
c = 3.7500
c = 3.8750
c = 3.8125
c = 3.7812
c = 3.7969
c = 3.7891
c = 3.7930
```

4.
```
c = 1.0880
c = 1.1294
c = 1.1690
c = 1.2067
c = 1.2425
c = 1.2764
c = 1.3084
c = 1.3385
c = 1.3667
c = 1.3931
```

5.
```
c = 0.0191
c = 0.0272
c = 0.0344
c = 0.0409
c = 0.0466
c = 0.0517
c = 0.0563
c = 0.0604
c = 0.0640
c = 0.0672
```

6.
```
c = 3.6147
c = 3.7638
c = 3.7897
c = 3.7937
c = 3.7943
c = 3.7944
c = 3.7944
c = 3.7944
c = 3.7944
c = 3.7944
```

7.
```
1, x = 2.7500
2, x = 2.1587
3, x = 1.8178
4, x = 1.6963
5, x = 1.6820
6, x = 1.6818
7, x = 1.6818
8, x = 1.6818
9, x = 1.6818
10, x = 1.6818
```

8.
```
1, x = 0.1000
2, x = 0.0918
3, x = 0.0917
4, x = 0.0917
5, x = 0.0917
6, x = 0.0917
7, x = 0.0917
8, x = 0.0917
9, x = 0.0917
10, x = 0.0917
```

9.
```
1, x = 3.1256
2, x = 4.0141
```

```
3, x = 3.8039
4, x = 3.7944
5, x = 3.7944
6, x = 3.7944
7, x = 3.7944
8, x = 3.7944
9, x = 3.7944
10, x = 3.7944
```

10.
```
1, x = 1.0449
2, x = 1.0880
3, x = 2.4476
4, x = 1.3482
5, x = 1.5066
6, x = 1.7506
7, x = 1.6705
8, x = 1.6811
9, x = 1.6818
10, x = 1.6818
```

11.
```
1, x = 0.0101
2, x = 0.0191
3, x = 0.0974
4, x = 0.0914
5, x = 0.0917
6, x = 0.0917
7, x = 0.0917
8, x = 0.0917
9, x = 0.0917
10, x = 0.0917
```

12.
```
1, x = 3.0300
2, x = 3.6147
3, x = 3.8487
4, x = 3.7918
```

```
5, x = 3.7944
6, x = 3.7944
7, x = 3.7944
8, x = 3.7944
9, x = 3.7944
10, x = 3.7944
```

12장

1. 484

2. A + C = [[52 54 56 58]
   [57 65 64 66]
   [62 67 76 74]
   [67 72 77 85]]

3. AB = [[390 400 410 420]
   [994 1020 1046 1072]
   [1439 1476 1513 1550]
   [1689 1732 1775 1818]]
   BA = [[330 853 1220 1422]
   [370 957 1368 1594]
   [410 1061 1516 1766]
   [450 1165 1664 1938]]

4. AA^T = [[30 73 110 132]
   [73 198 270 316]
   [110 270 427 476]
   [132 316 476 585]]

5. AA^(-1) = [[1.00000000e+00 -1.38777878e-17 0.00000000e+00 0.00000000e+00]
   [1.77635684e-15 1.00000000e+00 0.00000000e+00 0.00000000e+00]
   [-1.77635684e-15 0.00000000e+00 1.00000000e+00 0.00000000e+00]

```
[ 3.55271368e-15 -5.55111512e-17  0.00000000e+00  1.00000000e+00]]
```

6.
```
A^(-1)A = [[ 1.00000000e+00 -1.77635684e-15 -3.55271368e-15  0.00000000e+00]
[ 5.69467845e-17  1.00000000e+00  1.56962566e-16  2.39272204e-16]
[ 3.44551973e-17 -1.53134210e-16  1.00000000e+00  8.03954604e-17]
[ 0.00000000e+00  0.00000000e+00  0.00000000e+00  1.00000000e+00]]
```

7.
```
A^(-1)b = [ 619.68965517  -13.79310345  -31.03448276 -100.       ]
```

8.
```
A - B = [[-30 -30 -30 -30]
[-33 -27 -30 -30]
[-36 -33 -26 -30]
[-39 -36 -33 -27]]
```

9.
```
A^(-1)BA = [[ 1840.         4752.96551724  6801.79310345  7930.62068966]
[  -40.       -103.31034483  -147.86206897  -172.4137931 ]
[  -90.       -232.44827586  -332.68965517  -387.93103448]
[ -290.       -749.  -1072.  -1250. ]]
```

10.
```
ABA^(-1) = [[ 2368.62068966    -52.4137931    -117.93103448   -380.         ]
[ 6034.27586207  -133.51724138  -300.4137931    -968.      ]
[ 8739.06896552  -193.37931034  -435.10344828 -1402.      ]
[10259.55172414  -227.03448276  -510.82758621 -1646.      ]]
```

11.
```
det(A) = 87.0
```

12.
```
B/det(A) = [[0.35632184 0.36781609 0.37931034 0.3908046 ]
[0.40229885 0.4137931  0.42528736 0.43678161]
[0.44827586 0.45977011 0.47126437 0.48275862]
[0.49425287 0.50574713 0.51724138 0.52873563]]
```

13.
```
AC^T = [[ 530  570  610  650]
[1373 1477 1581 1685]
[1960 2108 2256 2404]
[2282 2454 2626 2798]]
```

14.
```
A/det(A) = [[0.01149425 0.02298851 0.03448276 0.04597701]
[0.02298851 0.10344828 0.08045977 0.09195402]
```

```
[0.03448276 0.08045977 0.17241379 0.13793103]
[0.04597701 0.09195402 0.13793103 0.2183908 ]]
```

15. B^TB = [[5556 5704 5852 6000]

```
[5704 5856 6008 6160]
[5852 6008 6164 6320]
[6000 6160 6320 6480]]
```

13장

1. x = [1. 2.]
2. x = [-1.2 2.8]
3. x = [0.37549407 0.06719368 0.23715415]
4. x = [1.32089552 -0.00746269 0.41044776]
5. x = [-0.05479452 -0.28767123 0.98630137]
6. x = [-6.76542156e-17 1.00000000e+00 5.00000000e+00]
7. x = [0.5 1.5 -1.]
8. x = [0.66666667 -2.33333333 3.66666667]
9. x = [-0.57142857 5.28571429 10.42857143]
10. x = [0.21333333 0.57333333 0.65333333]
11 x = [1.7826087 3.91304348 3.95652174]
12 x = [0.77027027 0.13513514 0.01351351]

14장

1.
```
1 [1.5 2.5]
2 [0.875 1.75 ]
3 [1.0625 2.0625]
4 [0.984375 1.96875 ]
```

```
5 [1.0078125 2.0078125]
6 [0.99804688 1.99609375]
7 [1.00097656 2.00097656]
8 [0.99975586 1.99951172]
9 [1.00012207 2.00012207]
10 [0.99996948 1.99993896]
```

2.
```
1 [3.         2.28571429]
2 [-0.42857143  1.        ]
3 [1.5        2.46938776]
4 [-0.70408163  1.64285714]
5 [0.53571429 2.58746356]
6 [-0.88119534  2.05612245]
7 [-0.08418367  2.66336943]
8 [-0.99505414  2.321793  ]
9 [-0.4826895   2.71216606]
10 [-1.06824909  2.49258122]
```

3.
```
1 [0.42857143 0.25       0.33333333]
2 [0.30952381 0.01785714 0.13690476]
3 [0.40391156 0.12127976 0.27281746]
4 [0.35494615 0.04671556 0.20537486]
5 [0.38588486 0.08424789 0.25081786]
6 [0.36866948 0.05947209 0.22689524]
7 [0.3791658  0.07274691 0.24215238]
8 [0.3731934  0.06440141 0.23376558]
9 [0.37677594 0.06903956 0.23893373]
10 [0.37471245 0.06620587 0.23601756]
```

4.
```
1 [1.4        0.42857143 0.55555556]
2 [ 1.11746032 -0.05079365  0.3047619 ]
3 [1.35936508 0.06575964 0.44268078]
4 [ 1.28515999 -0.0230587   0.38990174]
5 [1.33124313 0.00568261 0.41788416]
6 [ 1.31415012 -0.01148149  0.40637685]
```

```
7 [ 1.32331723 -0.00495387  0.41209032]
8 [ 1.31956348 -0.00838925  0.40962117]
9 [ 1.32143147 -0.00696402  0.41080167]
10 [ 1.32062527 -0.00766637  0.4102774 ]
```

5.
```
1 [0.2    0.17142857 0.71428571]
2 [ 0.09142857 -0.15020408  0.89319728]
3 [-0.00868027 -0.24118173  0.95537091]
4 [-0.03931053 -0.27220332  0.97598675]
5 [-0.04963801 -0.28251404  0.98286335]
6 [-0.05307548 -0.28595222  0.98515536]
7 [-0.05422152 -0.28709823  0.98591937]
8 [-0.05460352 -0.28748023  0.98617404]
9 [-0.05473085 -0.28760757  0.98625892]
10 [-0.0547733  -0.28765001  0.98628722]
```

6.
```
1 [0.44444444 0.08888889 4.32222222]
2 [-0.02592593  0.85925926  4.94259259]
3 [-0.00925926  0.98666667  4.99796296]
4 [-1.25514403e-03  9.99341564e-01  5.00029835e+00]
5 [-1.06310014e-04  1.00003841e+00  5.00007236e+00]
6 [-3.77229081e-06  1.00001372e+00  5.00000874e+00]
7 [5.52507240e-07 1.00000186e+00 5.00000065e+00]
8 [1.33998882e-07 1.00000016e+00 5.00000001e+00]
9 [1.61941778e-08 1.00000001e+00 4.99999999e+00]
10 [1.21015311e-09 9.99999999e-01 5.00000000e+00]
```

7.
```
1 [ 0.6   1.4 -3.8]
2 [   1.08    6.62 -19.94]
3 [   3.264  28.646 -88.202]
4 [   12.5112  121.7918 -376.8866]
5 [    51.61896    515.71094 -1597.75178]
6 [   217.008168  2181.619502 -6760.866674]
7 [    916.4494344    9226.8505766 -28596.0011642]
8 [    3874.43011752    39021.57162878 -120938.14500386]
```

```
9 [  16383.91467502  165025.30283077 -511458.82316734]
10 [   69287.30406731   697902.93068369 -2162995.09611839]
```

8.
```
1 [ 3.    -1.25   3.875]
2 [-6.125      0.40625   5.953125]
3 [-15.671875      3.62109375   5.90429688]
4 [-21.95507812   6.79931641   4.27856445]
5 [-23.43432617   8.75823975   2.07980347]
6 [-20.75588989   9.06809235   0.27580643]
7 [-15.96360397   8.02494717  -0.55561876]
8 [-11.38303804   6.35823309  -0.34583062]
9 [-8.67897433  4.84886013  0.56619697]
10 [-8.39631117  4.02350786  1.6628938 ]
```

9.
```
1 [2.        2.66666667 7.83333333]
2 [-0.58333333  4.41666667 10.        ]
3 [-0.79166667  5.06944444 10.43055556]
4 [-0.68055556  5.25        10.46527778]
5 [-0.60763889  5.28587963 10.44675926]
6 [-0.58043981  5.28877315 10.43460648]
7 [-0.57291667  5.28722994 10.4300733 ]
8 [-0.57142168  5.28621721 10.42881944]
9 [-0.57130112  5.28583944 10.42857028]
10 [-0.57136542  5.28573495 10.42855019]
```

10.
```
1 [0.6   0.48  0.768]
2 [0.192      0.6192     0.63826286]
3 [0.19008    0.56579657 0.65505541]
4 [0.22250606 0.57335056 0.65299187]
5 [0.21148845 0.57363057 0.65345258]
6 [0.21352397 0.57325961 0.65329685]
7 [0.21333944 0.57333956 0.6533417 ]
8 [0.21332838 0.57333475 0.6533319 ]
9 [0.21333347 0.57333274 0.65333352]
10 [0.21333366 0.57333342 0.65333331]
```

11.
```
1 [1.5      3.75     5.8125]
2 [1.875      4.96875    3.8203125]
3 [2.053125   3.45234375 3.67910156]
4 [1.50914062 3.86794922 4.06141113]
5 [1.90581445 4.04963818 4.00652307]
6 [1.76198423 3.85943456 3.89131438]
7 [1.77683825 3.90435904 3.98261209]
8 [1.78288859 3.93057082 3.95662207]
9 [1.78772695 3.9068891  3.95185579]
10 [1.77820325 3.91158497 3.95776083]
```

12.
```
1 [ 1.4   -0.62222222 -0.64444444]
2 [0.79333333 0.44895062 0.02609568]
3 [ 0.6387338  -0.52501155 -0.11736922]
4 [ 1.14578292 -0.03452668 -0.51267861]
5 [ 0.73218466 -0.00739325  0.08721878]
6 [ 0.82292257 -0.3139672  -0.35411421]
7 [ 1.01663656 -0.02540707 -0.24054    ]
8 [ 0.73060405 -0.11914262 -0.08776239]
9 [ 0.92446371 -0.22133928 -0.32219118]
10 [ 0.89688787 -0.03743912 -0.17166274]
```

15장

1.
```
beta0 = 9.00
beta1 = -1.00
```

2.
```
beta0 = 0.20
beta1 = 1.80
```

3.
```
beta0 = -6.00
beta1 = 3.00
```

4. ```
   beta0 = 11.30
   beta1 = -2.10
   ```

5. ```
   beta0 = -4.90
   beta1 = 4.90
   ```

6. ```
   beta0 = 8.00
   beta1 = 2.40
   ```

7. ```
   beta0 = 9.85
   beta1 = -1.35
   ```

8. ```
   beta0 = -0.28
   beta1 = 1.94
   beta2 = -0.04
   ```

9. ```
   beta0 = 0.94
   beta1 = 0.14
   beta2 = 0.06
   ```

10. ```
    beta0 = 14.54
    beta1 = -6.63
    beta2 = 0.99
    ```

16장

1. ```
   t=0.10,y=1.000
   t=0.20,y=1.010
   t=0.30,y=1.030
   t=0.40,y=1.060
   t=0.50,y=1.100
   t=0.60,y=1.150
   t=0.70,y=1.210
   t=0.80,y=1.280
   ```

```
t=0.90,y=1.360
t=1.00,y=1.450
```

2.
```
t=0.10,y=1.000
t=0.20,y=1.001
t=0.30,y=1.003
t=0.40,y=1.006
t=0.50,y=1.010
t=0.60,y=1.015
t=0.70,y=1.021
t=0.80,y=1.028
t=0.90,y=1.036
t=1.00,y=1.045
```

3.
```
t=0.10,y=0.800
t=0.20,y=0.650
t=0.30,y=0.540
t=0.40,y=0.462
t=0.50,y=0.410
t=0.60,y=0.378
t=0.70,y=0.362
t=0.80,y=0.360
t=0.90,y=0.368
t=1.00,y=0.384
```

4.
```
t=0.10, y=1.005
t=0.20, y=1.020
t=0.30, y=1.045
t=0.40, y=1.080
t=0.50, y=1.125
t=0.60, y=1.180
t=0.70, y=1.245
t=0.80, y=1.320
t=0.90, y=1.405
t=1.00, y=1.500
```

5.
```
t=0.10, y=1.000
t=0.20, y=1.002
t=0.30, y=1.004
t=0.40, y=1.008
t=0.50, y=1.012
t=0.60, y=1.018
t=0.70, y=1.024
t=0.80, y=1.032
t=0.90, y=1.040
t=1.00, y=1.050
```

6.
```
t=0.10, y=0.823
t=0.20, y=0.688
t=0.30, y=0.586
t=0.40, y=0.512
t=0.50, y=0.460
t=0.60, y=0.426
t=0.70, y=0.408
t=0.80, y=0.402
t=0.90, y=0.407
t=1.00, y=0.419
```

7.
```
t=0.10, y=1.005
t=0.20, y=1.020
t=0.30, y=1.045
t=0.40, y=1.079
t=0.50, y=1.122
t=0.60, y=1.175
t=0.70, y=1.235
t=0.80, y=1.303
t=0.90, y=1.378
t=1.00, y=1.460
```

8.
```
t=0.10,y=1.000
t=0.20,y=1.0015
```

```
t=0.30,y=1.0040
t=0.40,y=1.0075
t=0.50,y=1.0120
t=0.60,y=1.0175
t=0.70,y=1.0240
t=0.80,y=1.0315
t=0.90,y=1.0400
t=1.00,y=1.0495
```

9.
```
t=0.10,y=0.800
t=0.20,y=0.6675
t=0.30,y=0.5685
t=0.40,y=0.4967
t=0.50,y=0.4471
t=0.60,y=0.4156
t=0.70,y=0.3990
t=0.80,y=0.3945
t=0.90,y=0.3999
t=1.00,y=0.4135
```

10.
```
t=0.10,y=1.000
t=0.20,y=1.0149
t=0.30,y=1.0396
t=0.40,y=1.0739
t=0.50,y=1.1173
t=0.60,y=1.1695
t=0.70,y=1.2300
t=0.80,y=1.2980
t=0.90,y=1.3731
t=1.00,y=1.4543
```

17장

1.
```
t=0.10,y=1.0000
t=0.20,y=0.9900
t=0.30,y=0.9710
t=0.40,y=0.9440
t=0.50,y=0.9100
t=0.60,y=0.8700
t=0.70,y=0.8250
t=0.80,y=0.7760
t=0.90,y=0.7240
t=1.00,y=0.6700
```

2.
```
t=0.10,y=1.0000
t=0.20,y=1.0200
t=0.30,y=1.0600
t=0.40,y=1.1202
t=0.50,y=1.2010
t=0.60,y=1.3030
t=0.70,y=1.4270
t=0.80,y=1.5741
t=0.90,y=1.7454
t=1.00,y=1.9424
```

3.
```
t=0.10,y=1.0000
t=0.20,y=0.9900
t=0.30,y=0.9710
t=0.40,y=0.9441
t=0.50,y=0.9105
t=0.60,y=0.8714
t=0.70,y=0.8283
t=0.80,y=0.7824
t=0.90,y=0.7353
```

```
t=1.00,y=0.6883
```

4.
```
t=0.10,y=1.0000
t=0.20,y=1.0000
t=0.30,y=0.9990
t=0.40,y=0.9960
t=0.50,y=0.9900
t=0.60,y=0.9800
t=0.70,y=0.9650
t=0.80,y=0.9440
t=0.90,y=0.9160
t=1.00,y=0.8800
```

5.
```
t=0.10,y=1.0000
t=0.20,y=0.9900
t=0.30,y=0.9700
t=0.40,y=0.9401
t=0.50,y=0.9005
t=0.60,y=0.8515
t=0.70,y=0.7935
t=0.80,y=0.7270
t=0.90,y=0.6525
t=1.00,y=0.5708
```

참고문헌

1. D. Greenspan et al., Numerical Analysis for Applied Mathematics, Science, and Engineering, Addison-Wesley
2. W. H. Press et al., Numerical Recipes in C, Cambridge University Press
3. B. M. Ayyub et al., Numerical Methods for Engineers, Prentice Hall
4. S. S. Rao, Applied Numerical Methods for Engineers and Scientists, Prentice Hall
5. S. C. Chapra, Applied Numerical Methods with MATLAB, McGraw-Hill
6. W. Cheney et al., Numerical Mathematics and Computing, Thomson
7. A. Kharab et al., An Introduction to Numerical Methods, CRC press
8. J. D. Faires et al., Numerical Methods, Thomson
9. B. Carnahan et al., Applied Numerical Methods, John Wiely
10. W.T. Vetterling et al., Numerical Recipes, Cambridge

찾아보기

[A]

Adams-Bashforth-Moulton 326

Adams-Bashforth 방법 326

Adams-Moulton 방법 326

Anaconda 방식 13

[C]

Cholesky 분해법 226

classical numerical analysis 1

Colab 15

contemporary numerical analysis 1

[E~G]

Euler 방법 310

Gauss-Seidel 방법 255

Gauss 구적법 173

Gauss 소거법 226

[I~J]

if 25

if ~ elif ~ else 26

if ~ else 25

Jacobi 방법 255

Jupyter notebook 14

[L]

Lagrange 보간법 156

LaTeX 50

LU 분해법 226

[M~N]

Markdown 43

Newton 법 185

Numpy 5

[P~R]

pseudo code 3

range( ) 22

RK4 315

Runge-Kutta 방법 310

[S~T]

Scipy 5

Secant 법 185

Simpson 적분공식 168
SOR 방법 255
Taylor 급수 102

[숫자]
2점 Gauss 적분 174
3점 Gauss 적분 174

[ㄱ]
가위치법 185
가중값 평균 122
갱신 80
고전적인 수치해석 방법론 1
고차 미분방정식 337
구간법 186
굵은 글자체 47
근 구하기 185

[ㄷ]
다항식 보간법 153
다항식 회귀법 281
단위행렬 221
대각우세 행렬 226
들여쓰기 36

[ㄹ]
라이브러리 불러오기 28
리스트 17

[ㅂ]
반복 80
반복문 17
반복법 186
반올림 오차 100
발산 84
방정식 환경 52
배열 31
보간법 147
분산 123
비선형 회귀법 281
비트 단위 연산 64, 72

[ㅅ]
사다리꼴 적분공식 164
상대오차 87
상미분방정식 309
선형 보간법 148
선형 연립방정식 225
선형회귀법 281
수렴 88
수식 기호 50
수치미분 9
수치적분 8
숫자와 문자 다루기 17
시류를 반영한 수치해석 방법론 1

[ㅇ]
아랫삼각행렬 232

알고리즘 79
역행렬 206
열벡터 205
예측자-수정자 방법 310
오차 87
윗삼각행렬 232
의사코드 3
이분법 185
이진수 64
이진수의 사칙 연산 67
이탤릭체 48
인덱스 32

[ㅈ]

적분구간 바꾸기 178
전진차분 식 135
절단 오차 100
정사각형 행렬 210
조건문 17
중간차분 식 136

[ㅊ]

초기값 문제 309
최소자승법 282

[ㅌ]

투플 17

[ㅍ]

평균 120
피봇팅 226

[ㅎ]

행렬 31
행렬식 206
행렬의 연산 206
행렬의 전치 205
행벡터 205
회귀법 281
후진차분 식 136

저자소개

최덕기 단국대학교 교수

저서
탄성론 입문, 학산미디어
이공학도를 위한 수치해석 2판:Python으로 코딩하기, 학산미디어
텐서를 사용한 연속체역학 입문, 인터비젼
텐서해석개론, 범한서적
공학도를 위한 텐서방정식의 이해, 범한서적
핵심연속체역학, 영출판사
재료거동과 파손, 진샘미디어

번역서
이공학도를 위한 수치해석: Matlab(Abdelwahab Kharab), 학산미디어
고체역학 2판(Timothy A. Philpot), YOUNG

알고리즘으로 배우는 수치해석: Python 활용

발행일 | 2022년 09월 07일

저 자 | 최덕기
발행인 | 문정임
발행처 | 학산미디어
기 획 | 이덕선
표 지 | 김연아
주 소 | 서울특별시 노원구 동일로245가길 41
전 화 | 02-935-0670 / 010-3223-7340
팩 스 | 02-932-0670
이메일 | sorgento2000@hanmail.net
등록번호 | 제 25100-2011-000001호

ISBN | 979-11-85294-37-7 93410
정가 | 30,000원